全面营改增

新政运用及纳税实操

王有松◎编著

中国铁道出版社
CHINA RAILWAY PUBLISHING HOUSE

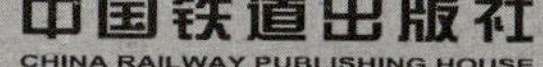

图书在版编目(CIP)数据

全面营改增新政运用及纳税实操/王有松编著．—北京：中国铁道出版社，2017.6

ISBN 978-7-113-22885-9

Ⅰ.①全…　Ⅱ.①王…　Ⅲ.①增值税—税收管理—中国　Ⅳ.①F812.424

中国版本图书馆 CIP 数据核字(2017)第 042431 号

书　　名：**全面营改增新政运用及纳税实操**

作　　者：王有松　编著

责任编辑：王淑艳　　**编辑部电话**：010-51873457　　**电子信箱**：wangsy20008@126.com

封面设计：王　岩

责任校对：王　杰

责任印制：赵星辰

出版发行：中国铁道出版社（100054，北京市西城区右安门西街 8 号）

网　　址：http://www.tdpress.com

印　　刷：三河市华业印务有限公司

版　　次：2017 年 6 月第 1 版　2017 年 6 月第 1 次印刷

开　　本：710 mm×1 000 mm　印张：21.75　字数：311 千

书　　号：ISBN 978-7-113-22885-9

定　　价：55.00 元

前言

PREFACE

随着《财政部国家税务总局关于全面推开营业税改征增值税试点的通知》（财税〔2016〕36号）等一系列配套文件的颁布，全面覆盖了货物、服务、无形资产、不动产等流转环节，营业税退出历史舞台，不再独行江湖。

2016年底前有很多“营改增”相关书籍出版，随着文件的陆续发布，现在看来很多政策已经变化，也失去了参考和实用价值。本书编写过程中，作者通过一段时间的沉淀与思考，吸收了更多的实务疑难问题以及最新的税收政策（截至2017年2月），稳步度过“政策磨合期”，最终在此时正式付梓与大家见面。

本书分为9章，揭示全面“营改增”新政运用及纳税实操技巧。

第1章以增值税基本税制要素为主体，深入剖析增值税新政及全面“营改增”影响。

第2章从增值税发票管理、进项税额管理、销项税额管理、税额计算以及税收优惠等五大方面全面阐述“营改增”政策精髓及纳税实操攻略。

第3章依据最新《增值税会计处理规定》（财会〔2016〕22号）梳理了增值税税务会计核算技巧，通过大量实务案例，重点解析了不动产分期抵扣、房地产开发与销售业务以及建筑服务业务会计处理方法，实务可操作性强。

第4章详细介绍增值税纳税申报。以房地产业、建筑业、金融业、交通运输业、电信业、邮政业以及部分现代服务业为主体结合实际案例演示纳税申报操作，揭示申报要点及技巧。

第5章重点介绍全面“营改增”的重头戏，展示房地产开发、建筑工程、转让不动产以及不动产经营租赁业务的政策实质及纳税实操。

第6至8章根据作者实务工作经验以及最新政策规定，分别介绍房地产、建筑、金融以及现代服务业四大行业全面“营改增”遇到的重点、疑难、热点问题及解决办法。当然随着“营改增”的推进，本部分的演绎也是一个积累和新陈代谢的过程。

第9章是本书的最后一章，以“营改增”后的税务管理及纳税筹划为主攻点，介绍了税收实务管理要点，通过案例展示了增值税纳税筹划技巧。

本书的特色主要体现在以下几点。

第一，章节编排新颖，结构明晰。本书与其他同类书籍篇章结构不同，作者从自身实际工作出发，把企业全面“营改增”纳税实操分为税务管理工作的不同模块来重点讲解。比如把增值税税制要素初识、进项税额管理、销项税额管理、税款计算、税务会计、纳税申报等分别作为不同的章节编写，有利于工作细分与把控，特别对分工明确、建立财务共享中心的企业而言更加实用。另外，对全面“营改增”的重头戏单独作为一章来介绍，深度剖析税收新政，配以案例演示纳税实操，以强化政策运用。

第二，图表化归纳，案例化讲解。人们往往记忆文字、数据较难，而观察图表、空间记忆较为容易。本书中海量税收政策以图表展示，复杂增值税业务处理以实务案例呈现，直观展示纳税实操。这样避免了一味文件罗列和摘抄，便于大家把握政策的范围、尺度，易于对比运用。

第三，内容实用性强。本书案例大多来源于企业日常税收管理实践，内容务实，属于来自于财税一线的热心奉献。书中涉及“营改增”实务疑难、争议问题时通过“小窗口”的方式进行重点解析，专题介绍；纳税申报的思路、方法、填报真实完善，手把手讲解纳税申报。

全面“营改增”范围广、难度大、影响深远，也存在针对同一业务问题不同地方“政策指引”规定不同的情况，需要纳税人主动学习，加以辨析。本书既涉及业务处理技巧，也强调理论的宏观视角，实用性强，相信会对提高企业财税管理水平大有帮助！

最后，感谢中国铁道出版社对本书出版工作的支持与付出！本书编写过程中，由于时间仓促，加之作者水平有限，书中难免存在缺点、错误及争议问题，请各位读者批评指正，也可以和作者直接联系（ygz6868@126.com），进行业务交流与探讨。

王有松

2017年2月24日

目录

CONTENTS

第1章　全面“营改增”概述

第2章　全面“营改增”纳税实操全攻略

第4章 全面“营改增”纳税申报技巧

第5章 房地产开发行业“营改增”重点实操

第6章 建筑服务业"营改增"重点操作实务

第 7 章 金融服务业“营改增”操作疑难

第 8 章 现代服务业“营改增”操作实务

第 9 章 全面“营改增”后企业税务管理与筹划

THE

FIRST

CHAPTER

第1章 全面“营改增”概述

2016年3月23日，财政部、国家税务总局联合发文《关于全面推开营业税改征增值税试点的通知》（财税〔2016〕36号），自2016年5月1日起，在全国范围内全面推开营业税改征增值税（以下称“营改增”）试点。建筑业、房地产业、金融业、生活服务业等全部营业税纳税人纳入试点范围，营业税全面改征增值税。

1.1 全面“营改增”新政运用

2016年是“营改增”的收官之年，房地产业、建筑业、金融保险业、生活服务业等行业的“营改增”政策及配套措施将陆续出台，对相关行业的税款计算、账务处理、纳税申报都产生深远影响。本章节将全面剖析“营改增”新政，从增值税的基本要素全面揭示新政运用技巧。

1.1.1 初识增值税

1. 增值税的类型

增值税（Value Added Tax，VAT）是以商品生产流通各环节或提供劳务的增值额为计税依据而征收的一种税。所谓增值额，是纳税人在从事生产经营活动过程中新创造的或新增加的价值量，即货物或劳务价值中的V＋M（V表示的是劳动力的价值，M表示的是剩余价值）部分，在我国相当于净产值或国民收入的部分。增值税的类型，见表1-1。

表1-1　　增值税的类型

类型	特点	优点	缺点
生产型增值税	（1）课税基数大体相当于国民生产总值的统计口径； （2）确定法定增值额不允许扣除任何外购固定资产价款； （3）法定增值额＞理论增值额	保证财政收入	对固定资产存在重复征税；不利于鼓励投资

续上表

类型	特点	优点	缺点
收入型增值税	（1）课税基数相当于国民收入部分； （2）对外购固定资产只允许扣除当期计入产品价值的折旧费部分； （3）法定增值额＝理论增值额	一种标准的增值税，避免重复征税	凭发票扣税的计算方式下该方法操作起来比较困难
消费型增值税	（1）课税基数仅限于消费资料价值的部分； （2）允许当期购入固定资产价款一次全部扣除； （3）法定增值额＜理论增值额	便于操作	减少财政收入

纵观我国全面“营改增”的整个历程可以看出，我国增值税同样经历了从生产型增值税到消费税型增值税的过程。当然，目前全面“营改增”对取得不动产的增值税采取了分两年抵扣的政策（取得当期抵扣60%，13个月后抵扣剩余的40%），这在一定程度上说明了还不是完全的消费型增值税。

2. 增值税的特点

增值税的特点如下：

①不重复征税，具有中性税收的特征；

②逐环节征税，逐环节扣税，最终消费者是全部税款的承担者；

③税基广阔，具有征收的普遍性和连续性，在组织财政收入上具有稳定性和及时性；

④能够平衡税负，促进公平竞争；

⑤在税收征管上上下游企业可以互相制约，交叉审计，避免发生偷税。

1.1.2 增值税纳税人的界定

1. 单位和个人

增值税的纳税人，是指根据《全面推开营业税改征增值税试点的通知》（以下简称“财税〔2016〕36号文”）规定应当缴纳增值税的单位或者个人，即在中华人民共和国境内销售服务、无形资产或者不动产的单位和个人。

(1) 单位

单位，是指企业、行政单位、事业单位、军事单位、社会团体及其他单位。这里的企业包括国有经济、集体经济、私营经济、联营经济、股份制经济、外商投资经济、港澳台投资经济、其他经济等形式的企业。

另外，行政单位、事业单位、军事单位、社会团体，只要发生了应税行为就是增值税的纳税人，就应当缴纳增值税。比如政府大楼的底楼是商铺，就涉及房租收入，其他军事、社会团体单位也有可能遇到，以前是照章缴纳营业税，“营改增”后就要改缴增值税了。

(2) 个人

个人，是指个体工商户和自然人。比如，工资薪金里面一般有的劳务报酬，如果金额较大，达到增值税起征点的话，支付方也应该扣缴增值税的。

2. 承包、承租、挂靠经营的纳税人

单位以承包、承租、挂靠方式经营的，承包人、承租人、挂靠人（以下统称承包人）以发包人、出租人、被挂靠人（以下统称发包人）名义对外经营并由发包人承担相关法律责任的，以该发包人为纳税人。否则，以承包人为纳税人。

这里要弄清楚了承包、承租、挂靠经营的基本属性，也就容易把握这些经营方式下的纳税主体了。

(1) 承包经营与租赁经营的区别

企业承包经营是发包方在不改变企业所有权的前提下，将企业发包给经营者承包，经营者以企业名义从事经营活动，并按合同分享经营成果的经营形式。

企业租赁经营，是在所有权不变的前提下，出租方将企业租赁给承租方经营，承租方向出租方交付租金并对企业实行自主经营，在租赁关系终止时，返还所租财产。

(2) 挂靠经营的主要特征

挂靠经营，是指企业、合伙组织等与另一个经营主体达成依附协议，挂靠方通常以被挂靠方的名义对外从事经营活动，被挂靠方提供资质、技术、管理等方面的服务并定期向挂靠方收取一定管理费用的经营方式。

(3) 承包、承租、挂靠方式下的纳税人界定的原则

采用承包、承租、挂靠经营方式下，区分以下两种情况界定纳税人：

①如果同时满足以下两个条件的，以发包人为纳税人：一是以发包人名义对外经营；二是由发包人承担相关法律责任。

②如果以上两个条件有一个不满足，则以承包人为纳税人。

3. 一般纳税人和小规模纳税人

我国现行增值税对纳税人实行分类管理的管理模式，本次“营改增”改革试点过程中，仍然沿用了这种管理模式，以发生应税行为的年销售额为标准，将纳税人分为一般纳税人和小规模纳税人，二者在计税方法、适用税率（征收率）、凭证管理等方面都不相同。

应税行为的年应征增值税销售额（以下称年应税销售额）超过财政部和国家税务总局规定标准的纳税人为一般纳税人，未超过规定标准的纳税人为小规模纳税人。

年应税销售额超过规定标准的其他个人不属于一般纳税人。年应税销售额超过规定标准但不经常发生应税行为的单位和个体工商户可选择按照小规模纳税人纳税。

（1）划分一般纳税人和小规模纳税人的标准

①划分标准。“财税〔2016〕36号文”《试点有关事项的规定》第一条第（五）项规定：“财税〔2016〕36号文”附件1第三条规定的年应税销售额标准为500万元（含本数）。财政部和国家税务总局可以对年应税销售额标准进行调整。即：年应税销售额超过500万元的纳税人为一般纳税人；年应税销售额未超过500万元的纳税人为小规模纳税人。

②年应税销售额的含义。

年应税销售额，是指纳税人在连续不超过12个月的经营期内累计应征增值税销售额，包括减免税销售额以及按规定允许从销售额中差额扣除的部分。如果该销售额为含税的，应按照征收率换算为不含税的销售额。

试点纳税人“营改增”试点实施前的应税行为年销售额按以下公式换算：

应税行为年销售额＝连续不超过12个月应税行为营业额合计÷（1＋3%）

按规定差额征收营业税的试点纳税人，上述公式中“应税行为营业额”按未扣除前的营业额计算。

试点纳税人兼有销售货物、提供加工修理修配劳务和应税行为的，应税货物及劳务销售额与应税行为销售额应分别计算，分别适用增值税一般纳税人资格认定标准。

如销售额达到标准，应当办理一般纳税人资格登记而企业就是不办理，有什么风险吗?

《试点有关事项的规定》第三十三条规定，如未办理一般纳税人资格登记，按照规定将按销售额依照增值税税率计算应纳税额，不得抵扣进项税额。

如果一家商品零售企业的销售额达到了税务机关办理一般纳税人的要求，但就是不去办理一般纳税人登记，那么该企业计算增值税额的时候就应该适用17%的税率，同时购入商品的进项也不能抵扣，显然税负是大幅增加的。

当然，如果该企业继续作为小规模纳税人适用较低的税率，以达到节税的目的，这样做是有风险的，如果被税务机关稽查，面临纳税调整、加收滞纳金罚款的风险。

(2) 有关纳税人类型划分的特殊规定

①年应税销售额超过规定标准的其他个人不属于一般纳税人。

②不经常发生应税行为的单位和个体工商户可选择按照小规模纳税人纳税。

③兼有销售货物、提供加工修理修配劳务和应税行为，且不经常发生销售货物、提供加工修理修配劳务和应税行为的单位和个体工商户，可选择按照小规模纳税人纳税。

④增值税小规模纳税人偶然发生的转让不动产的销售额，不计入应税行为年销售额。

⑤年应税销售额未超过规定标准的纳税人，会计核算健全，能够提供准确税务资料的，可以向主管税务机关办理一般纳税人资格登记，成为一般纳税人。

如何理解“会计核算健全”和“能够准确提供税务资料”?

会计核算健全，是指能够按照国家统一的会计制度规定设置账簿，根据合法、有效凭证核算。主要是指：有专业财务会计人员，能按照财务会计制度规定设置总账和有关明细账进行会计核算，能准确核算增值税销售额、销项税额、进项税额和应纳税额等。

能够准确提供税务资料，是指能够规定如实填报增值税纳税申报表及其他相关资料，并按期进行申报纳税。

纳税人应按照《国家税务总局关于调整增值税一般纳税人管理有关事项的公告》（国家税务总局公告2015年第18号）的规定，向主管税务机关提供是否“会计核算健全”和“能够准确提供税务资料”的情况。

另外，按照国务院简政放权的精神，与《原试点实施办法》相比，一般纳税人资格由“资格认定”修改为“资格登记”。

（3）纳税人资格划分的总结

①划分标准汇总（见表1-2）。

表1-2　纳税人资格划分标准

纳税人	从事货物生产或者提供应税劳务的纳税人，以及以从事货物生产或者提供应税劳务为主，并兼营货物批发或者零售的纳税人	批发或零售的纳税人	销售服务、销售无形资产、销售不动产
小规模纳税人	年应税销售额≤50万元	年应税销售额≤80万元	应税服务年销售额≤500万元
一般纳税人	年应税销售额>50万元	年应税销售额>80万元	应税服务年销售额>500万元

注意：“年应税销售额”是开票额，还是会计核算的收入额实务中处理情况不同。可以确定的是如果该销售额为含税的，应该换算为不含税的销售额。一般换算公式为：应税服务年销售额＝连续不超过12个月应税服务营业额合计÷（1＋3％）。

②特殊情况的划分（见表1-3）。

表1-3　纳税人资格特殊情况划分

序号	纳税人情况	纳税人类型
1	达标的企业（不经常提供应税服务的除外）	一般纳税人
2	其他个人	小规模纳税人
3	达标的非企业性单位、不经常提供应税服务的企业和个体工商户	可选择成为一般纳税人或小规模纳税人
4	会计核算健全，能够提供准确税务资料的未达标企业	可申请登记为一般纳税人

4. 扣缴义务人

中华人民共和国境外（以下称境外）单位或者个人在境内发生应税行为，在境内未设有经营机构的，以购买方为增值税扣缴义务人。财政部和国家税务总局另有规定的除外。

（1）扣缴发生的前提

以购买方为增值税扣缴义务人的前提，是境外单位或者个人在境内未设立经营机构，如果境外单位或者个人在境内设立了经营机构，应以其经营机构为增值税纳税人，不存在由扣缴义务人扣缴税款的问题。

（2）扣缴税额的计算

扣缴义务人是纳税人，不是实际负税人。扣缴义务人在扣缴增值税的时候，应按照以下公式计算应扣缴税额：

应扣缴税额＝购买方支付的价款÷（1＋税率）×税率

注意，按照上述公式计算应扣缴税额时，无论购买方支付的价款是否超过500万元的一般纳税人标准，无论扣缴义务人是一般纳税人或者小规模纳税人，一律按照境外单位或者个人发生应税行为的适用税率予以计算。也就是说税率的计算不是按照扣缴义务人的纳税人资格类型来确定的，而是按照对方的适用税率确定的。

扣缴税额如何适用税率？

甲某把自家位于北京市二环以里的一幢房屋临时租赁给一家股份制企业乙（是一般纳税人）3个月，乙公司一次性支付房租103 000元。甲某是个人，只能认定为小规模纳税人，所以乙履行代扣增值税税款的义务，但是乙计算代扣税款时应该这么计算：

应扣缴税额＝103 000÷（1＋3％）×3％＝3 000（元）

而不是：应扣缴税额＝103 000÷（1＋17％）×17％＝14 965.81（元）

（3）扣缴税款的抵扣

境内购买方从境外单位或者个人购进服务、无形资产或者不动产的，其取得的解缴税款的完税凭证上注明的增值税额，准予从销项税额中抵扣。

（4）扣缴义务发生时间与地点

扣缴义务发生时间为纳税人增值税纳税义务发生的当天。扣缴义务人应当向其机构所在地或者居住地主管税务机关申报缴纳扣缴的税款。

5. 合并纳税人

“财税〔2016〕36号文”附件1第七条规定，两个或者两个以上的试点纳税人，经财政部和国家税务总局批准可以视为一个纳税人合并纳税。具体办法由财政部和国家税务总局另行制定。

合并纳税，类似于企业所得税总分机构的汇算清缴，其实质是进项和销项能够汇总合并，在目前的征管实践中也只有总分机构合并纳税的情形。从税控设备角度考虑，总分机构纳税是统一的纳税人识别号、公司名称、地址电话等信息，有一台主机和若干台分机。分机是分支机构负责收款时开票用，主开票机当然是总机构负责开票、汇总、发票分发以及纳税申报使用。“财税〔2016〕36号文”附件1第七条提到的合并纳税人应该是不同的公司名称（比如集团内企业）、不同的纳税人识别号以及不同的其他信息，开出去的发票以及接收的发票都不一样。因此，后期在纳税申报的时候如何能够汇总，在实践中还是比较大的技术难题。尤其是“金税三期”为“营改增”全面升级护驾，不同纳税人合并纳税无法适用“金税三期”的征管模式，集团企业合并纳税还需要进一步探索。

1.1.3 征税范围的圈定

1. 是否缴纳增值税的判断条件

确定一项经济行为是否需要缴纳增值税，除另有规定外，一般应同时具备以下四个条件。

（1）应税行为是发生在中华人民共和国境内

一国政府的管辖权限决定了应税行为必须属于境内，一国才能对此有征税权，否则不能征税。“财税〔2016〕36号文”附件1第十二条和第十三条进行了明确。具体条款内容如下。

第十二条规定：“在境内销售服务、无形资产或者不动产，是指：

（一）服务（租赁不动产除外）或者无形资产（自然资源使用权除外）的销售方或者购买方在境内；

（二）所销售或者租赁的不动产在境内；

（三）所销售自然资源使用权的自然资源在境内；

（四）财政部和国家税务总局规定的其他情形。”

第十三条规定：“下列情形不属于在境内销售服务或者无形资产：（一）境外单位或者个人向境内单位或者个人销售完全在境外发生的服务。

（二）境外单位或者个人向境内单位或者个人销售完全在境外使用的无形资产。

（三）境外单位或者个人向境内单位或者个人出租完全在境外使用的有形动产。

（四）财政部和国家税务总局规定的其他情形。”

（2）应税行为是属于“销售服务、无形资产、不动产注释”范围内的业务活动

本次全面“营改增”把增值税的征税范围补充了新的定义，即应税行为分为三大类：销售应税服务、销售无形资产和销售不动产。其中，应税服务包括交通运输服务、邮政服务、电信服务、建筑服务、金融服务、现代服务、生活服务。

《增值税暂行条例》中是指出增值税是针对“销售货物或者提供加工、修理修配劳务以及进口货物”征收的，这次全面“营改增”把“提供劳务”改成了“销售服务”，销售服务是一个筐，里面装了七大行业。另外，增加了“销售无形资产、销售不动产”等表述。“营改增”前后征税范围以及表述都发生了变化。

（3）应税服务是为他人提供的

“服务必须是为他人提供的”，是指应税服务的提供对象必须是其他单位或者个人，不是自己，也不是自我服务。比如：①单位或者个体工商户聘用的员工为本单位或者雇主提供取得工资的服务。②单位或者个体工商户为聘用的员工提供服务。

只有单位或个体经营者聘用的员工为本单位或者雇主提供取得工资的服务才属于非经营活动，不缴纳增值税，非本单位或个体经营者聘用的员工为本单位或者雇主提供的服务，属于应税行为，应照章缴纳增值税。

员工为本单位或者雇主提供的所有服务是否都不征税？

例如：员工将自己的房屋出租给本单位使用收取房租、员工利用自己的交通工具为本单位运输货物收取运费、员工将自有资金贷给本单位使用收取利息等是否需要缴纳增值税。

对这些情况如果不征税显然与增值税立法精神不符，对其他单位和个人也不公平。因此，员工为本单位或者雇主提供的不征税的服务应仅限于员工为本单位或雇主提供的取得工资的职务性服务，员工向用人单位或雇主提供与工作（职务）无关的服务，这一类行为不属于自我服务的范畴，员工应该按照视同销售依法缴纳增值税。

(4) 应税行为是有偿的

“财税〔2016〕36号文”附件1第十条和第十一条规定：销售服务、无形资产或者不动产，是指有偿提供服务、有偿转让无形资产或者不动产。有偿，是指取得货币、货物或者其他经济利益。

根据上述规定，发生增值税应税行为的一个前提条件是有偿。当然会有例外的情形。

2. “四个条件”的例外情形

确定一项经济行为是否需要缴纳增值税，文件要求需要满足以上四个条件，但是如果出现如下情形应如何判断？

(1) 满足上述四个条件但不纳税

“财税〔2016〕36号文”附件2中第一个问题提到“不征收增值税项目”，这些项目不纳入增值税的征收范围，即便符合上述四个条件，也不需要缴纳增值税。这些项目主要有：

①行政单位收取的同时满足条件的政府性基金或者行政事业性收费。

②存款利息。

③被保险人获得的保险赔付。

④房地产主管部门或者其指定机构、公积金管理中心、开发企业以及物业管理单位代收的住宅专项维修资金。

⑤在资产重组过程中，通过合并、分立、出售、置换等方式，将全部或者部分实物资产以及与其相关联的债权、负债和劳动力一并转让给其他单位和个人，其中涉及的不动产、土地使用权转让行为。

（2）不能同时满足上述四个条件则需要纳税

有些情形不能够同时满足上述四个条件，这些情形主要是一些无偿的应税行为，比如，关联方之间的无偿借款等。

下列情形视同销售服务、无形资产或者不动产：

①单位或者个体工商户向其他单位或者个人无偿提供服务，但用于公益事业或者以社会公众为对象的除外。

②单位或者个人向其他单位或者个人无偿转让无形资产或者不动产，但用于公益事业或者以社会公众为对象的除外。

③财政部和国家税务总局规定的其他情形。

单位或者个体工商户的下列行为，视同销售货物：

①将货物交付其他单位或者个人代销。

②销售代销货物。

③设有两个以上机构并实行统一核算的纳税人，将货物从一个机构移送其他机构用于销售，但相关机构设在同一县（市）的除外。

④将自产或者委托加工的货物用于非增值税应税项目。

⑤将自产、委托加工的货物用于集体福利或者个人消费。

⑥将自产、委托加工或者购进的货物作为投资，提供给其他单位或者个体工商户。

⑦将自产、委托加工或者购进的货物分配给股东或者投资者。

⑧将自产、委托加工或者购进的货物无偿赠送其他单位或者个人。

1.1.4 税率及征收率的确定

1. 基本增值税税率

“财税〔2016〕36号文”附件1第十五条规定增值税税率：

（1）纳税人发生应税行为，除第（二）项、第（三）项、第（四）项规定外，税率为6%。

（2）提供交通运输、邮政、基础电信、建筑、不动产租赁服务，销售不动产，转让土地使用权，税率为11%。

（3）提供有形动产租赁服务，税率为17%。

（4）境内单位和个人发生的跨境应税行为，税率为零。具体范围由财政部和国家税务总局另行规定。

根据本条的规定，可以看出，提供建筑、不动产租赁服务、销售不动产、转让土地使用权的税率均为11%，体现了此次全面“营改增”的税率集中变化点。其他服务，诸如销售无形资产（土地使用权除外）、其他现代服务、生活服务、娱乐服务等增值税税率都是6%。另外，还要注意，第一，增值税的基本税率是17%，比如销售商品的税率；第二，所谓增值税的“税率”指的是一般纳税人适用的“税率”，小规模纳税人适用的税率以及适用简易征收的税率都叫做“征收率”。

2. 增值税的征收率

“财税〔2016〕36号文”附件1第十六条规定增值税税率：

增值税征收率为3%，财政部和国家税务总局另有规定的除外。

（1）征收率适用于几种情况

①小规模纳税人增值税征收率为3%，财政部和国家税务总局另有规定的除外。

②小规模纳税人（除其他个人外）销售自己使用过的固定资产，减按2%的征收率征收增值税。

③小规模纳税人销售、出租不动产的征收率为5%。

④小规模纳税人提供劳务派遣服务等，可以选择差额征收，按照简易计税方法依5%的征收率计算缴纳增值税。

⑤一般纳税人销售服务、无形资产或者不动产、劳务派遣行业差额等，按规定可以选择简易计税方法计税的。

（2）销售应税服务、无形资产和不动产的征收率

①按照简易计税方法计税的销售不动产、不动产经营租赁服务（除试点前开工的高速公路的车辆通行费），征收率为5%。

②其他情况，征收率为3%。

通过以上政策分析，可以把握一个原则：只要是小规模纳税人和一般纳税人的老项目，征收率一般都是3%，但是遇到销售不动产、不动产经营租赁服务的都改为了5%。具体税率见表1-4。

表 1-4　　全面“营改增”税率表

项目大类	项目中类	项目小类	征收品目	税率	征收率
销售服务	交通运输服务	陆路运输服务	铁路运输服务	11%	3%
			其他陆路运输服务	11%	3%
		水路运输服务	水路运输服务	11%	3%
		航空运输服务	航空运输服务	11%	3%
		管道运输服务	管道运输服务	11%	3%
	邮政服务	邮政普遍服务	邮政普遍服务	11%	3%
		邮政特殊服务	邮政特殊服务	11%	3%
		其他邮政服务	其他邮政服务	11%	3%
	电信服务	基础电信服务	基础电信服务	11%	3%
		增值电信服务	增值电信服务	6%	3%
	建筑服务	工程服务	工程服务	11%	3%
		安装服务	安装服务	11%	3%
		修缮服务	修缮服务	11%	3%
		装饰服务	装饰服务	11%	3%
		其他建筑服务	其他建筑服务	11%	3%
	金融服务	贷款服务	贷款服务	6%	3%
		直接收费金融服务	直接收费金融服务	6%	3%
		保险服务	人身保险服务	6%	3%
			财产保险服务	6%	3%
		金融商品转让	金融商品转让	6%	3%
	现代服务	研发和技术服务	研发服务	6%	3%
			合同能源管理服务	6%	3%
			工程勘察勘探服务	6%	3%
			专业技术服务	6%	3%
		信息技术服务	软件服务	6%	3%
			电路设计及测试服务	6%	3%
			信息系统服务	6%	3%

续上表

项目大类	项目中类	项目小类	征收品目	税率	征收率
销售服务	现代服务	信息技术服务	业务流程管理服务	6%	3%
			信息系统增值服务	6%	3%
		文化创意服务	设计服务	6%	3%
			知识产权服务	6%	3%
			广告服务	6%	3%
			会议展览服务	6%	3%
		物流辅助服务	航空服务	6%	3%
			港口码头服务	6%	3%
			货运客运场站服务	6%	3%
			打捞救助服务	6%	3%
			装卸搬运服务	6%	3%
			仓储服务	6%	3%
			收派服务	6%	3%
		租赁服务	不动产融资租赁（1）	11%	5%（简易）
			不动产融资租赁（2）	11%	5%（一般老项目）
			不动产经营租赁（1）	11%	5%（一般老项目）
			不动产经营租赁（2）	11%	5%（简易）
			有形动产融资租赁	17%	3%
			有形动产经营租赁	17%	3%
		鉴证咨询服务	认证服务	6%	3%
			鉴证服务	6%	3%
			咨询服务	6%	3%
		广播影视服务	广播影视节目（作品）制作服务	6%	3%
			广播影视节目（作品）发行服务	6%	3%
			广播影视节目（作品）播映服务	6%	3%

续上表

项目大类	项目中类	项目小类	征收品目	税率	征收率
销售服务	现代服务	商务辅助服务	企业管理服务	6%	3%
			经纪代理服务	6%	3%
			人力资源服务	6%	3%
			安全保护服务	6%	3%
		其他现代服务	其他现代服务	6%	3%
	生活服务	文化体育服务	文化服务	6%	3%
			体育服务	6%	3%
		教育医疗服务	教育服务	6%	3%
			医疗服务	6%	3%
		旅游娱乐服务	旅游服务	6%	3%
			娱乐服务	6%	3%
		餐饮住宿服务	餐饮服务	6%	3%
			住宿服务	6%	3%
		居民日常服务	居民日常服务	6%	3%
		其他生活服务	其他生活服务	6%	3%
销售无形资产		专利或非专利技术	专利或非专利技术	6%	3%
		商标和著作权	商标和著作权	6%	3%
		土地使用权	土地使用权	11%	5%（一般老项目或简易）
		其他自然资源使用权	其他自然资源使用权	6%	3%
		其他权益性无形资产	其他权益性无形资产	6%	3%
销售不动产		建筑物	建筑物（1）	11%	5%（简易）
			建筑物（2）	11%	5%（一般老项目）
		构筑物	构筑物（1）	11%	5%（简易）
			构筑物（2）	11%	5%（一般老项目）

3. 兼营和混合销售税率的确定

“财税〔2016〕36号文”附件1对兼营和混合销售的规定如下：

第三十九条：纳税人兼营销售货物、劳务、服务、无形资产或者不动产，适用不同税率或者征收率的，应当分别核算适用不同税率或者征收率的销售额；未分别核算的，从高适用税率。

第四十条：一项销售行为如果既涉及服务又涉及货物，为混合销售。从事货物的生产、批发或者零售的单位和个体工商户的混合销售行为，按照销售货物缴纳增值税；其他单位和个体工商户的混合销售行为，按照销售服务缴纳增值税。

本条所称从事货物的生产、批发或者零售的单位和个体工商户，包括以从事货物的生产、批发或者零售为主，并兼营销售服务的单位和个体工商户在内。

（1）兼营的税率确定

按照以下方法适用税率或者征收率：

①兼有不同税率的销售货物、加工修理修配劳务、服务、无形资产或者不动产，从高适用税率。

②兼有不同征收率的销售货物、加工修理修配劳务、服务、无形资产或者不动产，从高适用征收率。

③兼有不同税率和征收率的销售货物、加工修理修配劳务、服务、无形资产或者不动产，从高适用税率。

例如：某试点一般纳税人既销售不动产，又提供经纪代理服务，如果该纳税人能够分别核算上述两项应税行为的销售额，则提供销售不动产适用11%的增值税税率，提供经纪代理服务适用6%的增值税税率；如果该纳税人没有分别核算上述两项应税行为的销售额，则销售不动产和提供经纪代理服务均从高适用11%的增值税税率。

（2）混合销售税率的确定

混合销售行为成立的行为标准有两点，一是其销售行为必须是一项；二是该项行为必须既涉及服务又涉及货物，其“货物”是指增值税条例中规定的有形动产，包括电力、热力和气体；服务是指属于改征范围的交通运输服务、建筑服务、金融保险服务、邮政服务、电信服务、现代服务、生活服务等。

发生了混合销售，先确定主营业务是否为从事货物的生产、批发或者零售的单位和个体工商户，如果是，则按照销售商品来征税，否则按照销售服务税率征税。其实，这也是未来税收筹划的一个点，通过主营业务和次营业务的配比，在混合销售业务中尽量按照销售服务来征税，因为销售服务的税率一般比销售商品的要低。

1.1.5 纳税义务发生时间的规定

“财税〔2016〕36号文”附件1第四十五条对增值税纳税义务发生时间进行了规定：

（一）纳税人发生应税行为并收讫销售款项或者取得索取销售款项凭据的当天；先开具发票的，为开具发票的当天。

收讫销售款项，是指纳税人销售服务、无形资产或者不动产过程中或者完成后收到款项。

取得索取销售款项凭据的当天，是指书面合同确定的付款日期；未签订书面合同或者书面合同未确定付款日期的，为服务、无形资产转让完成的当天或者不动产权属变更的当天。

（二）纳税人提供建筑服务、租赁服务采取预收款方式的，其纳税义务发生时间为收到预收款的当天。

（三）纳税人从事金融商品转让，为金融商品所有权转移的当天。

（四）纳税人发生本办法第十四条规定情形的，其纳税义务发生时间为服务、无形资产转让完成的当天或者不动产权属变更的当天。

（五）增值税扣缴义务发生时间为纳税人增值税纳税义务发生的当天。

1. 一般性原则

（1）先开具发票的，以开具发票的当天为准

虽然可能没收到钱或者取得收款凭据，但是开了发票后获取发票的一方，就可以认证抵扣进项了，因此为了进项销项配比和抵扣链条的完整，新开票的纳税义务发生时间就以开票时间为准。同时，纳税人开增值税普通发票与开专用发票的征税原则一致，也适用：如果纳税人发生应税行为时先开具发票的，纳税义务发生时间为开具发票的当天。

注意，以开具发票的当天为纳税义务发生时间的前提是纳税人发生应税行为。

(2) 先收讫销售款项或取得收款凭据的，以收款或取得收款凭据的当天为准

针对这一原则要注意以下几点：

第一，收讫款项是指收钱未开票的情况。有一个前提：是指纳税人发生应税行为过程中或者完成后。比如，顾客到商店购买需要送货的商品，货物交付通常在收取货款之后，纳税义务应当为收取货款的当天。

第二，取得索取销售款项凭据的当天，是指没有收到钱，索取销售款项凭据应当同时符合下面两个条件：其一，索取销售款项凭据中载明的金额必须具有确定性；其二，销售方凭借索取销售款项凭据，随时可以去结款，而不能再附加其他条件。

但是有如下行为视同取得收款凭据：①签订了书面合同且书面合同确定了付款日期的，按照书面合同确定的付款日期的当天确认纳税义务发生；②未签订书面合同或者书面合同未确定付款日期的，按照应税行为完成的当天确认纳税义务发生。同时，确认纳税义务发生的时间是按照上述顺序确定的。

第三，除了“提供建筑服务、租赁服务采取预收款方式”外的其他方式，在发生应税行为之前收到的款项不属于收讫销售款项，不能按照该时间确认纳税义务发生。也即是，这两项服务仍然适用前面纳税义务发生时间的“收付实现制”，其他业务如果收钱发生在应税行为之前的，要按照“权责发生制”确认的。

注意：“全面‘营改增’”后，房地产开发企业纳税义务发生时间发生了重大变化，从“收付实现制”变为了“权责发生制”，重点体现在预收款的预缴制度上。房地产开发企业取得的预收款不再像营业税时代按照“收付实现制”而产生完全的纳税义务，而只是在收到时预缴3%税款，等到交房时产生完全纳税义务，再按照相应的计税方法计征增值税，这样也保证了“营改增”后税收收入时间与营业税不至于出现重大差异。

(3) 如何把握开票和收款原则

在一般的“货到付款”经营模式下，其增值税纳税义务发生时间为收款或开具发票孰先原则。先收讫销售款项或取得收款凭据的，取得销售款或取

得索取销售款凭据的当天；先开具发票的，为开具发票的当天。

2. 纳税义务发生时间中的特殊规定

（1）采取预收款方式提供建筑服务、租赁服务

纳税人提供建筑服务、租赁服务采取预收款方式的，其纳税义务发生时间为收到预收款的当天。

比如：某试点纳税人出租房屋，租金1 000元/月，一次性预收了对方一年的租金共12 000元，则应在收到12 000元租金的当天确认纳税义务发生，并按12 000元确认收入。而不是按照“权责发生制”的原则把12 000元租金按月分摊确认，也不能在该业务完成后再确认收入。

（2）金融商品转让的纳税义务发生时间

纳税人从事金融商品转让，纳税义务发生时间为金融商品所有权转移的当天。

由此看出，购入的金融商品在持有期间取得的分红、利息收入不产生纳税义务，等到卖出该金融商品时，买入价应按购入价减去持有期间取得的分红、利息收入来确定。

（3）视同发生应税行为的纳税义务发生时间

纳税人发生“财税〔2016〕36号文”附件1第十四条视同发生应税行为的，其纳税义务发生时间为应税行为完成的当天。第十四条规定的内容属于无偿行为，视同销售情形。

由于无偿提供应税服务、无偿转让无形资产或者不动产不存在收讫销售款项或者取得索取销售款项凭据的情况，因此，将其纳税义务发生时间确定为应税行为完成的当天，涉及权属转移的，也应该在完成权属转移的过程中。

（4）增值税扣缴义务发生时间

增值税扣缴义务发生时间为纳税人增值税纳税义务发生的当天。

先按照“财税〔2016〕36号文”附件1第四十五条的相关规定确认境外单位或者个人提供应税服务的增值税纳税义务发生时间，再以确认的扣缴对方的增值税纳税义务发生的当天作为增值税扣缴义务发生时间。

3. 纳税义务发生时间的其他规定

（1）《中华人民共和国增值税暂行条例》第十九条规定

增值税纳税义务发生时间：

①销售货物或者应税劳务，为收讫销售款项或者取得索取销售款项凭据的当天；先开具发票的，为开具发票的当天。

②进口货物，为报关进口的当天。

增值税扣缴义务发生时间为纳税人增值税纳税义务发生的当天。

(2)《中华人民共和国增值税暂行条例实施细则》的规定

《中华人民共和国增值税暂行条例实施细则》第三十八条规定：

《增值税暂行条例条例》第十九条第一款第（一）项规定的收讫销售款项或者取得索取销售款项凭据的当天，按销售结算方式的不同，具体为：

①采取直接收款方式销售货物，不论货物是否发出，均为收到销售款或者取得索取销售款凭据的当天；

②采取托收承付和委托银行收款方式销售货物，为发出货物并办妥托收手续的当天；

③采取赊销和分期收款方式销售货物，为书面合同约定的收款日期的当天，无书面合同的或者书面合同没有约定收款日期的，为货物发出的当天；

④采取预收货款方式销售货物，为货物发出的当天，但生产销售生产工期超过12个月的大型机械设备、船舶、飞机等货物，为收到预收款或者书面合同约定的收款日期的当天；

⑤委托其他纳税人代销货物，为收到代销单位的代销清单或者收到全部或者部分货款的当天。未收到代销清单及货款的，为发出代销货物满180天的当天；

⑥销售应税劳务，为提供劳务同时收讫销售款或者取得索取销售款的凭据的当天；

⑦纳税人发生本细则第四条第3项至第8项所列视同销售货物行为，为货物移送的当天。

加油站成品油增值税纳税义务发生时间如何确定？

《成品油零售加油站增值税征收管理办法》（国家税务总局第2号令）第二条规定：发售加油卡、加油凭证销售成品油的纳税人在售卖加油卡、加油凭证时，应按预收账款方法做相关账务处理，不征收增值税。

之所以对加油卡做例外规定是由于加油卡销售具有全国市场统一性，例如：北京售出加油卡，可能纳税人在河北等其他省份加油，如果北京售出加油卡时就要确认销项税额，就会出现销项税额在北京确认，而进项税额在河北抵扣的情形。同时，即便是同在北京的不同县市区也存在这样的情况，因此对加油卡给予了特案规定。

随着大型超市全国网络化，以及其他类似全国网络化企业的不断出现，对类似问题的解决，诸如超市购物卡、充值卡、积分卡等形式，还要具体与当地税务机关做好沟通协调。

1.1.6 “营改增”纳税地点的选择

我国税法上规定的纳税地点主要是机构所在地、居住地、经济活动发生地、财产所在地、报关地等。

“财税〔2016〕36号文”附件1第四十六条规定了“营改增”纳税地点为：

（一）固定业户应当向其机构所在地或者居住地主管税务机关申报纳税。总机构和分支机构不在同一县（市）的，应当分别向各自所在地的主管税务机关申报纳税；经财政部和国家税务总局或者其授权的财政和税务机关批准，可以由总机构汇总向总机构所在地的主管税务机关申报纳税。

（二）非固定业户应当向应税行为发生地主管税务机关申报纳税；未申报纳税的，由其机构所在地或者居住地主管税务机关补征税款。

（三）其他个人提供建筑服务，销售或者租赁不动产，转让自然资源使用权，应向建筑服务发生地、不动产所在地、自然资源所在地税务机关申报纳税。

（四）扣缴义务人应当向其机构所在地或者居住地主管税务机关申报缴纳扣缴的税款。

1. 一般性规定

（1）固定业户的规定

固定业户是指有固定的生产经营场所，从事一定的经济业务，并经工商行政管理部门批准发证的工商业户。固定业户是相对于其主管税务机关离开机构所在地开展经营活动，在经营地的经营活动具有临时性质。根据《征管法》规定，一般理解为办理了税务登记的机构或个体工商户等。

根据税收属地管辖原则，固定业户应当向其机构所在地的主管税务机关申报纳税，机构所在地是指纳税人的工商执照注册登记地，在哪儿登记设立公司，在哪儿缴税，当然特殊税种有特别规定。

如果固定业户设有分支机构，且不在同一县（市）的，应当分别向各自所在地的主管税务机关申报纳税。

经批准，可以由总机构汇总向总机构所在地的主管税务机关申报纳税。具体审批权限如下。

①总机构和分支机构不在同一省、自治区、直辖市的，经财政部和国家税务总局批准，可以由总机构汇总向总机构所在地的主管税务机关申报纳税。“跨省”汇总的，需要国家税务总局审批。

②总机构和分支机构不在同一县（市），但在同一省、自治区、直辖市范围内的，经省、自治区、直辖市财政厅（局）、国家税务局审批同意，可以由总机构汇总向总机构所在地的主管税务机关申报纳税。“省内”汇总的，“省级”国税局审批。

注意：有关金融业汇总纳税“营改增”后的情况，《国家税务局关于全面推开营业税改征增值税试点有关税收征收管理事项的公告》（国家税务总局公告 2016 年第 23 号）中做了进一步说明：

原以地市一级机构汇总缴纳营业税的金融机构，“营改增”后继续以地市一级机构汇总缴纳增值税。

同一省（自治区、直辖市、计划单列市）范围内的金融机构，经省（自治区、直辖市、计划单列市）国家税务局和财政厅（局）批准，可以由总机构汇总向总机构所在地的主管国税机关申报缴纳增值税。

采取汇总纳税的金融机构，省、自治区所辖地市以下分支机构可以使用地市级机构统一领取的增值税专用发票、增值税普通发票、增值税电子普通发票；直辖市、计划单列市所辖区县及以下分支机构可以使用直辖市、计划单列市机构统一领取的增值税专用发票、增值税普通发票、增值税电子普通发票。

（2）非固定业户

非固定业务一般是临时税务登记，或者根本没有税务登记，往往是涉及开具发票了，才去接触税务机关。

非固定业户应当向应税行为发生地主管税务机关申报纳税。这里强调业务发生所在地。

未申报纳税的，由其机构所在地或者居住地主管税务机关补征税款。现实中，征管难度较大。

2. 特殊规定

①其他个人提供建筑服务，销售或者租赁不动产，转让自然资源使用权，应向建筑服务发生地、不动产所在地、自然资源所在地税务机关申报纳税。注意，这里仅指个人，如果是机构，另有具体规定。

②扣缴义务人应当向其机构所在地或者居住地主管税务机关申报缴纳扣缴的税款。这样可以促使扣缴义务人履行扣缴义务，同时方便其申报缴纳所扣缴税款，尤其对跨区跨省的经营活动，发生扣缴义务时，有极大的便利性。

1.1.7 “营改增”的征税机关

1. 国税机关征收范围

“财税〔2016〕36号文”附件1第五十一条规定：

营业税改征的增值税，由国家税务局负责征收。

纳税人销售服务、无形资产或者不动产在实施“营改增”试点前属于征收营业税的范围，由地方税务局负责征收。

“营改增”后不再向主管地方税务机关申报缴纳营业税，应向主管国家税务局申报缴纳增值税。

“营改增”过渡期间还有地税代征增值税的情形。

2. 地税机关征收范围

“财税〔2016〕36号文”附件1第五十一条规定：

纳税人销售取得的不动产和其他个人出租不动产的增值税，国家税务局暂委托地方税务局代为征收。

由于纳税人销售不动产和其他个人出租不动产的征收管理较为复杂，涉及系统改造、房产核价以及与其他单位衔接等问题，短期内无法解决，因此，对于纳税人销售不动产和其他个人出租不动产的增值税，暂委托地方税务局代为征收。其中的“纳税人销售取得的不动产”，“纳税人”包括企业和个人；“取得”包括直接购买、接受捐赠、接受投资入股、自建以及抵债等方式取得，不包括房地产企业自行开发的房地产项目；“不动产”包括房屋、建筑物、构筑物、土地使用权、商铺、楼堂馆所、路、桥、道、坝等。“其他个人出租不动产”主要是指个人或个体工商户出租不动产，不包括企业或其他组织。比如，如果个人甲出租了房屋，承租方需要发票的时候，那么甲就需要去房屋所在的地税局税务所去办理完税并代开增值税发票。

1.2 全面“营改增”对税收因素的影响

1. 价内税变为价外税

价内税主要指税款包含在征税对象的价格之中的税，如我国现行的消费税和营业税。消费者在购买商品支付价款时，该价款中已经包含了商家需要向税务机关缴纳的税款。商品的定价是一种含税价格。

价外税要指税款独立于征税对象的价格之外的税。如增值税，其价格为不含税价格，买方在购买商品或服务时，除需要支付约定的价款外，还须支付按规定的税率计算出来的税款，这二者是分开记载的。

例如，一般纳税人销售不动产合同成交价为 100 万元。

若在营业税时代，开具地税 100 万元销售不动产发票，则缴纳营业税 100×5%＝5（万元）。

若在全面“营改增”后，可以开具增值税专用发票，票面显示：销售不动产 90.09 万元，增值税 9.91 万元。则需要缴纳增值税为 100÷（1＋11%）×11%＝9.91（万元）。

如该不动产项目在全面“营改增”后被却确认为老项目，则可以选择简易计税方法（征收率为 5%），开具增值税发票，票面显示：销售不动产 95.24 万元，增值税 4.76 万元。则需要缴纳增值税为 100÷（1＋5%）×5%＝4.76（万元）。

可以看出，价内税变成价外税后，核算方法发生了重大变化，如果是同等税率情况下，则核算的增值税额比原来同等收入下要少，但同时会计上确认的营业收入也比之前减少了。增值税不包含在交易价格中，需另行向购买者收取，因此，营改增后销售及采购价格是否含税必须明确。

2. 对企业所得税的影响

下面我们用基本公式推导得出结论：

含税收入＝不含税收入＋销项税额

含税成本＝不含税成本＋进项税额

（1）“营改增”前＝（含税收入－含税成本－营业税）×25％

（2）“营改增”后＝（不含税收入－不含税成本）×25％

（3）所得税变化＝（2）－（1）

＝［（不含税收入－含税收入）＋（含税成本－不含税成本）＋营业税］×25％

＝（进项税额＋营业税－销项税额）×25％

＝（营业税－增值税）×25％

若：营业税大于增值税，则：企业所得税会增加，反之则反。

理论上讲，如果“营改增”前后收入、成本等情况类似的话，“营改增”后，某企业缴纳的增值税比原来缴纳营业税时增加，则该企业的企业所得税会减少。如果其增值税和企业所得税同时增加，同时减少，则说明其税政管理有问题，增值税增加一定程度上对所得税有减税效应。

3. 对印花税的影响

增值税是商品或服务在交易流转过程中产生的，交易一般都有合同，而交易合同一般都牵涉印花税。那么问题来了，印花税的计税基础是含税价还是不含税价？包含增值税吗？

根据《中华人民共和国印花税暂行条例》的规定，购销合同的计税依据为合同上载明的“购销金额”，其他合同的计税依据基本也是以合同金额为基数。针对该问题，国家税务总局没有给出更清楚的解释，各地执行情况不一。

针对这一问题，最为企业接收并广为参考引用的是，湖北省地方税务局《关于明确财产行为税若干具体政策问题的通知》（鄂地税发〔2010〕176号）的规定：

（1）按合同金额计征印花税的情形：

①如果购销合同中只有不含税金额，以不含税金额作为印花税的计税依据；

②如果购销合同中既有不含税金额又有增值税金额，且分别记载的，以不含税金额作为印花税的计税依据；

③如果购销合同所载金额中包含增值税金额，但未分别记载的，以合同所载金额（即含税金额）作为印花税的计税依据。

（2）核定征收印花税的情形：

直接以纳税人账载购销金额作为印花税的计税依据，而不论其是否包含增值税税金。

所以，为了进一步控制税收风险，以后财务会计人员在缴纳企业合同印花税的时候，把握一个原则：如果是合同分别写有不含税金额和增值税额，且没有合计数，则按照不含税金额计算缴纳印花税。否则任何情况都按合同上总金额计缴印花税。

4. 对契税的影响

根据《财政部国家税务总局关于“营改增”后契税、房产税、土地增值税、个人所得税计税依据问题的通知》（财税〔2016〕43号）规定，计征契税的成交价格不含增值税。

比如，企业纳税人转让不动产的，一般计税方法下不动产的“成交价格”除以（1＋11％）的余额为契税的计税依据；简易计税方法下不动产的“成交价格”除以（1＋5％）的余额为契税的计税依据。

个人转让不动产，适用全额纳税的，转让不动产的“成交价格”除以（1＋5％）的余额为契税的计税依据；适用差额纳税的，转让不动产的“成交价格”除以（1＋5％）的余额为契税的计税依据；

但是，适用免征增值税的，以转让合同或发票金额为契税的计税依据，不扣减增值税额。

5. 对房产税的影响

根据规定，出租房产的，计征房产税的租金收入不含增值税。

比如，纳税人出租房屋、建筑物时，一般计税方法下不动产的“成交价格”除以（1＋11％）的余额为房产税的计税依据；简易计税方法下不动产的

“成交价格”除以（1＋5%）的余额为房产税的计税依据。

6. 对土地增值税的影响

根据规定：土地增值税纳税人转让房地产取得的收入为不含增值税收入。《中华人民共和国土地增值税暂行条例》等规定的土地增值税扣除项目涉及的增值税进项税额，允许在销项税额中计算抵扣的，不计入扣除项目，不允许在销项税额中计算抵扣的，可以计入扣除项目。

实务中，土地增值税收入项目的“不含增值税收入”是发票上体现的不含税销售额。

THE
SECOND
CHAPTER

第2章 全面“营改增”纳税实操全攻略

企业增值税发票管理、进项管理、销项管理、税款计算以及税收优惠政策是企业全面“营改增”的操作重点，也是增值税管理的要点。本章将全面揭示“营改增”纳税全攻略，并多角度提示操作风险及防控策略。

2.1 全面“营改增”发票管理及风险防控

发票，是指在购销商品、提供或者接受服务以及从事其他经营活动中，开具、收取的收付款凭证。是财务会计核算的原始依据和税务机关执法检查的重要依据，是经济活动中重要的商事凭证和记录生产经营的书面证明。

说到发票，必须要说“以票控税”。“以票控税”的说法由来已久，它也一直在税务部门实际工作中被采用至今。所谓“以票控税”，其主要做法是税务部门要求纳税人在生产经营的收付款过程中必须使用税务发票，规范收入支出的核算，并按发票开具情况申报缴纳税收，以此来监控纳税人收入支出情况，减少税收流失。

发票本质上是税务管理的一种方式，核心是发票管理，前提是纳税人收入均通过税务发票入账，支出均通过税务发票付出，纳税人依法正确用票，消费者主动自觉索票。“以票控税”实施以来，取得了一定的效果，政府、单位、企业白条减少，企业财务核算更为规范，发票管理也成为常态化、制度化，区域税源的流失大幅减少。

然而，实务中，税务稽查以及各类审计检查时，似乎找到了发现企业税收不规范行为的法宝，以发票为抓手，“查账必查票”“查案必查票”“查税必查票”，而且能使企业屡屡就范，甚是灵验。

2.1.1 增值税发票种类的识别

根据《中华人民共和国发票管理办法》相关规定，国务院税务主管部门统一负责全国的发票管理工作。省、自治区、直辖市国家税务局和地方税务局（以下统称省、自治区、直辖市税务机关）依据各自的职责，共同做好本行政区域内的发票管理工作。财政、审计、工商行政管理、公安等有关部门在各自的职责范围内，配合税务机关做好发票管理工作。

目前国家税务局的发票主要有：增值税专用发票、增值税普通发票、机动车销售统一发票和增值税电子普通发票。另外，自2017年1月1日起国家税务总局决定启用增值税普通发票（卷票），企业可以申请使用印有本单位名称的此类发票，具体可参照“国家税务总局2017年9号公告”执行，本书不再详细介绍。

1. 增值税专用发票与普通发票

（1）增值税发票代码

根据《国家税务总局关于统一编印1995年增值税专用发票代码的通知》（国税函发〔1995〕18号）规定，增值税发票代码由十位数字组成：

第1～4位代表各地市；

第5、6两位代表制版年度；

第7位代表批次（分别用1、2、3、4……表示）；

第8位代表版本的语言文字（分别用1、2、3、4代表中文、中英文、藏汉文、维汉文）；

第9位代表几联发票（分别用3、6表示三联、六联）；

第10位代表发票的金额版本号（分别用1、2、3、4表示万元版、十万元版、百万元版、千万元版，用“0”表示电脑发票）。

如某张增值税专用发票代码为1100151130，可以解读为北京市2015年第一批印刷的中文版三联发票。

另外，专用发票实行最高开票限额管理。最高开票限额，是指单份专用发票开具的销售额合计数不得达到的上限额度。

最高开票限额由一般纳税人申请，税务机关依法审批。最高开票限额为10万元及以下的，由区县级税务机关审批；最高开票限额为100万元的，由地市级税务机关审批；最高开票限额为1 000万元及以上的，由省级税务机关审批。防伪税控系统的具体发行工作由区县级税务机关负责。开票额度可通过主管税务机关调整，一般纳税人使用增值税专用发票的，需要向其主管税务机关申请审批其开具增值税专用发票的最高限额，税务机关一般需报送以下资料：

①《税务行政许可申请表》

②《增值税专用发票最高开票限额申请单》

其他部分，在其右边印有专用发票的联次和用途，在其左边，印有批准印制专用发票的文号、印制数量和印制单位。

(2) 增值税发票的联次

根据《国家税务总局关于修订〈增值税专用发票使用规定〉的通知》(国税发〔2006〕156 号)第四条规定:"专用发票由基本联次或者基本联次附加其他联次构成,基本联次为三联:发票联、抵扣联和记账联。

发票联,作为购买方核算采购成本和增值税进项税额的记账凭证;

抵扣联,作为购买方报送主管税务机关认证和留存备查的凭证;

记账联,作为销售方核算销售收入和增值税销项税额的记账凭证。

其他联次用途,由一般纳税人自行确定。"

(3) 增值税发票的票样

①增值税专用发票(以北京为例),如图 2-1 所示。

②增值税普通发票(以北京为例),如图 2-2 所示。

(4) 增值税专用发票与普通发票的区别

增值税专用发票与增值税普通发票最大的区别在于:取得发票的纳税人是否可以依法抵扣购货进项税额。对于增值税专用发票,购货方可以凭抵扣联,依法申报认证抵扣进项税额,而普通发票,购货方不能抵扣进项税额。

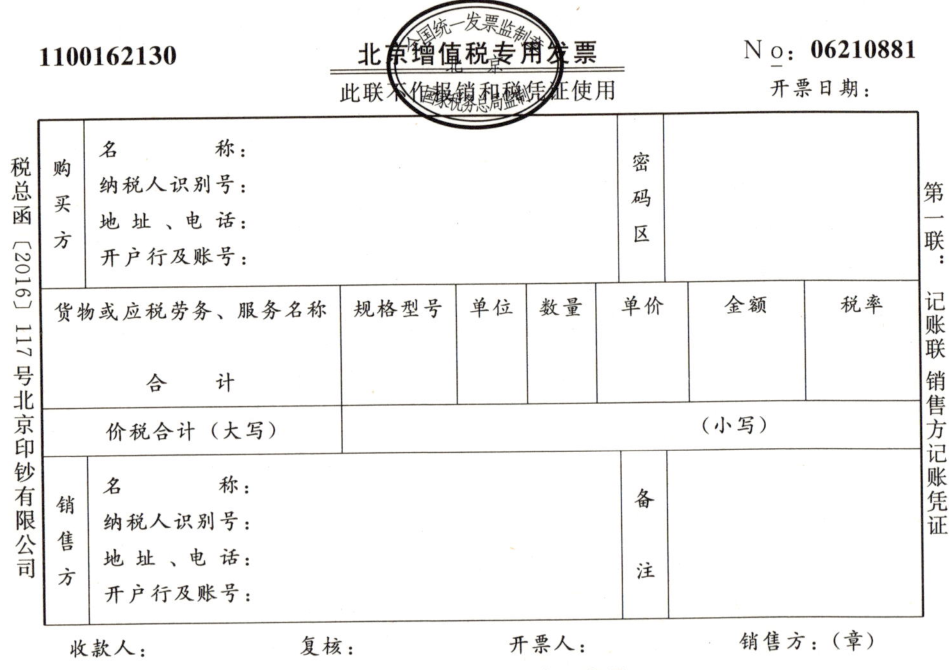

1100162130　　**北京增值税专用发票**　　No: **06210881**

此联不作报销和税凭证使用　　开票日期:

(全国统一发票监制章 北京 国家税务总局监制)

购买方	名　　称: 纳税人识别号: 地 址 、电 话: 开户行及账号:					密码区	
货物或应税劳务、服务名称		规格型号	单位	数量	单价	金额	税率
合　计							
价税合计(大写)		(小写)					
销售方	名　　称: 纳税人识别号: 地 址 、电 话: 开户行及账号:					备注	

收款人:　　复核:　　开票人:　　销售方:(章)

税总函〔2016〕117 号北京印钞有限公司

第一联:记账联 销售方记账凭证

图 2-1　北京增值税专用发票

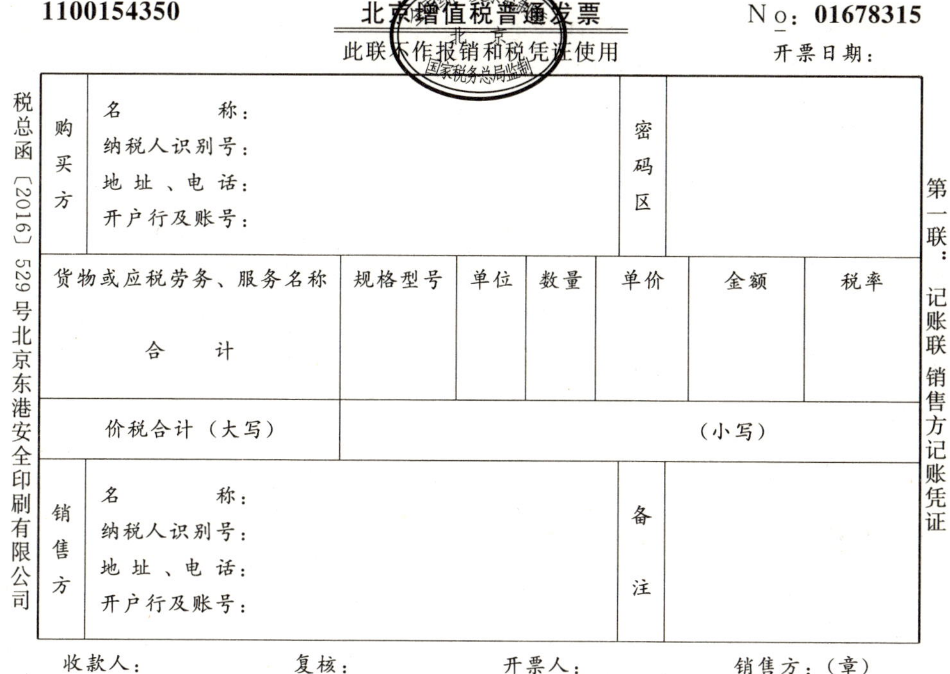

1100154350　　**北京增值税普通发票**　　No：01678315

全国统一发票监制 北京 国家税务总局监制

此联不作报销和税凭证使用　　开票日期：

税总函〔2016〕529号北京东港安全印刷有限公司

购买方	名　　称： 纳税人识别号： 地　址、电　话： 开户行及账号：				密码区		
货物或应税劳务、服务名称	规格型号	单位	数量	单价	金额	税率	税额
合　　计							
价税合计（大写）				（小写）			
销售方	名　　称： 纳税人识别号： 地　址、电　话： 开户行及账号：				备注		

第一联：记账联 销售方记账凭证

收款人：　　复核：　　开票人：　　销售方：（章）

图 2-2　北京增值税普通发票

增值税专用发票与普通发票相比，有如下区别：

①发票的印制要求不同。

根据新的《税收征管法》第二十二条规定："增值税专用发票由国务院税务主管部门指定的企业印制；其他发票，按照国务院主管部门的规定，分别由省、自治区、直辖市国家税务局、地方税务局指定企业印制。未经前款规定的税务机关指定，不得印制发票。"

②发票使用的主体不同。

增值税专用发票一般只能由增值税一般纳税人领购使用，小规模纳税人需要使用的，只能经税务机关批准后由当地的税务机关代开；普通发票则可以由从事经营活动并办理了税务登记的各种纳税人领购使用，未办理税务登记的纳税人也可以向税务机关申请领购使用普通发票。

③发票的内容不同。

增值税专用发票除了具备购买单位、销售单位、商品或者服务的名称、商品或者劳务的数量和计量单位、单价和价款、开票单位、收款人、开票日期等普通发票所具备的内容外，还包括纳税人税务登记号、不含增值税金额、适用税率、应纳增值税额等内容。

④发票的联次不同。

增值税专用发票有四个联次和七个联次两种。普通发票则只有三联，第一联为存根联，第二联为发票联，第三联为记账联。

2. 增值税电子发票

（1）增值税电子发票表样

2013 年 6 月 27 日，北京市国家税务局、北京市地方税务局、北京市商务委员会、北京市工商行政管理局今日发布《关于关于电子发票应用试点若干事项的公告》（公告 2013 年第 8 号）。公告称，自 2013 年 6 月 27 日起，在北京市开展电子发票应用试点。随后在京东商城集团总部，中国电子商务领域首张电子发票诞生。

以北京为例，增值税电子发票票样如图 2-3 所示。

北京增值税电子普通发票

发票代码：**011001605111**
发票号码：**86130410**
开票日期：**2016 年 11 月 10 日**
校 验 码：**74578 76281 23116 25639**

机器编码：661545422818

购买方	名　　称：个人 纳税人识别号： 地 址 、电 话： 开户行及账号：					密码区	403－6/＊143＊99＊198> ＊971－＋38<06679713607 266<<573＋3<11＊00＊6 1730952＊8043＊/1549978－ 41＋＋71809979713607266 <<573＊＋35	
货物或应税劳务、服务名称	规格型号	单位	数量	单价	金额	税率	税额	
美的（M idea）ZS20B 多功能风暖浴霸双电视液晶显示适用集成吊顶折扣（31.290%）	无		1	682.91	682.91 －213.68	17% 17%	116.09 －36.32	
合　　计								
价税合计（大写）	伍佰肆拾玖元整						（小写）¥549.00	
销售方	名　　称：北京京东世纪信息技术有限公司 纳税人识别号：110192562134916 地 址 、电 话：北京市北京经济技术开发区科创十四街 99 号 2 号楼 B168 室 010—56754036 开户行及账号：交通银行股份有限公司北京海淀支行 110060570181500595888					备注	订单号：14173820832 （北京京东世纪信息技术有限公司 110192562134916 发票专用章）	

收款人：京东商城　　复核：　　开票人：京东商城　　销售方：（章）

图 2-3　北京电子增值税普通发票

（2）增值税电子发票的开具流程

根据《国家税务总局关于开展增值税发票系统升级版电子发票试运行工作有关问题的通知》（税总函〔2015〕373号）规定：最新电子增值税普通发票的发票代码为12位，发票号码为8位。试点地区省国税局可确定本地区电子增值税普通发票的发票代码、发票号码编码规则，并报税务总局备案。

电子发票开具首先要和税务总局税控系统链接，电子发票开具接口有两种：第一种适用于使用金税盘或税控盘开具电子发票的纳税人，包含发票开具接口。第二种适用于开票量大、使用税控开票服务器的纳税人，包含登记信息查询、发票库存查询、发票开具和发票查询四个接口。

目前通过不断系统升级，可以实现通过增值税发票系统升级版开具电子增值税普通发票，大致流程如下。

①纳税人登记注册。保持现有电子发票试点纳税人登记、票种核定等业务流程不变，在现有征管系统、电子发票管理系统中完成。

②发票赋码。电子发票的号段，始于征管系统、电子发票管理系统，通过接口方式，由升级版税控系统、统一受理平台最终赋予纳税人。

③电子发票元数据生成。鉴于大型电子商务平台（如京东商城广东平台每日开票量达30万～40万份），单个税控盘/金税盘（每分钟开具20～30份）难以满足此类开票要求，经与两家税控装置生产单位共同研究，拟使用两家单位研制的税控开票服务器（即大容量、高性能的税控盘/金税盘，每分钟开具3 000～10 000份）来满足企业需要。票量小的电商平台直接使用税控盘/金税盘和增值税发票开票软件完成电子发票开具功能。

④电子发票生成。仍由第三方电子发票服务平台完成。电子发票元数据传递给第三方电子发票服务平台，该平台按照电子发票试点现有机制和要求生成带纳税人签章的电子发票及其图像文件，并返给纳税人。

⑤电子发票明细数据进入电子底账库。电子发票明细数据通过升级版统一受理平台进入电子底账系统。

（3）电子发票的效力

根据《网络发票管理办法》（国家税务总局30号令）第七条规定：单位和个人取得网络发票时，应及时查询验证网络发票信息的真实性、完整性，对不符合规定的发票，不得作为财务报销凭证，任何单位和个人有权拒收。

2.1.2 增值税发票认证的操作

一般纳税人取得的增值税专用发票、货物运输业增值税专用发票和机动车销售统一发票需要适用其抵扣联进行认证、识别、确认，进而进行抵扣进项税额。

1. 如何进行“勾选认证”

下面以北京为例，具体看如何进行“勾选认证”：

1）查询取得的增值税发票

纳税人登录“北京市国家税务局增值税发票查询平台”或者北京市国家税务局网站“取消认证”专区，在USB接口插入金税盘或者税控盘查询取得的使用增值税发票系统升级版开具的增值税专用发票、货物运输业增值税专用发票、机动车销售统一发票信息。如图2-4所示。

图2-4 增值税发票查询界面

纳税人可按照《增值税发票查询平台使用手册》操作程序将北京市国家税务局增值税发票查询平台下载、安装到本地电脑。

2）发票勾选

发票勾选是纳税人选择次月征收期内用于申报抵扣（或退税）的增值税进项发票信息。纳税人在每月确认勾选操作完成之前的任意一日均可进行发票勾选，最晚为当月最后1日的22点之前。当月错过勾选的，下期可以继续勾选抵扣，不能超过360天。

发票勾选功能可以查询的发票需同时满足以下三个条件：①由增值税发

票管理新系统开具以及 3 月 1 日起使用扫描认证方式采集的、尚未申报抵扣（或退税）的增值税专用发票、货物运输业增值税专用发票、机动车销售统一发票；②发票状态为正常且未超过抵扣时限（抵扣时限为自发票开具之日起 360 日后的第一个纳税申报期开始以前）的发票；③发票金额为正数的发票。

发票勾选支持逐票勾选、批量勾选两种方式。

（1）逐票勾选

逐票勾选方式，如图 2-5 所示。

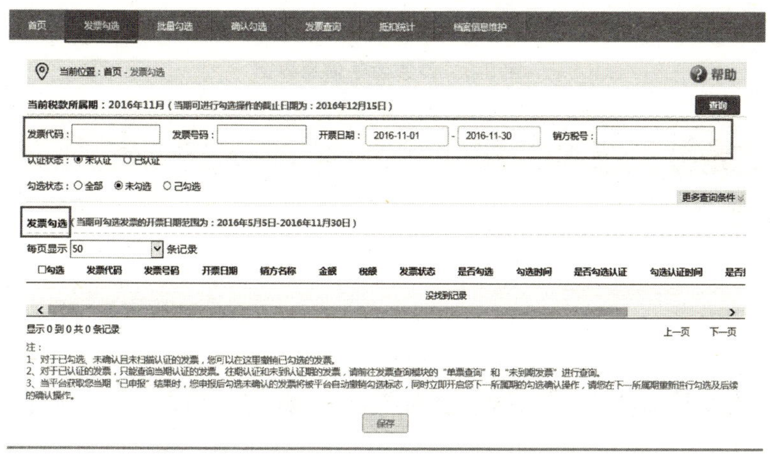

图 2-5　逐票勾选界面

界面显示上、下两个区域，即查询条件区域和发票查询结果勾选操作区域。

①查询发票。查询取得发票的条件包括发票代码、发票号码、销方税号和开票日期。前三个条件默认为空，查询必须输入完整信息；开票日期为必录条件，默认上月 1 日至当前日期的发票。纳税人根据需要输入或选择相关查询条件，然后点击“查询”按钮，即可显示查询结果信息。

②勾选发票。纳税人根据查询结果信息选择发票进行勾选操作，选中一张勾选标志为“未勾选”的发票，选中第一列的勾选状态，即可实现对该份发票的勾选处理；完成本次所有发票的勾选操作后，点击“保存”按钮，系统会提示本次勾选和撤销勾选的发票汇总情况，点击“确定”按钮即可完成所有勾选发票的保存操作。如图 2-6 所示。

（2）批量勾选方式

对取得发票数据量较大的纳税人，通过文件导入的形式实现发票批量勾选。如图 2-7 所示。

确认信息

勾选抵扣：1份，金额合计：2944270.82元，税额合计：9938039.89元

撤销抵扣：1份，金额合计：706604.46元，税额合计：8143196.73元

图 2-6　勾选确认信息界面

首页　发票勾选　批量勾选　确认勾选　发票查询　抵扣统计　档案信息维护

当前位置：首页 - 批量勾选　帮助

当前税款所属期：2016年11月（当期可进行批量勾选操作的截止日期为：2016年12月15日）

开票日期：2016-11-01 - 2016-11-30　销方税号：　勾选标志：◉未勾选　○已勾选

批量勾选　下载发票文件　上传

注：

1、对于已勾选、未确认且未扫描认证的发票，您可以在这里批量撤销已勾选的发票。

2、批量勾选会忽略已勾选的发票再次勾选和已撤销勾选的发票再次撤销的两种情况。

上传时间	勾选结果	发票份数	金额(元)	税额(元)

图 2-7　批量勾选导入界面

①点击“下载发票文件”按钮，可下载一个包含当前所有发票状态为正常且未确认的发票清单文件（文件名规则：纳税人识别号 _ 随机数 . zip），解压后可以得到一个 excel 文件（excel2003 格式）。纳税人根据需要筛选出需要勾选的发票清单，单独保存为 1 个 excel2003 格式的 xls 文件，并将对应的“是否勾选”列的值改为“是”即可实现勾选数据的准备。如图 2-8 所示。

A	B	C	D
发票代码	发票号码	开票日期	是否勾选
3400113130	11111111	2015-03-10	是
3400113130	33333333	2015-03-10	是
3400113130	44444444	2015-03-10	否

图 2-8　批量勾选发票清单样式

②点击“上传”按钮，上传需要批量勾选的发票清单，进行系统批量勾选处理。如果当月已经进行过确认勾选操作，则“上传”按钮自动屏蔽，不再允许上传文件进行勾选操作。

③批量勾选操作成功后，系统会显示如下提示信息，对本次文件批量勾选操作中的勾选和撤销勾选情况进行汇总显示。点击“确定”按钮，确认勾选信息。如图 2-9 所示。

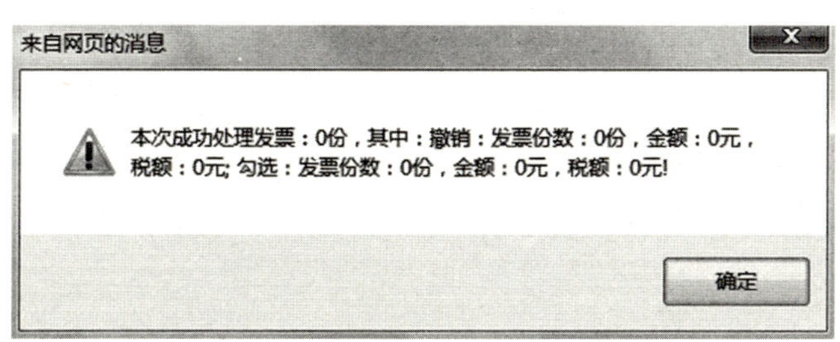

图 2-9　批量勾选确认界面

3）确认勾选

纳税人通过“确认勾选”模块对当月已勾选的发票信息进行确认操作，每个月只能执行一次，一旦确认成功，则视为当月的最终勾选结果，不再允许撤销或补充勾选发票，相关勾选保存和批量勾选操作功能按钮将自动锁定和屏蔽，相关功能需在次月 1 日方可再次使用。

点击“确认勾选”菜单，系统会自动连接税务端后台系统实时统计出本月已勾选的发票汇总情况。如果确认次月征收期内要申报抵扣（或退税）的所有发票均已完成勾选，则点击“确定”按钮，系统出现如下提示，如果确认无误则点击“确定”按钮。如图 2-10 所示。

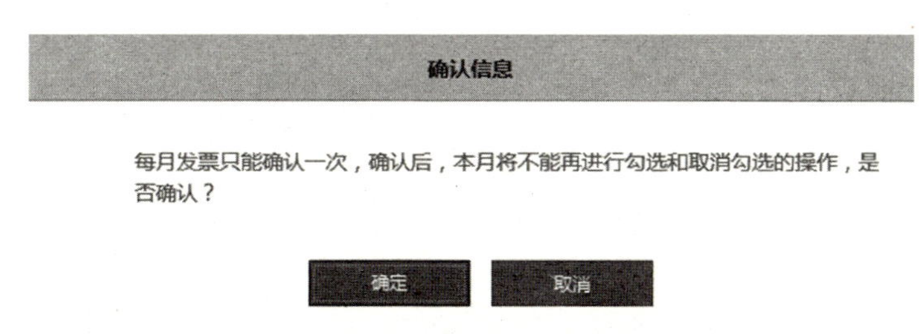

图 2-10　增值税发票勾选确认界面

当月勾选确认操作完成后，勾选确认功能菜单即自动锁定不可再重复进入。

勾选确认后，填报增值税纳税申报表的方法保持不变，即当期申报抵扣的增值税发票数据，仍填报在《增值税纳税申报表附列资料（二）》第2栏“其中：本期认证相符且本期申报抵扣”的对应栏次中。

2. 增值税发票“扫描认证”的取消

根据《国家税务总局关于按照纳税信用等级对增值税发票使用实行分类管理有关事项的公告》（国家税务总局公告2016年第71号）文件规定，自2016年12月1日起，取消增值税发票扫描认证的纳税人范围由纳税信用A级、B级的增值税一般纳税人扩大到纳税信用C级的增值税一般纳税人。

2.2 “营改增”进项税额管理与操作策略

增值税进项税额管理与操作是增值税管理的重中之重，直接决定了企业增值税税负的高低，本章详细介绍了可抵扣进项税额的凭证、进项税额的抵扣操作以及“不动产”分期抵扣规则。

2.2.1 可抵扣进项税额凭证

首先需要明确是，增值税的抵扣是针对一般纳税人而言，小规模纳税人是用不到进项税额抵扣凭证的，即便是一般纳税人的简易征收项目收到进项税额抵扣发票，也要做进项税额转出处理。

目前全面“营改增”后，可以认证抵扣或者计算抵扣的凭证大致有8种，分别是一般纳税人常用的“增值税专用发票”，即将退出历史舞台的“货物运输业增值税专用发票”“机动车销售统一发票”，进口环节取得的“海关进口增值税缴款书”“中华人民共和国税收缴款凭证”“农产品销售发票”“农产品收购发票”，以及道路、桥、闸通行费“××地方税务机关监制发票”。增值税抵扣凭证种类见表2-1。

表 2-1　　　　　　　　　　增值税抵扣凭证种类

抵扣凭证种类		出具方	抵扣金额	备　注
1	增值税专用发票	销售方或通过税务机关代开	注明的增值税税额	
2	货物运输业增值税专用发票	销售方或通过税务机关代开	注明的增值税税额	货运专票最迟可使用至2016年6月30日，7月1日起停止使用
3	机动车销售统一发票	销售方	注明的增值税税额	
4	海关进口增值税缴款书	海关	注明的增值税税额	进口环节的增值税是由海关代征的
5	税收缴款凭证	税务机关	注明的增值税税额	预缴税款、代扣代缴税收缴款、接受境外单位或者个人提供的应税服务时适用
6	农产品销售发票	销售方	买价×11%	买价，是指纳税人购进农产品在收购发票或者销售发票上注明的价款和按照规定缴纳的烟叶税
7	农产品收购发票	购货方	买价×11%	农产品深加工企业抵扣税率为13%
8	道路、桥、闸通行费	高速公路运营方	发票上注明的金额÷（1+3%）×3%	通行费发票，不含财政票据 根据财税〔2016〕86号规定，可以继续执行，停止时间另行通知
		一级公路、二级公路、桥、闸运营方	发票上注明的金额÷（1+5%）×5%	
9	土地出让金省级以上（含）财政部门监（印）制的财政票据	政府相关部门	票据上注明的金额÷（1+11%）×11%	财政票据不是严格意义上的抵扣凭证，是房地产行业销售额的扣除项目

2.2.2　进项税额的抵扣实操

1. 企业常见业务的进项税额抵扣

增值税一般纳税人适用一般计税方法的，用当期销项税额抵扣当期进项税额后的余额为当期应纳税额。

进项税额是指纳税人购进货物、加工修理修配劳务、服务、无形资产或者不动产，支付或者负担的增值税额。当期销项税额小于当期进项税额不足抵扣时，其不足部分可以结转下期继续抵扣。

进项税额抵扣有认证抵扣和计算抵扣两种方式，实务企业一般在日常办公管理、职工福利、生产经营过程会产生大量的增值税专用发票，符合政策规定抵扣范围内的经济管理事项，需要抵扣凭证以及相应票据的支持。

表 2-2 对企业日常经营管理活动进项抵扣内容做了一定梳理，重点对需不需要增值税专用发票进行了汇总。

表 2-2　　日常项目抵扣一览表

具体项目	一般纳税人提供		小规模纳税人提供		备　　注
	抵扣税率	是否需要专用发票	税率	是否需要专用发票	
外购实物发放福利	—	否	—	否	原则是用于集体福利和个人消费的不允许抵扣；外购实务用于生产经营用部分可分摊抵扣
员工商业保险、劳动保护用品（职业必备）	6%或 17%	是	3%	是	一般指生产过程中使用的，购买的相关物品。强调是“职业必备”的，不是“福利类”的
劳务派遣员工	全额开票 6%	是	全额开票 3%	是	“人力资源外包”“保安服务”可以适用“劳务派遣相关政策”
	差额开票 5%	是	差额开票 5%	是	
职工教育经费	存在 17%、11%、6%的税率	是	3%	是	职工教育经费不同的列支对象，税率不同
培训费	6%	是	3%	是	不与培训费同时开具一张发票的，如餐费、车票费、培训资料费等，单独适用相应税率

续上表

具体项目	一般纳税人提供		小规模纳税人提供		备　　注
	抵扣税率	是否需要专用发票	税率	是否需要专用发票	
购图书、资料费、印刷费	17%	是	3%	是	注意“印刷费”与“摄影扩印”的区别，后者属于居民日常服务项目，不得抵扣增值税进项税额
办公低值易耗品、绿植采购、电费、软件、油费	17%	是	3%	是	油费（用于班车等福利类的不得抵扣）
花卉、植物租赁、车辆租赁、设备租赁、办公设备租赁	17%	是	3%	是	属于有形动产租赁税目
财产保险	6%	是	3%	是	可以抵扣，注意相关合同交印花税
水费	3% 或11%	是	3%	是	一般纳税人供水单位可能会选择简易计税方法
暖气、冷气、热水、煤气、石油液化气、天然气	11%	是	3%	是	强调生产经营用，用于福利性职工宿舍的要进行分摊转出
办公楼租赁	11% 或5%	是	5%	是	一般纳税人老项目可能会选择简易计税方法
装饰装修、修缮	11% 或3%	是	3%	是	一般纳税人老项目可能会选择简易计税方法
动产修理	17%	是	3%	是	比如，单位公车、打印机及其他机器设备的维修服务等
软件开发、升级服务、空气质量检测等	6%	是	3%	是	—

续上表

具体项目	一般纳税人提供		小规模纳税人提供		备　注
	抵扣税率	是否需要专用发票	税率	是否需要专用发票	
物业费	6%	是	3%	是	为最大化抵扣，不建议把水电费含到物业费里面
咨询服务	6%	是	3%	是	结合“三流一致”，防止取得虚开增值税专用发票；注重咨询服务项目有没有合同和结论性报告等
年报审计、税务鉴证、法律鉴证、工程造价鉴证、资产评估、环境评估、图审等	6%	是	3%	是	—
财务顾问、税务顾问、法律顾问、项目可行性研究等	6%	是	3%	是	—
会展服务	6%	是	3%	是	—
电信	11%和6%	是	3%	是	增值电信为6%
邮政	11%	是	3%	是	
收派服务	6%或3%	是	3%	是	一般纳税人方可能会选择简易计税方法
广告费、展览活动	6%	是	3%	是	—
书报、杂志费	11%	是	3%	是	书报费存在免税优惠政策，可能拿不到专用发票
银行手续费、担保费等	6%	是	3%	是	指不与企业融资直接相关的、日常银行存款及单独担保事项产生的

续上表

具体项目	一般纳税人提供		小规模纳税人提供		备　　注
	抵扣税率	是否需要专用发票	税率	是否需要专用发票	
餐费、餐饮服务（含打包）、旅客运输服务、居民日常服务、娱乐服务	—	否	—	否	本部分强调个人消费行为的福利性报销，一般取得的都是增值税普通发票，若取得增值税专用发票是禁止抵扣的
员工上下班车、集体旅游包车		否	—	否	指以企业的名义购买服务，即便取得增值税专用发票也不允许抵扣
住宿费用	6%	是	3%	是	（1）交际应酬、属于福利费用范畴的企业年会旅游、“营改增”之前发生的住宿费等不得抵扣 （2）以个人名义开具、单位名称不全、开票信息不全或不对（比如地址、账户错误）、错格压线、盖单位公章等盖章不符合规定的住宿费发票，不得抵扣 （3）超过单位报销标准的住宿费不得抵扣 （4）与餐饮费开在一张发票上的住宿费进项税额要分摊，餐费部分转出
会议费	6%	是	3%	是	实务中，有一定的筹划空间。如果单独租赁会议室用于开会，按照不动产租赁取得11%的增值税专用发票；如果出租方提供会务服务，可以按照商务辅助服务，取得6%的增值税专用发票

具体项目	一般纳税人提供		小规模纳税人提供		备　注
	抵扣税率	是否需要专用发票	税率	是否需要专用发票	
高速公路通行费通行费发票	3%	是	3%	是	不含财政票据、地税机关监制
一级公路、二级公路、桥、闸通行费	5%	是	5%	是	不含财政票据、地税机关监制
出差中购买的单程商业保险	6%	是	3%	是	—
小汽车生产运输	17%	是	3%	是	非个人专属乘坐
货车生产运输	17%	是	3%	是	非个人专属乘坐
工作租车	11%或17%	是	3%	是	比照航空租赁的干租和湿租，确定是运输服务和有形动产租赁服务，来确定获得一般纳税人的抵扣税率
旅游服务	6%	是	3%	是	(1) 按照旅游业差额征税，获取专用发票部分，可以抵扣6%或3%； (2) 该旅游服务一般是公务考察性支出； (3) 由于对旅游服务性质界定比较敏感，相关的旅客运输单独开具发票时，不建议再分摊抵扣
贷款利息支出（含关联方借款）	—	否	—	否	(1) 包括与该笔贷款直接相关的投融资顾问费、手续费、咨询费等费用； (2) 包含统借统贷业务、企业间资金借贷、企业与银行间资金借贷利息等

续上表

具体项目	一般纳税人提供		小规模纳税人提供		备　注
	抵扣税率	是否需要专用发票	税率	是否需要专用发票	
企业集团资金结算资金池支付的利息	—	否	—	否	(1) 银行的存款利息收入不属于增值税应税范围，不开具发票，不缴增值税 (2) 企业集团资金结算中心资金池的资金利息收入，交不交营业税在营业税时代有争议(有观点认为应该视同银行利息，不纳入应税范围)。由于各地方执行不一样，为防范税务风险，笔者认为可以视同企业间资金借贷业务，取得利息方应开具增值税普通发票，缴纳增值税；利息支付方当然不能抵扣进项税额
股息红利	—	否		否	—
不动产和不动产在建工程	11% 或5%	是	5%	是	(1) 专用于集体福利的不能抵扣（不含混用），但是考虑到未来有可能改变用途，用于生产经营管理用，则建议同样要求取得增值税专用发票，账务上先做转出处理 (2) 自建建工程使用的购进货物、建筑服务及设计服务，要分期抵扣； (3) 取得老项目可以选择简易计税方法
不动产投资（共担风险，共享利润）	11% 或5%	是	5%	是	视同不动产转让，换取股权价值。注意与营业税时代的不同

续上表

具体项目	一般纳税人提供		小规模纳税人提供		备注
	抵扣税率	是否需要专用发票	税率	是否需要专用发票	
固定资产、无形资产（混用、专用于应税项目）	17%和6%	是	3%	是	无形资产是6%
固定资产、无形资产（专用于简易计税项目）	—	是	—	是	（1）未来可能会用于应税项目，此时建议取得； （2）取得之后认证，入账，转出进项税额
周转材料、临时设施、项目设备支出（非简易项目）	17%	是	3%	是	—
周转材料、临时设施、项目设备支出（简易项目）	—	是	—	是	（1）未来可能会用于非简易项目，此时建议取得； （2）取得之后认证，入账，转出进项税额
监理、设计服务	6%	是	3%	是	—
建筑分包	11%或3%	是	3%	是	—
建筑安装服务、精装修	11%或3%	是	3%	是	—
材料运输	11%	是	3%	是	—
建筑设计、景观设计、室内外装饰设计、网站设计、广告设计、文印晒图	6%	是	3%	是	—
楼市专业刊物软文广告、路牌灯箱广告、公交橱窗展示宣传、网络推介、电视传媒广告等	6%	是	3%	是	—

续上表

具体项目	一般纳税人提供		小规模纳税人提供		备　　注
	抵扣税率	是否需要专用发票	税率	是否需要专用发票	
建筑物、构筑物等不动产或者飞机、车辆等有形动产的广告位	17%或11%	是	5%或3%	是	（1）该支出不属于“文化创意服务—广告服务”支出，应按照“经营租赁服务”缴纳增值税。 （2）按照不动产租赁和有形动产租赁来确定相应税率
水文、地质勘察等	6%	是	3%	是	

2. 进项税额抵扣的特殊问题

（1）一般纳税人资格登记前的增值税进项税额如何抵扣？

新设立的企业，从办理税务登记，到开始生产经营，往往要经过一定的筹建期，进行基础建设、购买办公和生产设备、建账建制、招聘员工、联系进销渠道等。在此期间，企业也会取得一定数量的增值税扣税凭证。在有些情况下，企业在筹建期间未能及时认定为一般纳税人。

国家税务总局于2015年8月19日发布公告，对纳税人认定或登记为一般纳税人前进项税额抵扣政策做出明确，具体内容如下。

①纳税人自办理税务登记至认定或登记为一般纳税人期间，未取得生产经营收入，未按照销售额和征收率简易计算应纳税额申报缴纳增值税的，其在此期间取得的增值税扣税凭证，可以在认定或登记为一般纳税人后抵扣进项税额。

②上述增值税扣税凭证按照现行规定无法办理认证或者稽核比对的，按照以下规定处理：

a. 购买方纳税人取得的增值税专用发票，按照《国家税务总局关于推行增值税发票系统升级版有关问题的公告》（国家税务总局公告2014年第73号）规定的程序，由销售方纳税人开具红字增值税专用发票后重新开具蓝字增值税专用发票。

购买方纳税人按照国家税务总局公告2014年第73号规定填开《开具红

字增值税专用发票信息表》或《开具红字货物运输业增值税专用发票信息表》时，选择“所购货物或劳务、服务不属于增值税扣税项目范围”或“所购服务不属于增值税扣税项目范围”。

b. 纳税人取得的海关进口增值税专用缴款书，经国家税务总局稽核比对相符后抵扣进项税额。

（2）购入农产品的进项税额如何进行抵扣

生活服务业中的餐饮业以及建筑业和其他建筑服务的园林绿化等行业可能购进农产品。农产品是指初级农产品。注意：农产品深加工企业购入农产品抵扣税率仍为13%。

综上，购入农产品的进项税额抵扣按以下规定计算。

①向增值税一般纳税人购进农产品，应向对方索取增值税专用发票或增值税普通发票。按增值税专用发票上注明的税额，或按照增值税普通发票上注明的农产品买价和11%的扣除率计算进项税额。

②向小规模纳税人购进农产品，可取得对方开具的增值税普通发票，并按照增值税普通发票上注明的农产品买价和11%的扣除率计算进项税额。

③进口农产品，按照取得的海关进口增值税专用缴款书上注明的增值税额。

④向农业生产者个人购进自产农产品，餐饮企业可开具增值税普通发票（系统在发票左上角自动打印“收购”字样），并按照增值税普通发票上注明的农产品买价和11%的扣除率计算进项税额。

其中，从批发、零售环节购进初级农产品，取得增值税普通发票上“税额栏”有数据的，可以按照农产品买价和11%的扣除率计算抵扣进项税额；“税额栏”数据为“免税”或“*”的，不得计算抵扣进项税额。

⑤按照《财政部国家税务总局关于在部分行业试行农产品增值税进项税额核定扣除办法的通知》（财税〔2012〕38号）规定，生产销售液体乳及乳制品、酒及酒精、植物油实行核定扣除。

（3）过渡期通行费如何抵扣?

通行费，是指有关单位依法或者依规设立并收取的过路、过桥和过闸费用。

《财政部国家税务总局关于收费公路通行费增值税抵扣有关问题的通知》（财税〔2016〕86号）规定：

一般纳税人支付的道路、桥、闸通行费，暂凭取得的通行费发票（不含财政票据，下同）上注明的收费金额按照下列公式计算可抵扣的进项税额：

高速公路通行费可抵扣进项税额＝高速公路通行费发票上注明的金额÷（1＋3％）×3％

一级公路、二级公路、桥、闸通行费可抵扣进项税额＝一级公路、二级公路、桥、闸通行费发票上注明的金额÷（1＋5％）×5％

2.2.3 不动产分期抵扣全揭秘

1. 不动产进项税额分期抵扣政策

经国务院批准，自2016年5月1日起，增值税一般纳税人取得的不动产和不动产在建工程，其进项税额分2年从销项税额中抵扣。《财政部国家税务总局关于全面推开营业税改征增值税试点的通知》（财税〔2016〕36号）及《不动产进项税额分期抵扣管理暂行办法》（国家税务总局公告2016年第15号，以下简称《办法》）文件中对不动产和不动产在建工程的进项税额分期抵扣问题进行了明确。

其中政策的主要内容如下。

（1）适用范围

分期抵扣的政策适用于增值税一般纳税人于2016年5月1日后取得并在会计制度上按固定资产核算的不动产，以及2016年5月1日后发生的不动产在建工程。房地产开发企业自行开发的房地产项目，融资租入的不动产，在施工现场修建的临时建筑物、构筑物，其进项税额抵扣不适用本公告的规定。

（2）分期的意涵

纳税人取得不动产和不动产在建工程的进项税额，需分2年从销项税额中抵扣，第一年抵扣进项税额的60％，第2年抵扣进项税额的40％。

有人提出，能否到14个月或者以后月份才抵扣“待抵扣进项税额”部分呢？

《办法》规定：“增值税一般纳税人（以下称纳税人）2016年5月1日后取得并在会计制度上按固定资产核算的不动产，以及2016年5月1日后发生的不动产在建工程，其进项税额应按照本办法有关规定分2年从销项税额中抵扣，第一年抵扣比例为60％，第二年抵扣比例为40％。”

"纳税人按照本办法规定从销项税额中抵扣进项税额，应取得2016年5月1日后开具的合法有效的增值税扣税凭证。

上述进项税额中，60%的部分于取得扣税凭证的当期从销项税额中抵扣；40%的部分为待抵扣进项税额，于取得扣税凭证的当月起第13个月从销项税额中抵扣。"

（3）改扩建的分期抵扣

纳税人新建不动产，或者改建、扩建、修缮、装饰不动产并增加不动产原值超过50%的，其进项税额依照本《办法》有关规定分2年从销项税额中抵扣。

（4）用途改变的抵扣

一种情况是，已抵扣进项税额的不动产，发生非正常损失，或者改变用途，专用于简易计税方法计税项目、免征增值税项目、集体福利或者个人消费的，其进项税额抵扣的处理方法。

另一种情况是，按规定不得抵扣进项税额的不动产，发生用途改变，用于允许抵扣进项税额项目的，其进项税额抵扣的具体方法。

分期抵扣是一项庞大的工程。不动产一般的存续期间都较长，在存续期内，不动产的进项税额可能在"允许抵扣"和"不得抵扣"之间多次转换，由于轮岗和人员流动，也许一个会计人员，都未必能完整经历一个分期抵扣项目。为方便分期抵扣进项税额的核算，除了登记发票清单、各项目成本、费用台账外，更要考虑到纳税申报的便利，表2-3可以参考使用。

表2-3　　不动产及不动产在建工程抵扣台账

序号	项目名称	会计核算科目	发票日期	发票明细	票面金额	进项税额	60%当期抵扣金额	申报抵扣日期	40%待抵扣进项税额	下次申报抵扣日期	是否抵扣完毕
1	1号办公楼	固定资产	2016年7月	办公楼	1 000万元	110万	66万元	2016年8月	44万元	2017.8	否
2	××改造项目	在建工程	2016年9月	钢柱材料	2 000万元	220万	132万元	2016年10月	88万元	2017.10	否
3											

【例 2-1】某增值税一般纳税人 2016 年 6 月 10 日购入材料用于不动产的改建，增值税专用发票上注明的金额为 1 000 万元，税额为 170 万元，该部分材料成本计入不动产原值。

解析：

如果不动产原值为 2 500 万元，该次改建支出未达到不动产原值 50%，则 170 万元可以在当期（2016 年 6 月）全部抵扣。

如果不动产原值为 1 500 万元，该次改建支出超过不动产原值 50%，则 170 万元当期（2016 年 6 月）只能抵扣 102 万元（170×60%），剩余 68 万元（170×40%）在取得扣税凭证的第 13 个月（2016 年 7 月）抵扣。

2. 使用时已全额抵扣进项税额的货物和服务

《不动产进项税额分期抵扣暂行办法》规定：购进时已全额抵扣进项税额的货物和服务，转用于不动产在建工程的，其已抵扣进项税额的 40%部分，应于转用的当期从进项税额中扣减，计入待抵扣进项税额，并于转用的当月起第 13 个月从销项税额中抵扣。

如果纳税人购进的货物和服务，当期没有直接用于在建工程（如计入原材料、工程物资等科目），在 2016 年 5 月 1 日之后又用于不动产在建工程，按照如下方法处理：

（1）购进时允许全额抵扣。

（2）转用于允许抵扣的不动产项目时，其已抵扣进项税额的 40%部分，应于转用的当期从进项税额中转出，计入“待抵扣进项税额”科目，并于转用的当月起第 13 个月从销项税额中抵扣。

当然，纳税人抵扣不动产进项税额的前提，是要求纳税人凭合法有效的增值税扣税凭证，也就是说，允许抵扣的前提是具备合法有效的抵扣凭证。

【例 2-2】2016 年 7 月 1 日，甲企业购入一批生产用原材料，取得增值税专用发票并认证相符，专用发票注明的增值税税额为 120 万元，在购进的当期全额抵扣进项税额。2016 年 10 月 20 日，纳税人将该批材料用于新建的综合办公大楼在建工程。则该批处理的增值税如何处理？

解析：

根据题意，该题目属于新建不动产过程中领用前期购入并已全额抵扣进项税额的原材料的情形。

根据《不动产进项税额分期抵扣暂行办法》的相关规定，该 120 万元进项税额中的72（120×60%）万元可以全额抵扣。剩余的48（120×40%）万元应于改变用途的当期，也就是在2016年10月做进项税额转出处理，计入“应交税费——待抵扣进项税额”科目，并于领用当月起第13个月，2017年10月会计账务上再重新计入进项税额允许抵扣，于2017年11月申报抵扣。

注意：纳税人前期购进并已全额抵扣进项税额的材料，用于改建、扩建、修缮、装饰的不动产在建工程中，应按照是否计入不动产原值，计入原值时是否达到或超过原值50%的各种情况判定是否需要进行分期抵扣。

3. 不动产改变用途的抵扣处理

（1）由“生产经营用”改为专用于“简易计税方法计税项目、免征增值税项目、集体福利或者个人消费”

《不动产进项税额分期抵扣暂行办法》规定：已抵扣进项税额的不动产，发生非正常损失，或者改变用途，专用于简易计税方法计税项目、免征增值税项目、集体福利或者个人消费的，按照下列公式计算不得抵扣的进项税额：

不得抵扣的进项税额＝（已抵扣进项税额＋待抵扣进项税额）×不动产净值率；

不动产净值率＝（不动产净值÷不动产原值）×100%。

不得抵扣的进项税额小于或等于该不动产已抵扣进项税额的，应于该不动产改变用途的当期，将不得抵扣的进项税额从进项税额中扣减。

不得抵扣的进项税额大于该不动产已抵扣进项税额的，应于该不动产改变用途的当期，将已抵扣进项税额从进项税额中扣减，并从该不动产待抵扣进项税额中扣减不得抵扣进项税额与已抵扣进项税额的差额。

第一，已抵扣进项税额的不动产，发生非正常损失，或者改变用途，专门用作简易计税方法计税项目、免征增值税项目、集体福利或者个人消费了，这种情况下，要将相应的进项税额做转出处理，具体是按照不动产净值率，计算不得抵扣的进项税额。

第二，对进项税转出处理时，把进项税额分成了两部分：已抵扣进项税额、待抵扣进项税额。

第三，不动产净值是考虑了折旧和减值准备后的价值。

第四，纳税人已抵扣进项税额的不动产发生非正常损失的，应按照上述转变用途专用于不得抵扣项目情况处理。不计入其所耗用的购进货物、设计服务和建筑服务已抵扣的进项税额应于当期全部转出；其待抵扣进项税额不得抵扣，也应于当期全部转出。

【例 2-3】2016 年 6 月 1 日，甲企业购入一幢厂房，取得增值税专用发票并认证通过，专用发票上注明的金额为 10 000 万元，增值税额 1 100 万元。该厂房既用于增值税应税项目，又用于增值税免税项目。当月入账，计入固定资产，分 10 年计提折旧，采取直线折旧法，无残值。

根据《不动产进项税额分期抵扣暂行办法》的相关规定，1 100 万元的增值税进项税额中的 660（1 100×60%）万元应于取得的当期抵扣，于 2016 年 7 月申报期申报抵扣。剩余的 440（1 100×40%）万元，应于取得扣税凭证的当月起第 13 个月抵扣，仍属于待抵扣进项税额。

解析：

如果纳税人此后将该厂房改变用途，专用于增值税免税项目，则需按照如下情况分别处理：

第一种情况：假如 2016 年 12 月改变用途。

第一步，计算不动产净值率

累计折旧金额＝（10 000÷10）×（6÷12）＝500（万元）

不动产净值率＝（10 000－500）÷10 000＝95%。

第二步，计算不得抵扣的进项税额

不得抵扣的进项税额＝1 100×95%＝1 045（万元）。

第三步，不得抵扣的进项税额处理

不得抵扣的进项税额与已抵扣进项税额比较 1 045 万元＞660 万元；

差额＝不得抵扣的进项税额－已抵扣进项税额＝1 045－660＝385 万元。

即不得抵扣的进项税额大于该不动产前期已抵扣进项税额，纳税人应在当期按照前期已抵扣进项税额进行进项税额转出处理。

①1 045 万元中的 660 万元，应于 2016 年 12 月账务调整，调入“应交税费—应交增值税（进项税额转出）”科目；同时，2017 年 1 月申报期申报 2016 年 12 月增值税时做进项税转出申报。

②1 045 万元中的剩余差额部分 385 万元，由于待抵扣进项税额 440 万元＞220 万元，因此，把 440 万元中的 220 万元会计上转入 2016 年 12 月的“应交税费——应交增值税（进项税额转出）”科目核算。

③440 万元中的 55（440－385）万元，继续留在“应交税费——待抵扣进项税额”中，直到 2017 年 7 月纳税申报抵扣。

第二种情况：假如 2019 年 12 月改变用途。

第一步，计算不动产净值率

累计折旧金额＝（10 000÷10）÷12×42＝3 500（万元）。

不动产净值率＝（10 000－3 500）÷10 000＝65%。

第二步，计算不得抵扣的进项税额

不得抵扣的进项税额＝1 100×65%＝715（万元）。

第三步，不得抵扣的进项税额处理

不得抵扣的进项税额与已抵扣进项税额比较 715 万元＜1 100 万元，即“不得抵扣的进项税额”小于该“不动产前期已抵扣进项税额”。

由于到 2019 年 12 月，该厂房剩余 40%的待抵扣进项税额 440 万元已经于 2017 年 8 月申报抵扣。

所以，企业在 2019 年 12 月，应按照“不得抵扣进项税额”进行进项税额转出处理，计入“应交税费——应交增值税（进项税额转出）”。在 2020 年 1 月做纳税申报进项税额转出。

(2) 由“简易计税方法计税项目、免征增值税项目、集体福利或者个人消费”改为用于“生产经营”

按照《不动产进项税额分期抵扣暂行办法》第二十七条规定，按照规定不得抵扣进项税额的不动产，发生用途改变，用于允许抵扣进项税额项目的，按照下列公式在改变用途的次月计算可抵扣进项税额。

可抵扣进项税额＝增值税扣税凭证注明或计算的进项税额×不动产净值率

依照本条规定计算的可抵扣进项税额，应取得 2016 年 5 月 1 日后开具的合法有效的增值税扣税凭证。

按照本条规定计算的可抵扣进项税额，60%的部分于改变用途的次月从销项税额中抵扣，40%的部分为待抵扣进项税额，于改变用途的次月起第 13 个月从销项税额中抵扣。

首先，有关该种情况改变用途的进项额处理，计算“可抵扣进项税额”时，《不动产进项税额分期抵扣暂行办法》与“财税〔2016〕36 号文”规定的方法有差异。“财税〔2016〕36 号文”规定，“发生用途改变，用于允许抵扣进项税额项目的”计算可抵扣差异的公式：

可抵扣的进项税额＝固定资产、无形资产、不动产净值÷（1＋适用税率）×适用税率

二者殊途同归，都可以使用，具体根据实际情况确定。

其次，《不动产进项税额分期抵扣暂行办法》有关“可抵扣进项税额”的计算中更强调“增值税扣税凭证”的重要性，也就是抵扣的前提必须要有合法的扣税凭证，并且在法定期限在认证。增值税普通发票和不经认证的增值税专用发票，是不能抵扣的。

再次，重要是“可抵扣进项税额”的计算，之后的情况处理和一般业务抵扣类似。

最后，纳税人自建不动产，用于不得抵扣项目的，原来不允许抵扣且未抵扣的所耗用的购进货物、设计服务和建筑服务等进项税额，在不动产发生用途改变，用于允许抵扣项目时，应按照上述购进不动产改变用途情况处理。

【例 2-4】2016 年 6 月 1 日，甲企业购入厂房一座，取得增值税专用发票，并认证通过，专用发票上注明的金额为 10 000 万元，增值税额 1 100 万元；该厂房专用于生产增值税免税产品。当月入账，计入固定资产，分 10 年计提折旧，采取直线折旧法，无残值。

假如：2018 年 6 月 5 日，甲企业把该厂房同时用于生产增值税应税产品。问增值税进项税额如何进项抵扣？

解析：

根据《不动产进项税额分期抵扣暂行办法》的相关规定，该不动产专用于生产增值税免税产品，1 100 万元的增值税进项税额应该全额转出。

在 2016 年 6 月会计上确认进项税额转出；2016 年 7 月申报进项税额转出。

（1）计算不动产净值率

累计折旧金额＝（10 000÷10）×2＝2 000（万元）

不动产净值率＝（10 000－2 000）÷10 000＝80％

（2）计算可以抵扣进项税额

我们选用《不动产进项税额分期抵扣暂行办法》中的计算方法，

可抵扣进项税额＝1 100×80％＝880（万元）。

（3）可抵扣进项税额的处理

第一，60％的部分。当期抵扣进项税额＝880×60％＝528 万元，并在 2018 年 6 月从“进项税额转出”中转入“进项税额”，同时减少资产原值，并在 2018 年 7 月纳税申报抵扣。

第二，40%部分。待抵扣进项税额＝880×40%＝352万元，并在并在2018年6月从“进项税额转出”中转入“待抵扣进项税额”，同时减少资产原值，并在2018年7月纳税申报。

3. 待抵扣进项税额特别处理

（1）未到期抵扣，发生转让时。纳税人销售其取得的不动产或者不动产在建工程时，尚未抵扣完毕的待抵扣进项税额，允许于销售的当期从销项税额中抵扣。

不动产或者不动产在建工程转让，资产账上已经核销，与之相关的事项应全部结清，待抵扣进项税额即便没有到期，也允许于销售的当期从销项税额中抵扣。

纳税人将直接购买、接受捐赠、接受投资入股以及抵债等各种形式取得的不动产，自建不动产，以及未完工的不动产在建工程，对外转让（包括视同销售）时，如果该不动产或者不动产在建工程项目，还存在对应的未到抵扣期的待抵扣进项税额，应在对外转让当期，申报抵扣该不动产或者不动产在建工程项目对应的未到抵扣期的待抵扣进项税额。

（2）未到期抵扣，企业注销时。纳税人注销税务登记时，其尚未抵扣完毕的待抵扣进项税额于注销清算的当期从销项税额中抵扣。

根据《中华人民共和国税收征收管理法》《中华人民共和国税收征收管理法实施细则》和《税务登记管理办法》的相关规定，注销税务登记，是指纳税人发生解散、破产、撤销以及其他情形，不能继续履行纳税义务时，向税务机关申请办理终止纳税人义务的税务登记管理制度。

纳税人在注销税务登记时，如果此时账上仍有尚未抵扣完毕的待抵扣进项税额，允许其在注销清算的当期，提前予以抵扣。

2.2.4 不得抵扣进项税额的情形

1. 政策规定

按照“财税〔2016〕36号文”附件1第二十七条规定，下列项目的进项税额不得从销项税额中抵扣：

（1）用于简易计税方法计税项目、免征增值税项目、集体福利或者个人消费的购进货物、加工修理修配劳务、服务、无形资产和不动产。其中涉及的固定资产、无形资产、不动产，仅指专用于上述项目的固定资产、无形资产（不包括其他权益性无形资产）、不动产。

纳税人的交际应酬消费属于个人消费。

（2）非正常损失的购进货物，以及相关的加工修理修配劳务和交通运输服务。

（3）非正常损失的在产品、产成品所耗用的购进货物（不包括固定资产）、加工修理修配劳务和交通运输服务。

（4）非正常损失的不动产，以及该不动产所耗用的购进货物、设计服务和建筑服务。

（5）非正常损失的不动产在建工程所耗用的购进货物、设计服务和建筑服务。纳税人新建、改建、扩建、修缮、装饰不动产，均属于不动产在建工程。

（6）购进的旅客运输服务、贷款服务、餐饮服务、居民日常服务和娱乐服务。

（7）财政部和国家税务总局规定的其他情形。

本条第（4）项、第（5）项所称货物，是指构成不动产实体的材料和设备，包括建筑装饰材料和给排水、采暖、卫生、通风、照明、通信、煤气、消防、中央空调、电梯、电气、智能化楼宇设备及配套设施。

2. 不能抵扣的原则分析

（1）不能按要求取得抵扣凭证

纳税人取得的增值税扣税凭证不符合法律、行政法规或者国家税务总局有关规定的，其进项税额不得从销项税额中抵扣。

纳税人凭完税凭证抵扣进项税额的，应当具备书面合同、付款证明和境外单位的对账单或者发票。资料不全的，其进项税额不得从销项税额中抵扣。

【例 2-5】A 企业为增值税一般纳税人，2016 年 6 月境外 B 企业向其提供咨询服务，A 企业在主管税务机关为 B 企业代扣代缴增值税 6 000 元，但 A 企业不能够提供与该业务相关的境外单位的对账单或者发票。故该笔进项税额不得抵扣。会计处理如下：

借：管理费用或相关科目　　6 000

　　贷：银行存款　　6 000

(2) 进项与销项不匹配的

增值税遵循征扣税一致的原则，进项和销项匹配，征多少扣多少，上游没有征税或减免税的，下游则不允许抵扣进项税额。

(3) 用于集体福利或个人消费的

集体福利是指纳税人为内部职工提供的各种内设福利部门所发生的设备、设施等费用，包括职工食堂、职工浴室、理发室、医务所、托儿所、疗养院等集体福利部门的设备、设施及维修保养费用。

购进的用于集体福利或个人消费的货物及其他应税行为，并非用于企业生产经营，也就无权要求抵扣税款，而应负担相应的税金。交际应酬消费不属于生产经营中的生产投入和支出，是一种生活性消费活动，而增值税是对消费行为征税的，消费者即是负税者。因此，交际应酬消费需要负担对应的进项税额。

实务中无法正确区分的项目，可以按照以下原则把握：

一是涉及选择简易计税方法的部分不能抵扣，需要考虑是单独使用的，还是共用的。如果是共用的，那就需要按照收入额等方式进行确定，先全额抵扣着再作转出处理。如劳动保护费支出 100 万元，税额 17 万元，但是有一半是用于简易计税项目的，则当月 8.5 万元是不得抵扣的，要作转出处理，需要按“财税〔2016〕36 号”文件规定的计算公式计算；

二是如果无法保障或不知道是不是限于抵扣，则先取得专用发票抵扣，再视情形作转出处理；

三是如劳务派遣公司涉及可以选择的开具专用发票的方式，但其面临税负的问题，因此通常情形之下，可能会选择差额开具专用发票的方式。

(4) 非正常损失和用途改变的

使用过程中，发生了非正常损失或者用途发生了改变（由生产经营用变为用于集体福利），相应的进项税额也不能抵扣了，需要转出处理。

(5) 不得抵扣项目相关的费用

如果某些项目的进项税不能抵扣其相关的运费、保险费以及所用的货物、加工修理修配劳务、服务、无形资产和不动产同样不得抵扣进项税额。

比如，交际应酬消费不得抵扣。同时，交际应酬消费和个人消费难以准确划分，实务中不宜掌握界限，如果对交际应酬消费和个人消费分别适用不同的税收政策，容易诱发偷避税行为。因此，为了简化操作，公平税负，对交际应酬消费所用的货物、加工修理修配劳务、服务、无形资产和不动产不得抵扣进项税额。

（6）贷款服务

贷款，是指将资金贷与他人使用而取得利息收入的业务活动。

各种占用、拆借资金取得的收入，包括金融商品持有期间（含到期）利息（保本收益、报酬、资金占用费、补偿金等）收入、信用卡透支利息收入、买入返售金融商品利息收入、融资融券收取的利息收入，以及融资性售后回租、押汇、罚息、票据贴现、转贷等业务取得的利息及利息性质的收入，按照贷款服务缴纳增值税。

对于借款方而言，接受贷款服务向贷款方支付的全部利息及利息性质的费用以及与该笔贷款直接相关的投融资顾问费、手续费、咨询费等费用，其进项税额不得从销项税额中抵扣。

贷款服务进项税不得抵扣，也就是利息支出进项税不得抵扣的规定，主要是考虑如果允许抵扣借款利息，从根本上打通融资行为的增值税抵扣链条，按照增值税“道道征道道扣”的原则，首先就应当对存款利息征税。但在现有条件下，难度很大，一方面涉及对居民存款征税，无法解决专用发票的开具问题，也与当下实际存款利率为负的现状不符。

3. 不得抵扣进项税额的特殊情形

（1）固定资产、无形资产、不动产进项税额的处理

固定资产、无形资产、不动产的进项税额抵扣原则与其他允许抵扣的项目相比有一定的特殊性。

一般情况下，对纳税人用于适用简易计税方法计税项目、免征增值税项目、集体福利或者个人消费的购进货物、加工修理修配劳务、服务、无形资产和不动产的进项税额不得从销项税额中抵扣，按照“财税〔2016〕36号文”附件1第二十九条处理。比如，一批原材料购进时117元（含税），既用于生产免税产品价值100元，也用于生产增值税应税产品价值200元，那么其中购进该批原材料的进项税额17元，要根据生产免税产品和应税产品的销售额进行合理分摊，计算可以抵扣的进项税额部分约11.33元。

但是，涉及的固定资产、无形资产、不动产，仅指专用于简易计税方法计税项目、免征增值税（以下简称免税）项目、集体福利或者个人消费的情

况，对属于兼用或混用于允许抵扣项目和上述不允许抵扣项目情况的，其进项税额准予全部抵扣。

主要是因为，固定资产、无形资产、不动产项目发生上述兼用情况的较多，且比例难以准确区分。比如，纳税人购进一台发电设备，既可以用于增值税应税项目，也可以用于增值税免税项目，二者共用，且比例并不固定，难以准确区分。如果按照对其他项目进项税额的一般处理原则办理，不具备可操作性。因此，选取了有利于纳税人的如下特殊处理原则：专用、混用于生产经营的都可以抵扣，否则不允许抵扣。

另外，由于其他权益性无形资产涵盖面非常广，往往涉及纳税人生产经营的各个方面，没有具体使用对象，实务中更不好区分。

（2）非正常损失的进项税

非正常损失的在产品、产成品所耗用的购进货物、加工修理修配劳务和交通运输服务是指因管理不善造成在产品、产成品被盗、丢失、霉烂变质，以及因违反法律法规造成在产品、产成品被依法没收、销毁、拆除的。

这里所指的在产品，是指仍处于生产过程中的产品，与产成品对应，包括正在各个生产工序加工的产品和已加工完毕但尚未检验或已检验但尚未办理入库手续的产品。产成品，是指已经完成全部生产过程并验收入库，可以按照合同规定的条件送交订货单位，或者可以作为商品对外销售的产品。

虽然取得合法的扣税凭证，但非正常损失的购进货物，以及相关的加工修理修配劳务和交通运输服务；非正常损失的在产品、产成品所耗用的购进货物（不包括固定资产）、加工修理修配劳务和交通运输服务；非正常损失的不动产，以及该不动产所耗用的购进货物、设计服务和建筑服务，上述所涉及的进项税额是不能抵扣的。

这些非正常损失是由纳税人自身原因造成导致征税对象实体的灭失，为保证税负公平，其损失不应由国家承担，因而纳税人无权要求抵扣进项税额。

另外，也有相关项目的不得抵扣情形，具体见表 2-4。

表 2-4　　其他不得抵扣而转出的情形

序号	非正常损失的类型	同时需要转出的项目
1	在产品、产成品	所耗用的购进货物（不包括固定资产）、加工修理修配劳务和交通运输服务

续上表

序号	非正常损失的类型	同时需要转出的项目
2	购进货物	相关的加工修理修配劳务和交通运输服务
3	不动产	该不动产所耗用的购进货物、设计服务和建筑服务
4	不动产在建工程	所耗用的购进货物、设计服务和建筑服务

【例 2-6】某企业为增值税一般纳税人。2016 年 6 月，因管理不善霉烂变质材料一批，该批材料购买时，取得增值税专用发票注明金额 100 000 元，进项税额 17 000 万元，该笔进项税额已抵扣。假设无相关责任人赔偿，则该批材料的进项税额如何处理？

非正常损失的购进货物，其取得的进项税额不得抵扣，故该笔进项税额应做进项税额转出处理。会计处理如下：

借：待处理财产损溢——待处理流动资产损溢　　117 000

　　贷：原材料或相关科目　　100 000

　　　　应交税费——应交增值税（进项税额转出）　　17 000

借：管理费用　　117 000

　　贷：待处理财产损溢——待处理流动资产损溢　　117 000

（3）现代服务业中个人消费项目

一般意义上，旅客运输服务、餐饮服务、居民日常服务和娱乐服务主要接受对象是个人。对于一般纳税人购买的旅客运输服务、餐饮服务、居民日常服务和娱乐服务，难以准确地界定接受劳务的对象是企业还是个人，因此，一般纳税人购进的旅客运输服务、餐饮服务、居民日常服务和娱乐服务的进项税额不得从销项税额中抵扣。

旅客运输服务是指客运服务，包括通过陆路运输，水路运输，航空运输为旅客个人提供的客运服务。纳税人取得的旅客运输服务的进项税额不得抵扣。

【例 2-7】某企业为增值税一般纳税人，2016 年 6 月，职工报销差旅费，其中报销交通费用（飞机票）11 100 元，取得增值税专用发票注明金额 10 000元，进项税额 1 100 元。则，该笔旅客运输对应的进项税额如何处理？

纳税人购进的旅客运输服务，对应的进项税额不得抵扣，故该笔进项税额应直接计入相关损益类科目，不得抵扣。会计处理如下：

借：管理费用　　　　　　　　　　　　　　　　　　11 100

　　贷：其他应收款　　　　　　　　　　　　　　　　11 100

贷款服务是指将资金贷与他人使用而取得利息收入的业务活动。例如，银行提供的贷款服务、金融商品持有期间利息收入、信用卡透支利息收入、买入返售金融商品利息收入、融资融券收取的利息收入，以及融资性售后回租、押汇、罚息、票据贴现、转贷等业务取得的利息及利息性质的收入。纳税人取得的贷款服务的进项税额不得抵扣。

注意：对2016年4月30日以前发生的融资性售后回租业务，承租人、出租人、租赁标的等要素发生变化的，应当视为一项新的业务，应依据财税〔2016〕36号文件的相关规定，按照金融服务——贷款服务缴纳增值税，并且承租方取得相关进项税不能抵扣。

餐饮服务是指通过同时提供饮食和饮食场所的方式为消费者提供饮食消费服务的业务活动，纳税人取得的餐饮服务的进项税额不得抵扣。

居民日常服务是指主要为满足居民个人及其家庭日常生活需求提供的服务，包括市容市政管理、家政、婚庆、养老、殡葬、照料和护理、救助救济、美容美发、按摩、桑拿、氧吧、足疗、沐浴、洗染、摄影扩印等服务。纳税人取得的居民日常服务的进项税额不得抵扣。

娱乐服务是指为娱乐活动同时提供场所和服务的业务。具体包括：歌厅、舞厅、夜总会、酒吧、台球、高尔夫球、保龄球、游艺（包括射击、狩猎、跑马、游戏机、蹦极、卡丁车、热气球、动力伞、射箭、飞镖）。纳税人取得的娱乐服务的进项税额不得抵扣。

(4) 其他

交际应酬费，不属于生产经营中的生产投入和支出，是一种生活性消费活动，而增值税是对消费行为征税的，消费者即是负税者。因此，交际应酬消费需要负担对应的进项税额。

职工福利费，包括管理部员工工作餐，医疗用品，公司组织职工体检费，工伤医疗费，注射疫苗费，医疗室药品费，工作人员租房费，液化气，餐厅用厨具，司机保安餐费补助及夜班补助，厨师工资，职工慰问金，体育用品等。作为公司福利费列支的费用，就算取得了增值税专用发票，也不得抵扣，需要作进项税额转出。

无法取得专用发票的管理费，纳税人无法取得增值税专用发票的自制内部凭证，包括工资、职工福利费、工会经费、职工教育经费及住房公积金。而这些成本比重较大，由于无法取得增值税专用发票，因而不能产生进项税。

（5）差额征税中不能重复抵扣的进项税

按照差额确定销售额业务的有效凭证中属于增值税扣税凭证的，其进项税额不得从销项税额中抵扣，因已经按照差额确认销售额，所以不会再重复允许抵扣其进项税额部分，比如下列业务。

①试点纳税人提供建筑服务适用简易计税方法，扣除支付分包款的业务。

②房地产开发企业中的一般纳税人，销售其开发的房地产项目业务中扣除受让土地时向政府部门支付的土地价款的业务。

2.3 “营改增”销项税额管理及操作攻略

增值税销项税额管理主要涉及税额计算方法、兼营与混合销售、视同销售以及差额征税的确定，本节将重点讲解涉及增值税销项税额的管理与实操，针对销项税额计算过程中的难点问题，详细举例说明。

2.3.1 销售额确定的一般方法

销售额，是指纳税人发生应税行为取得的全部价款和价外费用，财政部和国家税务总局另有规定的除外，销售额包括收取的全部价款和价外费用。

有关增值税销售额的确认，注意以下几点。

（1）销售额是不含税销售额，销售额中不含增值税额本身。含税销售额按照以下公式换算：

$$销售额＝含税销售额÷（1＋税率或者征收率）$$

（2）价外费用，是指价外收取的各种性质的收费，但不包括以下项目

①代为收取并符合规定的政府性基金或者行政事业性收费。

②以委托方名义开具发票代委托方收取的款项。

注意：实务中针对“以委托方名义开具发票代委托方收取的款项”有不同的理解，主要集中在开票环节，大致归为以下几种情况：

第一，委托方自行开具发票，受托方代为收取款项，或代为转交发票或

客户自行委托方开具发票。

第二，委托方申领发票，受托方适用给客户开具发票。

第三，受托方适用自己申领发票，给客户开具发票。

以上情况，第一种情况，合规合法，实务中也存在，比如银行代收水电费，去供水电部门开票，这或许是立法的本意；第二种情况，本身在发票管理上不合规，后期纳税申报也无法对应，不建议这么操作；第三种情况，实务中大量存在于代理经纪业务中，但如果代理业的税率与收款项的业务税率不一致的时候，尤其是高于经纪代理业税率时，进项销项倒挂，企业难受，比如物业公司（6%）代收水电费（17%）并自行开具发票。所以，如果两者税率一致，可以按照第三种情况操作，否则建议用第一种情况操作。

3. 外币销售额的折算

企业按照人民币以外的货币结算销售额的，应当折合成人民币计算，折合率可以选择销售额发生的当天或者当月 1 日的人民币汇率中间价。

在事先确定采用何种折合率，确定后 12 个月内不得变更。

4. 折扣销售的处理

根据《国家税务总局关于折扣额抵减增值税应税销售额问题通知》（国税函〔2010〕56 号）文件规定：

折扣销售，是指销售方在销售货物或应税劳务、发生应税行为时，因购买方购买数量较大等原因而给予购买方的价格优惠。在同一张发票“金额”栏注明折扣额的，可按折扣后金额作为销售额，与现行规定一致。未在“金额”栏注明折扣额的，而仅在发票的“备注”栏注明折扣额的，折扣额不得从价款中减除，应该按折扣前金额作为销售额。

采取折扣方式销售服务、无形资产或者不动产的，处理原则与销售货物基本一致。

例如，纳税人提供应税服务的价款为 100 元、折扣额为 10 元，如果将价款和折扣额在同一张发票上分别注明的，以 90 元为销售额；如果未在同一张发票上分别注明的，以 100 元为销售额。

5. 发生销售折让、中止或者退回的销售处理

纳税人发生应税行为因销售折让、中止或者退回的，应扣减当期的销项税额（一般计税方法）或销售额（简易计税方法）。

2.3.2 兼营与混合销售的销售额确定

1. 兼营业务

试点纳税人销售货物、加工修理修配劳务、服务、无形资产或者不动产适用不同税率或者征收率的，应当分别核算适用不同税率或者征收率的销售额，未分别核算销售额的，按照以下方法适用税率或者征收率。

（1）兼有不同税率的销售货物、加工修理修配劳务、服务、无形资产或者不动产，从高适用税率。

（2）兼有不同征收率的销售货物、加工修理修配劳务、服务、无形资产或者不动产，从高适用征收率。

（3）兼有不同税率和征收率的销售货物、加工修理修配劳务、服务、无形资产或者不动产，从高适用税率。

（4）纳税人兼营免税、减税项目的，应当分别核算免税、减税项目的销售额；未分别核算的，不得免税、减税。

例如，A公司向B公司销售了一批货物，又向C公司提供了设计服务。A公司从事的销售业务与设计服务则属于兼营的范畴。

2. 混合销售

一项销售行为如果既涉及服务又涉及货物，为混合销售。例如，A公司向B公司销售货物的同时也为B公司送货到家提供运输服务，那么此时A公司的销售与运输行为属于混合销售。

从事货物的生产、批发或者零售的单位和个体工商户的混合销售行为，按照销售货物缴纳增值税，其中，包括以从事货物的生产、批发或者零售为主，并兼营销售服务的单位和个体工商户在内。

其他单位和个体工商户的混合销售行为，按照销售服务缴纳增值税。

混合销售行为成立的行为标准有两点，一是其销售行为必须是一项，即一笔经济业务、一个合同标的、一个合同价格，往往参考企业主营业务判断。二是该项行为必须即涉及服务又涉及货物，其“货物”是指增值税条例中规定的有形动产，包括电力、热力和气体；服务是指属于改征范围的交通运输服务、建筑服务、金融保险服务、邮政服务、电信服务、现代服务、生活服务等，上述两点必须是同时存在。

混合销售其实把内容界定到“服务”和“货物”的混合，而全面“营改增”以后“服务”的范围扩大了，比如建筑服务、转让无形资产、不动产等都叫做“服务”。实际上也扩大了混合销售的适用范围。

2.3.3 视同销售情形下销售额的确定

1. 视同销售政策新解

视同销售是指在会计上不作为销售核算，而在税收上作为销售，确认收入计缴税金的商品或劳务的转移行为。《增值税暂行条例实施细则》规定了八种视同销售行为，而“财税〔2016〕36号文”附件1第十四条又明确了三种视同销售：

下列情形视同销售服务、无形资产或者不动产：

(1) 单位或者个体工商户向其他单位或者个人无偿提供服务，但用于公益事业或者以社会公众为对象的除外。

(2) 单位或者个人向其他单位或者个人无偿转让无形资产或者不动产，但用于公益事业或者以社会公众为对象的除外。

(3) 财政部和国家税务总局规定的其他情形。

纳税人发生以上业务，应按照规定视同销售。

针对全面“营改增”对“视同销售服务、无形资产或者不动产”的理解，应该注意以下几点：

第一，视同销售的主体上。“单位和个体工商户”和“单位和个人”进行一定的区隔，分别是针对“无偿提供服务”“无偿转让无形资产或者不动产”。进一步理解，如果“个人”进行“无偿提供服务”，则不需要视同销售；或者“个体工商户”进行“无偿转让无形资产或者不动产服务”则也不需要视同销售。“个人”可以理解为自然人。

注意：请注意辨析以下行为：

(1) 单位以房产（或无形资产）出资成立子公司与老板将自己的房产（或无形资产）入股成立公司，均要视同销售。

(2) 母公司将办公室无偿借给子公司使用，要视同销售；而老板将自己住房作为公司办公室不收房租，无须视同销售。

（3）单位之间的无偿借贷（不含金融业同业拆借）、关联公司之间无偿占用，要视同销售，而个人股东将自己的钱无偿借给自己的公司，无须视同销售。

（4）饮料厂将所生产的饮料供员工免费饮用，要视同销售，而饭店供其员工免费吃喝，无须视同销售。

第二，具体行为上是“无偿”的。那什么是“有偿”呢？有偿，是指取得货币、货物或者其他经济利益。无偿是在没有取得经济利益的情况下，取得利益不是视同销售的概念了，需要正常做销项和进项了。这是经常见到的“有偿赠送”，比如销货物的同时附赠商品或服务，这是有前提条件、有消费义务的赠送，类似于捆绑组合销售或“实物”打折销售；因附赠送的货物或服务价格已经包含在总价中了，属于价内有偿赠送，无须再视同销售征税。

第三，有例外的情形。如果目的是为了公益事业或者对象是社会公众，不用视同销售，公益事业有相关界定标准，以社会公众为对象在实践中应该是人人都可以无偿享用的意思。

2. 视同销售销售额的确定

根据财税〔2016〕36 号文件规定，纳税人发生应税行为价格明显偏低或者偏高且不具有合理商业目的，或者发生本办法第十四条所列“视同销售服务、无形资产或者不动产”而无销售额的，主管税务机关有权按照下列顺序确定销售额。

（1）按照纳税人最近时期销售同类服务、无形资产或者不动产的平均价格确定。

（2）按照其他纳税人最近时期销售同类服务、无形资产或者不动产的平均价格确定。

（3）按照组成计税价格确定。组成计税价格的公式为：

组成计税价格＝成本×（1＋成本利润率）

成本利润率由国家税务总局确定，目前可参考依据一般为 10%，具体比例由主管税务机关确定。

不具有合理商业目的，是指以谋取税收利益为主要目的，通过人为安排，减少、免除、推迟缴纳增值税税款，或者增加退还增值税税款。

注意：

第一，视同销售后，增值税“销售额”的确定是有顺序的，先从自己销售同类的找，再从别人销售同类的找，组成计税价格是最后的撒手锏。

第二，不只是“价格偏低需要调整”，“偏高且不具有合理商业目的”同样需要调整，比如当时“青岛大虾”和“哈尔滨天价鱼”事件后，大家去餐馆吃饭都先问明白了，米饭是按“粒”来计价的吗？理发是按“根”收费的吗……但是，价格偏高，只要消费者接受，那就是合理的商业目的，因为价格更高，照章纳税之后不是“减少、免除、推迟缴纳增值税税款，或者增加退还增值税税款”，而是相反。

2.3.4 差额计税方法销售额的确定

1. 全面“营改增”后的差额计税

差额扣除政策可以说是“营改增”过程中变化最大最频繁的政策，因为增值税的抵扣制度在很大程度上可以代替营业税的差额扣除政策，纳税人对此更要密切关注。与旧的行业差额政策相比，变化主要有两项：

一是取消某些差额扣除政策。在原来的文件中，提供国际货物运输代理服务既可以选择适用免税政策，放弃免税的则可以适用差额扣除政策。而全面“营改增”政策“财税〔2016〕36号”文件中保留了国际货物运输代理服务的免税政策，取消了其差额扣除政策。所以，如果提供国际货物运输代理的纳税人放弃免税，只能以其取得的全部价款和价外费用全额征收增值税。另外，某些行业原来在营业税时代，虽然没有政策规定，实际上也是在走不规范的差额征税。比如航空客票代理企业代售客票收入、保理公司保理业务的利息收入等在全面“营改增”后会面临税负增加的风险。

二是缩小某些差额扣除政策下的可扣除项目。财税〔2016〕36号附件1《营业税改征增值税试点有关事项的规定》规定：“经人民银行、银监会或者商务部批准从事融资租赁业务的试点纳税人，提供融资租赁服务，以取得的全部价款或价外费用，扣除支付的借款利息（包括外汇借款和人民币借款利息）、发行债券利息和车辆购置税后的余额为销售额。”根据财税〔2013〕106号，提供除融资性售后回租以外的有形动产融资租赁服务适用差额扣除的，扣除的范围还包括保险费和安装费，在新文件中保险费和安装费被剔除在可扣除的项目之外，因为保险费和安装费可以取得进项抵扣。

注意：目前“营改增”的相关政策对差额征税的情形是采用正列举的方式，只有有明确规定的项目才可以适用。不得自行采用差额征税的方法，比如原来营业税时代有地方的“保理行业利息支出”采用不规范的差额计税，改征增值税后，利息收入全额6%计销项，支出的利息也不能作进项，这一点要注意。

2. 差额项目销售额的确定

虽然全行业纳入了增值税的征收范围，但是目前仍然有无法通过抵扣机制避免重复征税的情况存在，因此引入了差额征税的办法，解决部分行业税收负担增加问题。以下属于差额确定销售额的项目。

（1）金融商品转让

金融商品转让，是指转让外汇、有价证券、非货物期货和其他金融商品所有权的业务活动。

其他金融商品转让，包括：基金、信托、理财产品等各类资产管理产品和各种金融衍生品的转让。

金融商品的范围非常宽泛，除股权投资之外的其他投资类产品，购买之后的转让几乎都在征税范围。

根据“财税〔2016〕36号文”规定，金融商品转让按照卖出价扣除买入价后的余额为销售额。转让金融商品出现的正负差，按盈亏相抵后的余额为销售额。若相抵后出现负差，可结转下一纳税期与下期转让金融商品销售额相抵，但年末时仍出现负差的，不得转入下一个会计年度。

第一，“买入价”的确认。可以选择按照加权平均法或者移动加权平均法进行核算，选择后36个月内不得变更。投资者在购买金融商品时，上一家的“买入价”和下一家的“卖出价”理论上应该是一样的。“买入价”支付的全部价款和价外费用可能包括其他费用，比如佣金或手续费等，但是这些是可以增值税专用发票，抵扣进项税额，不应该再从卖出价中扣减。如果金融商品买卖的上家和下家都不考虑佣金或其他费用，那么单纯的金融商品的价值就是确定的“买入价”。

第二，“卖出价”的确认。文件规定关于销售额的一般规定，按照转让金融商品时取得的全部价款和价外费用作为销售额。道理和“买入价”的确认基本一致，单纯的金融商品的价值（包括股息、利息等合理增值）就是确定的“卖出价”。

第三，销项税额的计算。参照以下公式：

销项税额＝销售额÷（1＋6％）×6％

第四，盈亏的抵减。金融商品转让出现的正负差（盈亏），在同一纳税期内允许互相抵减，是多种商品亏损之间的抵减。不是单一金融品种不同时期的抵减。例如，甲公司在2016年6月同时出售了股票、债券、外汇，股票盈利2 000万元、债券盈利500万元、外汇亏损3 000万元，则在6月甲公司金融商品转让增值税上销售额＝2 000＋500－3 000＝－500万元，也就是在7月的纳税申报时，金融商品申报实质不交税，申报的金融商品转让的销售额为零，并且可以结转到所属7月的纳税申报中的抵减。

第五，"年末最后一个纳税期"是处理正负差的最后期限。所称纳税期，是指税款所属期。如果上期（11月所属纳税期）结转的负差与本期（12月所属纳税期）金融商品转让销售额相加后仍为负数，则该负差不得转入下一会计年度，也就是不能在次年2月份申报次年1月份税时再扣减上年度的负差。另外，在营业税时代，如果全年有盈利月份，但是整年合计是亏损的，可以申请退还营业税。但是增值税目前没有全年亏损退税的规定，暂不能申请退还增值税。

第六，开票问题。金融商品转让，不得开具增值税专用发票。

（2）经纪代理服务

①适用范围。经纪代理服务，是指各类经纪、中介、代理服务。包括金融代理、知识产权代理、货物运输代理、代理报关、法律代理、房地产中介、职业中介、婚姻中介、代理记账、拍卖等。

其中，货物运输代理服务，是指接受货物收货人、发货人、船舶所有人、船舶承租人或者船舶经营人的委托，以委托人的名义，为委托人办理货物运输、装卸、仓储和船舶进出港口、引航、靠泊等相关手续的业务活动。

其中，代理报关服务，是指接受进出口货物的收、发货人委托，代为办理报关手续的业务活动。

②销售额的确定。根据"财税〔2016〕36号文"规定，经纪代理服务以取得的全部价款和价外费用，扣除向委托方收取并代为支付的政府性基金或者行政事业性收费后的余额为销售额。

销项税额＝(含税的全部价款＋价外费用－代为支付的政府性基金或者行政事业性收费后的余额）÷（1＋6％）×6％

注意：计算纳税人提供经纪代理服务的销售额时，可扣除的项目为委托方收取并代为支付的政府性基金或者行政事业性收费，并非所有向委托方收取的费用均能扣除。

例如，知识产权代理机构从事专利代理服务、商标代理服务，可扣除的费用为支付给国家知识产权局、专利局的专利规费和商标局的商标注册费，向委托方收取的其他非上述性质的费用不得从专利和商标代理总收入中扣除。

另外，向委托方收取的并代为支付的政府性基金或者行政事业性收费为代收代付性质，不得开具增值税专用发票，可以开具增值税普通发票。

（3）人力资源外包服务的差额征税

纳税人提供人力资源外包服务，按照经纪代理服务缴纳增值税，其销售额不包括受客户单位委托代为向客户单位员工发放的工资和代理缴纳的社会保险、住房公积金（注意此处不能扣除向员工发放的福利费）。向委托方收取并代为发放的工资和代理缴纳的社会保险、住房公积金，不得开具增值税专用发票，可以开具普通发票。

一般纳税人提供人力资源外包服务，可以选择适用简易计税方法，按照5％的征收率计算缴纳增值税。

销项税额＝(含税的全部价款＋价外费用－受客户单位委托代为向客户单位委托代为向客户单位员工发放的工资和代理缴纳的社会保险、住房公积金后）÷（1＋6％）×6％

注意：人力资源外包服务计算销售额时工资可以扣除，但不能扣除支付的福利费。

（4）融资租赁和融资性售后回租业务

①融资租赁销售额的确认。经人民银行、银监会或者商务部批准从事融资租赁业务的试点纳税人，提供融资租赁服务，以取得的全部价款和价外费用，扣除支付的借款利息（包括外汇借款和人民币借款利息）、发行债券利息和车辆购置税后的余额为销售额。

②融资性售后回租服务。经人民银行、银监会或者商务部批准从事融资租赁业务的试点纳税人，提供融资性售后回租服务，以取得的全部价款和价外费用（不含本金），扣除对外支付的借款利息（包括外汇借款和人民币借款利息）、发行债券利息后的余额作为销售额。

（5）航空运输服务

航空运输企业的销售额，不包括代收的机场建设费和代售其他航空运输企业客票而代收转付的价款。

销项税额＝（含税的销售额－机场建设费后的余额）÷（1＋11％）×11％

注：

①旅客运输服务不得开具增值税专用发票，理论上，按照“发票管理办法”的要求，应该开具增值税普通发票。但是实务中往往只提供行程单，不单独注明税款，企业也用行程单做入账处理。

②货物运输服务可以开具增值税专用发票，发票可以采取差额开票功能，税额显示上面计算的销项税额。

（6）客运场站服务

试点纳税人中的一般纳税人提供客运场站服务，以其取得的全部价款和价外费用，扣除支付给承运方运费后的余额为销售额。

销项税额＝（含税的全部价款＋价外费用－支付给承运方运费后的余额）÷（1＋6％）×6％。

（7）旅游服务

试点纳税人提供旅游服务，可以选择以取得的全部价款和价外费用，扣除向旅游服务购买方收取并支付给其他单位或者个人的住宿费、餐饮费、交通费、签证费、门票费和支付给其他接团旅游企业（俗称地陪）的旅游费用后的余额为销售额。

销项税额＝（含税的全部价款＋价外费用－支付给其他单位或个人的住宿费、餐饮费、交通费、签证费、门票费和支付给他气接团旅游企业的旅游费）÷（1＋6％）×6％。

选择上述办法计算销售额的试点纳税人，向旅游服务购买方收取并支付的上述费用，不得开具增值税专用发票，可以开具普通发票。余额可以开具专用发票，税额＝余额部分÷（1＋6％）×6％。

（8）建筑服务及不动产销售服务

①建筑服务老项目。试点纳税人提供建筑服务适用简易计税方法的，以取得的全部价款和价外费用扣除支付的分包款后的余额为销售额。

销项税额＝（含税的全部价款＋价外费用－支付分包款）÷（1＋3％）×3％

②销售房地产开发新项目。房地产开发企业中的一般纳税人销售其开发的房地产项目（选择简易计税方法的房地产老项目除外），以取得的全部价款和价外费用，扣除受让土地时向政府部门支付的土地价款后的余额为销售额。

销项税额＝（含税的全部价款＋价外费用－受让土地使用权时向政府支付的土地价款）÷（1＋11％）×11％

③销售不动产老项目。一般纳税人销售其2016年4月30日前取得（不含自建）的不动产，可以选择适用简易计税方法，以取得的全部价款和价外费用减去该项不动产购置原价或者取得不动产时的作价后的余额为销售额。

小规模纳税人销售其取得（不含自建）的不动产（不含个体工商户销售购买的住房和其他个人销售不动产），应以取得的全部价款和价外费用减去该项不动产购置原价或者取得不动产时的作价后的余额为销售额。

销项税额＝（含税的全部价款＋价外费用－不动产原价或取得不动产时的作价）÷（1＋5％）×5％

（9）劳务派遣

一般纳税人提供劳务派遣服务，可以按照《财政部国家税务总局关于全面推开营业税改征增值税试点的通知》（财税〔2016〕36号）的有关规定，以取得的全部价款和价外费用为销售额，按照一般计税方法计算缴纳增值税；也可以选择差额纳税，以取得的全部价款和价外费用，扣除代用工单位支付给劳务派遣员工的工资、福利和为其办理社会保险及住房公积金后的余额为销售额，按照简易计税方法依5％的征收率计算缴纳增值税。

小规模纳税人提供劳务派遣服务，可以按照“财税〔2016〕36号”的有关规定，以取得的全部价款和价外费用为销售额，按照简易计税方法依3％的征收率计算缴纳增值税；也可以选择差额纳税，以取得的全部价款和价外费用，扣除代用工单位支付给劳务派遣员工的工资、福利和为其办理社会保险及住房公积金后的余额为销售额，按照简易计税方法依5％的征收率计算缴纳增值税。

销项税额＝（含税的全部价款＋价外费用－代用工单位支付给劳务派遣员工的工资、福利和为其办理社会保险及住房公积金后的余额）÷（1＋5％）×5％

注意：

①税法明文列明销售额差额扣减部分，不得开具增值税专用发票的（例

如《营业税改征增值税试点有关事项的规定》第一条第三项第8点的旅游服务），建议开具两张发票不使用“差额开票”功能。即销售额扣减差额部分后的余额，开具增值税专用发票，差额扣减的部分开具增值税普通发票。

②其他适用差额征税的业务，全额开具增值税专用发票。

2.4 “营改增”增值税税额的计算

企业经济活动业务性质决定了适用的计税方法，计税方法的不同决定税额的不同。本节重点介绍一般计税方法、简易计税方法以及汇总纳税方式下的税额计算。

2.4.1 一般计税方法

1. 增值税计税方法及适用原则

增值税的计税方法，包括一般计税方法和简易计税方法。

一般计税方法是按照销项税额减去进项税额的差额计算应纳税额，适用于增值税一般纳税人。

简易计税方法是按照销售额与征收率的乘积计算应纳税额，一般适用于小规模纳税人，一般纳税人原则上适用一般计税方法，但是在一些特殊情形下可以使用简易计税方法，这些需要特殊规定，没有规定不得使用。比如，一般纳税人销售固定资产、旧货，提供的公共交通运输服务的，可以选择按照简易计税方法计算缴纳增值税，不仅在“营改增”过渡期，而是一直能够适用。当然有一些是在全面“营改增”过渡期内规定的可以适用简易计税方法的项目，比如提供建筑服务（甲供工程、清包工）、无形资产或者不动产的老项目等，也可以适用简易计税方法。

小规模纳税人原则适用简易计税方法。小规模纳税人从来不适用一般计税方法，未来也不会。所以小规模纳税人一般不用取得增值税专用发票，不牵涉进项税额、销项税额的核算。

从企业税收管控的角度看，一般纳税人的一般计税方法相对较为规律，税控防伪比对系统和固定的核算规程让税务管理变得相对轻松，风险一般不容易发生（恶意除外）。而简易计税方法则相对繁杂，牵涉是否符合适用条件、是否备案、进项税额分摊与转出等问题，有些税务风险不好防控。所以在有些项目具体选择简易计税还是一般计税时要多加考量。

2. 一般计税方法的核算规程

（1）销项税额的确认

销项税额，是指纳税人发生应税行为按照销售额和增值税税率计算的增值税额。销项税额计算公式：

销项税额＝不含税销售额×税率

一般情况下，如果没有合同约定，支付的价款是含增值税的。这时候要把含税金额换算成不含税金额。按照下列公式计算销售额：

不含税销售额＝含税销售额÷（1＋税率）

例如，甲企业销售自产建筑材料，取得收入为234万元，适用税率为17％，则：

不含税销售额＝含税销售额÷（1＋税率）＝234÷（1＋17％）＝200万元

销项税额＝200×17％＝34万元

注意，一般只有特别注明“不含税”的情况，没有特别注明，默认含税。

一般纳税人应在“应交税费”科目下设置“应交增值税”明细科目。在“应交增值税”明细账中，应设置“销项税额”等专栏。

全面“营改增”后，“销项税额”专栏，记录一般纳税人销售服务、无形资产或者不动产应收取的增值税额。一般纳税人销售服务、无形资产或者不动产应收取的销项税额，用蓝字登记；退回以及中止或者折让应冲销销项税额，用红字登记。

（2）进项税额的确认

①进项税额。

进项税额，是指纳税人购进货物、加工修理修配劳务、服务、无形资产或者不动产，支付或者负担的增值税额。只有增值税一般纳税人，才涉及进项税额的抵扣问题，增值税小规模纳税人不涉及进项税额问题。

进项税额主要看取得抵扣凭证上注明的金额。主要有：

a. 从销售方取得的增值税专用发票（含税控机动车销售统一发票，下同）上注明的增值税额。

b. 从海关取得的海关进口增值税专用缴款书上注明的增值税额。

c. 购进农产品，除取得增值税专用发票或者海关进口增值税专用缴款书外，按照农产品收购发票或者销售发票上注明的农产品买价和 13%（或 11%）的扣除率计算的进项税额。计算公式为：

进项税额＝买价×扣除率

买价，是指纳税人购进农产品在农产品收购发票或者销售发票上注明的价款和按照规定缴纳的烟叶税。

购进农产品，按照《农产品增值税进项税额核定扣除试点实施办法》抵扣进项税额的除外。

d. 从境外单位或者个人购进服务、无形资产或者不动产，自税务机关或者扣缴义务人取得的解缴税款的完税凭证上注明的增值税额。

②进项税额抵扣的条件。

“财税〔2016〕36 号文”附件 1 第二十六条规定：

纳税人取得的增值税扣税凭证不符合法律、行政法规或者国家税务总局有关规定的，其进项税额不得从销项税额中抵扣。

增值税扣税凭证，是指增值税专用发票、海关进口增值税专用缴款书、农产品收购发票、农产品销售发票和完税凭证。

纳税人凭完税凭证抵扣进项税额的，应当具备书面合同、付款证明和境外单位的对账单或者发票。资料不全的，其进项税额不得从销项税额中抵扣。

综上所述，准予从销项税额中抵扣的进项税额，应至少同时具备以下条件。

a. 发生允许从销项税额中抵扣进项税额的购进行为。

b. 取得合法有效的增值税扣税凭证。

c. 只有应税行为的代扣代缴税款可以凭完税凭证抵扣，且需要具备书面合同、付款证明和境外单位的对账单或者发票。否则，进项税额不得从销项税额中抵扣。

其实，进项税额抵扣的条件可以从经常提到的“三流一致”来看，增值税抵扣凭证是抵扣增值税进项税额的必要条件，但不是充要条件，还需要经济业务的真实发生等条件。

（3）税额计算

一般计税方法的应纳税额，是指当期销项税额抵扣当期进项税额后的余额。应纳税额计算公式：

应纳税额＝当期销项税额－当期进项税额

我国增值税实行购进扣税法，只针对毛利征税，也就是纳税人发生应税行为时按照销售额计算销项税额，购进货物、劳务、服务、无形资产或不动产时，以支付或负担的税款为进项税额，同时允许从销项税额中抵扣进项税额。这样，就相当于仅对发生应税行为的增值部分征税。

一般纳税人购进货物、服务、无形资产、不动产或者接受加工修理修配劳务支付的进项税额，用蓝字登记；退回中止或者折让应冲销的进项税额，用红字登记。

当销项税额小于进项税额时，不足抵扣的部分可以结转下期继续抵扣，也就是只要增值税专用发票认证了，当期也纳税申报了，那么会计核算上，“应交税费—应交增值税（进项税）”可以出现借方余额，并可以一直持续下去，实务中不要担心这一点。

【例 2-8】某增值税一般纳税人甲企业 2016 年 10 月发生如下业务：

（1）取得交通运输收入 111 万元（含税），当月外购汽油 10 万元（不含税金额），取得增值税专用发票。

（2）购入运输车辆 20 万元（不含税金额），取得机动车销售统一发票。

（3）发生的联运支出 50 万元（不含税金额），取得增值税专用发票。

则甲企业 2016 年 10 月应纳税额为：

应纳税额＝111÷（1＋11％）×11％－1.7－3.4－5.5＝0.4（万元）。

3. 一般计税方法下的特殊情况

（1）无法划分抵扣进项税额的情况

适用一般计税方法的纳税人，兼营简易计税方法计税项目、免征增值税项目时，按规定对应的进项税额是不能够抵扣的，所以要注意以下几点。

第一，实务中，很多进项税额是可以划分清楚用途的，比如：纳税人购进的一些原材料，用途是确定的，所对应的进项税额也就可以准确划分，对应做转出就行。具体按以下公式处理：

不得抵扣的进项税额＝当期无法划分的全部进项税额×（当期简易计税方法计税项目销售额＋免征增值税项目销售额）÷当期全部销售额

第二，兼营行为是很常见，却经常出现进项税额不能准确划分的情形。比如耗用的水和电力，这种情况下，按照下面公式处理：

纳税人全部不得抵扣的进项税额＝当期可以直接划分的不得抵扣的进项税额＋当期无法划分的全部进项税额×（当期简易计税方法计税项目销售额＋免税增值税项目销售额）÷当期全部销售额

第三，按照销售额比例法进行换算是税收管理中常用的方法，与此同时还存在其他的划分方法。一般情况下，按照销售额的比例划分是较为简单的方法，操作性比较强，便于操作。当然，实务中可以采用产出量法、产值法、耗用成本配比法等方式处理。

第四，这种分摊进项税额的方法，全面"营改增"文件规定，主管税务机关是可以按照上述公式依据年度数据对不得抵扣的进项税额进行清算的。进项税额转出是按月进行的，但由于年度内取得进项税额的不均衡性，有可能会造成按月计算的进项转出与按年度计算的进项转出产生差异，既然税务机关可以清算，也说明了实务中我们可以以季度、年度、项目期等为单位来做进项税额转出处理，这一点多加注意。

【例 2-9】 某制药厂（一般纳税人），主要生产销售各类药品，2017 年 3 月，该厂购进货物的全部进项税额为 40 万元，当月药品销售收入为 300 万元，其中免征增值税药品收入 60 万元。

当月不得抵扣的进项税额＝40×60÷300＝8（万元）

（2）已经抵扣进项税额的转出处理

"财税〔2016〕36 号文"附件 1 规定如下：

第三十条　已抵扣进项税额的购进货物（不含固定资产）、劳务、服务，发生本办法第二十七条规定情形（简易计税方法计税项目、免征增值税项目除外）的，应当将该进项税额从当期进项税额中扣减；无法确定该进项税额的，按照当期实际成本计算应扣减的进项税额。

第三十一条　已抵扣进项税额的固定资产、无形资产或者不动产，发生本办法第二十七条规定情形的，按照下列公式计算不得抵扣的进项税额：

不得抵扣的进项税额＝固定资产、无形资产或者不动产净值×适用税率

固定资产、无形资产或者不动产净值，是指纳税人根据财务会计制度计提折旧或摊销后的余额。

实务中，已抵扣进项税额发生用途改变，用于简易计税方法计税项目、免征增值税项目、集体福利、非正常损失的，需要区分情况做进项税额转出，通过以上条文（第三十条比较费解）的理解，可以得出以下几点。

①货物（不含固定资产）、劳务、服务如果用途发生变化，后续用于集体福利、个人消费的、非正常损失的，按实际成本计算不可抵扣进项，并转出。

②货物（不含固定资产）、劳务、服务如果用途发生变化，后续用于简易计税方法计税项目、免征增值税项目除外，不必计算转出处理。

③固定资产、无形资产或者不动产后续专门用于用于简易计税方法计税项目、免征增值税项目、集体福利或者个人消费或非正常损失的，应按公式计算转出。

④固定资产、无形资产或者不动产后续混用于简易计税方法计税项目、免征增值税项目、集体福利或者个人消费，不必计算转出处理。

注意：“扣减或转出”的都是在发生用途变更当期处理，另外无法确定该进项税额的，按照当期实际成本计算应扣减的进项税额。其计算公式：转出的进项税额＝实际成本×税率

【例 2-10】某服装厂加工一批服装，共 2 000 套，每套成本价 150 元。因管理不善，月末盘点发现毁损 40 套。适用税率 17%。

应转出进项税额 40×150×17%＝1 020（元）

（3）销售折让、中止或者退回等进项税额的扣减

根据会计准则第 14 号“收入”第八条规定：“销售折让，是指企业因售出商品的质量不合格等原因而在售价上给予的减让。”对增值税而言，销售折让其实是指纳税人提供应税行为后因为劳务成果（包括无形资产或者不动产）质量不合格等原因在售价上给予的减让。

适用一般计税方法计税的，因销售折让、中止或者退回而退还给购买方的增值税额，应当从当期的销项税额中扣减；因销售折让、中止或者退回而收回的增值税额，应当从当期的进项税额中扣减。

一般纳税人开具增值税专用发票，发生销货退回、开票有误、应税行为中止以及发票抵扣联、发票联均无法认证等情形但不符合作废条件，或者因销货部分退回及发生销售折让，需要根据国家税务总局公告 2015 年第 19 号的有关规定开具红字专用发票。开具红字专用发票，也就是销售折让、中止或者退回等进项税额的扣减有赖于增值税红字专用发票的开具。从以下规定可以推出：

“财税〔2016〕36 号文”附件 1 第四十二条规定：“纳税人发生应税行为，开具增值税专用发票后，发生开票有误或者销售折让、中止、退回等情形的，

应当按照国家税务总局的规定开具红字增值税专用发票；未按照规定开具红字增值税专用发票的，不得按照本办法第三十二条和第三十六条的规定扣减销项税额或者销售额。”

【例 2-11】某企业为一般纳税人，2016 年 5 月租赁办公用房一间，当月预付一年租金 126 万元，已取得增值税专用发票并于当月认证抵扣。2016 年 10 月因房屋质量问题停止租赁，收到退回的剩余部分租金 63 万元，并开具了《开具红字增值税专用发票信息表》。

纳税人因销售中止而收到退还的剩余价款，应于开具《开具红字增值税专用发票信息表》的当月进行进项税额转出。

所以，转出的进项税额＝630 000÷（1＋5%）×5%＝30 000（元）。

（4）不得抵扣进项税额的其他情形

有下列情形之一者，应当按照销售额和增值税税率计算应纳税额，不得抵扣进项税额，也不得使用增值税专用发票。

①一般纳税人会计核算不健全，或者不能够提供准确税务资料的。

②应当办理一般纳税人资格登记而未办理的。

2.4.2 简易计税方法

1. 简易计税方法的核算

（1）核算规程

首先，简易计税方法的适用对象主要有：

①小规模纳税人销售服务、无形资产或者不动产。

②一般纳税人销售服务、无形资产或者不动产可选择简易计税方法计税的应税行为。

简易计税方法的销售额不包括其应纳税额，按照下列公式计算销售额：

不含税销售额＝含税销售额÷（1＋征收率）

简易计税方法的应纳税额，是指按照销售额和增值税征收率计算的增值税额，不得抵扣进项税额。应纳税额计算公式：

应纳税额＝不含税销售额×征收率

【例 2-12】某小规模纳税人提供餐饮服务含税销售额为 103 元，在计算时应先扣除税额，即：不含税销售额＝103÷（1＋3％）＝100（元）。

则增值税应纳税额＝100元×3％＝3（元）。

（2）小规模企业免税优惠的确定

国家税务总局发布了《关于全面推开营业税改征增值税试点有关税收征收管理事项的公告》（国家税务总局公告2016年第23号，以下简称“23号公告”），该公告对“营改增”后小规模纳税人免征增值税的有关税收征管事项进行了明确：增值税小规模纳税人应分别核算销售货物，提供加工、修理修配劳务的销售额，和销售服务、无形资产的销售额。增值税小规模纳税人销售货物，提供加工、修理修配劳务月销售额不超过3万元（按季纳税9万元），销售服务、无形资产月销售额不超过3万元（按季纳税9万元）的，自2016年5月1日起至2017年12月31日，可分别享受小微企业暂免征收增值税优惠政策。

小规模纳税人兼营原增值税业务（销售货物，提供加工、修理修配劳务）和“营改增”业务（销售服务、无形资产）的，无须将两类业务的销售额合并计算后来判别，而是分别予以判别；其“营改增”项目销售服务的销售额既不与营业税营业额合并，也不与同期的原增值税项目合并计算。

【例2-13】按季纳税的小规模纳税人甲公司，2016年4月份取得营业税劳务收入（营业额）7万元，取得销售货物的销售额3万元；在5、6月份合计取得“营改增”后的服务销售额6万元，取得销售货物和修理劳务的销售额5万元。

解析：按照“23号公告”的规定，甲公司应在5月份向主管地税机关申报所属期4月份的（免征）营业税。而在7月份申报时，因其5、6月份“营改增”项目的应税服务销售额合计为6万元，原增值税项目的销售额为5万元，两类业务的销售额分别均未超过6万元的标准，因此，甲公司取得的上述收入可享受免征增值税的优惠。

（3）销售退回、折让或退回的处理

纳税人适用简易计税方法计税的，因销售折让、中止或者退回而退还给购买方的销售额，应当从当期销售额中扣减。扣减当期销售额后仍有余额造成多缴的税款，可以从以后的应纳税额中扣减。如果小规模纳税人已就该项业务委托税务机关为其代开了增值税专用发票的，应按规定申请开具红字专用发票。

【例 2-14】某小规模纳税人仅经营某项应税服务，2015 年 5 月发生一笔销售额为 1 000 元的业务并就此缴纳税额，6 月该业务由于合理原因发生退款（销售额皆为不含税销售额）。

第一种情况：6 月该应税服务销售额为 5 000 元：

在 6 月的销售额中扣除退款的 1 000 元，6 月最终的计税销售额为 5 000－1 000＝4 000 元，6 月缴纳的增值税为 4 000×3％＝120 元。

第二种情况：6 月该应税服务销售额为 600 元：

6 月的销售额中扣除退款中的 600 元，6 月最终的计税销售额为 600－600＝0 元，6 月应纳增值税额为 0×3％＝0 元；

6 月销售额不足扣减而多缴的税款为 400×3％＝12 元，可以从以后纳税期扣减应纳税额。

7 月该应税服务销售额为 5 000 元，7 月企业实际缴纳的税额为 5 000×3％－12＝138 元。

（4）一般纳税人的 36 个月

一般纳税人发生财政部和国家税务总局规定的特定应税行为，可以选择适用简易计税方法计税，但一经选择，36 个月内不得变更。

注意，一般纳税人选择简易计税方法，建议要慎重，要进行业务预算与数据测算，有时候简易征税未必合适，并且一经选定，36 个月不能变化，擅自改变肯定就是税务风险了。简易计税方法对应的进项税额是要转出的，如果当期进项税较大的话，不要急于选择简易计税方法，实务中这是一个筹划点。

2. 固定资产销售简易计税方法

固定资产是“财税〔2016〕36 号文”规定的范畴，即是指使用期限超过 12 个月的机器、机械、运输工具以及其他与生产经营有关的设备、工具、器具等有形动产。其他作为固定资产入账的不动产不属于该会计处理规范的内容。

固定资产销售业务要把握固定资产或低值易耗品购进时候是是否允许抵扣进项税，是否已经抵扣了进项税，一般纳税人依法抵扣过了的适用简易征收，否则都是需要按照适用税率征税的。

按照《国家税务总局关于简并增值税征收率有关问题的公告》（国家税务总局公告 2014 年第 36 号）规定，纳税人销售使用过的固定资产计税政策，见表 2-5。

表 2-5　　　　　　　　　　**纳税人销售使用过的固定资产计税政策**

纳税人	情况分类	具体情形	税务处理	计算公式	备注
一般纳税人	销售自己使用过的物品	不得抵扣进项且未抵扣的固定资产	简易征收；依3%征收率，且减按2%征收	增值税＝售价÷（1＋3%）×2%	—
		可以抵扣进项且已经抵扣的固定资产	按照适用税率征收；一般为17%	增值税＝售价÷（1＋17%）×17%	—
		可以抵扣进项且实际没有抵扣进项税额的固定资产			税法允许抵扣，而由于企业某原因未抵扣
		除固定资产以外的其他物品			比如买废品、其他杂物
	销售旧货	指自己使用过的物品外的旧货	简易征收；依3%征收率，且减按2%征收	增值税＝售价÷（1＋3%）×2%	指进入二次流通的具有部分使用价值的货物（含旧汽车、旧摩托车和旧游艇）
小规模纳税人	销售自己使用过的物品	固定资产	简易征收；依3%征收率，且减按2%征收	增值税＝售价÷（1＋3%）×2%	—
		除固定资产以外的其他物品	按3%的征收率征收增值税	增值税＝售价÷（1＋3%）×3%	比如买废品、其他杂物
	销售旧货	指自己使用过的物品外的旧货	简易征收；依3%征收率，且减按2%征收	增值税＝售价÷（1＋3%）×2%	指进入二次流通的具有部分使用价值的货物（含旧汽车、旧摩托车和旧游艇）

3. 简易计税税目及政策依据

增值税计税方法中，简易计税方法是一种重要的方法，但是大多简易计税方法属于税收优惠，需要向税务机关进行备案，“营改增”以来所有的简易征收项目以及政策依据，具体见表2-6。

表 2-6　　增值税“简易征收”项目及政策依据

序号	增值税“简易征收”项目	政策依据
1	小型水力发电单位简易征收备案	（1）《财政部国家税务总局关于部分货物适用增值税低税率和简易办法征收增值税政策的通知》（财税〔2009〕9号） （2）《财政部国家税务总局关于简并增值税征收率政策的通知》（财税〔2014〕57号）
2	砂、土、石料、砖、瓦、石灰等建筑材料生产企业简易征收备案	
3	商品混凝土生产企业简易征收备案	
4	生物制品生产企业简易征收备案	
5	典当业销售死当物品简易征收备案	
6	自来水生产和销售企业简易征收备案	
7	旧货经营单位简易征收备案	
8	寄售商店代销寄售商品简易征收备案	
9	药品经营企业销售生物制品简易征收备案	《国家税务总局关于药品经营企业销售生物制品有关增值税问题的公告》（国家税务总局公告2012年第20号）
10	单采血浆站销售非临床用人体血液简易征收备案	（1）《国家税务总局关于供应非临床用血增值税政策问题的批复》（国税函〔2009〕456号） （2）《国家税务总局关于简并增值税征收率有关问题的公告》（国家税务总局公告2014年第36号）
11	拍卖行简易征收备案	（1）《国家税务总局关于拍卖行取得的拍卖收入征收增值税、营业税有关问题的通知》（国税发〔1999〕40号） （2）《国家税务总局关于简并增值税征收率有关问题的公告》（国家税务总局公告2014年第36号）
12	提供公共交通运输服务简易征收备案	《财政部国家税务总局关于将铁路运输和邮政业纳入营业税改征增值税试点的通知》（财税〔2013〕106号）
13	有形动产租赁简易征收备案	
14	动漫企业简易征收备案	
15	电影放映服务简易征收备案	
16	仓储服务简易征收备案	
17	装卸搬运服务简易征收备案	
18	收派服务简易征收备案	

续上表

序号	增值税“简易征收”项目	政策依据
19	通过卫星提供语音通话等服务简易征收备案	《财政部国家税务总局关于将电信业纳入营业税改征增值税试点的通知》（财税〔2014〕43号）
20	中外开采原油、天然气简易征收备案	（1）《国务院关于外商投资企业和外国企业适用增值税、消费税、营业税等税收暂行条例有关问题的通知》（国发〔1994〕10号） （2）《国家税务总局关于中外合作开采石油资源缴纳增值税有关问题的通知》（国税发〔1994〕114号）
21	公路经营企业中一般纳税人对老高速公路收取的高速公路车辆通行费	《财政部国家税务总局关于全面推开营业税改征增值税试点的通知》（财税〔2016〕36号）
22	一般纳税人出租其2016年5月1日前取得的不动产	
23	房地产开发企业中的一般纳税人，销售自行开发的房地产老项目	
24	一般纳税人销售其2016年5月1日前取得（不含自建）的不动产	
25	试点纳税人中的一般纳税人以清包工方式提供的建筑服务	
26	试点纳税人中的一般纳税人为甲供工程提供的建筑服务	
27	试点纳税人中的一般纳税人为建筑工程老项目提供的建筑服务	
28	文化体育服务	
29	劳务派遣服务	《财政部国家税务总局关于进一步明确全面推开“营改增”试点有关劳务派遣服务、收费公路通行费抵扣等政策的通知》财税〔2016〕47号
30	一般纳税人收取试点前开工的一级公路、二级公路、桥、闸通行费	
31	一般纳税人提供人力资源外包服务	
32	中国农业银行三农贷款利息收入	《财政部国家税务总局关于进一步明确全面推开“营改增”试点金融业有关政策的通知》财税〔2016〕46号

2.4.3 增值税汇总纳税

“财税〔2016〕36号文”附件1第四十六条第（一）项：

经财政部和国家税务总局或者其授权的财政和税务机关批准，可以由总机构汇总向总机构所在地的主管税务机关申报纳税。

其中规定的“其授权的财政和税务机关”，实际上明确了除财政部、国家税务总局外，省（自治区、直辖市、计划单列市）级的财政和税务部门是被授权单位，可以批准总分支机构均在同一省（自治区、直辖市、计划单列市），却不在同一县（市）的固定业户实行汇总纳税。

提供金融服务的纳税人，应向其机构所在地的主管国税机关申报缴纳增值税。总分机构申请汇总缴纳增值税，由财政部、国家税务总局批准。总分机构均在北京市内的，由北京市财政局、北京市国家税务局批准。经北京市财政局、北京市国家税务局批准的，可以由总机构汇总向总机构所在地的主管国税机关申报纳税，采取由总机构按照申报所属时期汇总计算总应纳税额，依据总机构和各分支机构收入占总收入的比重分配税款，分别在总机构和各分支机构所在地主管国税机关缴纳入库的方法。

分支机构需预缴税款的总分机构，由总机构汇总分支机构的销售收入进行申报纳税，分支机构需根据自己的销售收入按照适用的预征率申报纳税，总机构可在申报时将分支机构预缴的税款予以减除。

【例2-15】A公司为一般纳税人，营业税为非汇总缴纳企业，各分支机构在实际经营地缴纳营业税，现为批准汇总缴纳增值税的总机构，下设B、C两个分支机构。B分支机构注册经营地为顺义区、C分支机构注册经营地为房山区。2016年5月发生业务如下：

(1) A公司取得应税收入10 600元，开具增值税专用发票注明销售额10 000元，税额600元；购进货物支付价款1 170元，取得符合抵扣条件的增值税专用发票注明销售额1 000元，税额170元。

(2) B公司和C公司分别取得收入5 300元和3 180元，未开具发票。

解析：

A企业以前为非汇总缴纳营业税企业，2016年后已由北京市财政局、北京市国家税务局批准汇总缴纳增值税。A企业为按月申报的一般纳税人，在

2016年6月征期内，由A公司汇总申报增值税，计算应纳税额，并按照A、B、C公司的收入占比分配税款，分别在各自机构所在地缴纳入库。

报表填写：

（1）A公司汇总全部分支机构的收入计算缴销项税额：

增值税发票开票金额＝10 000（元），销项税额＝600（元）

未开具发票销售额＝5 300÷（1＋6%）＋3 180÷（1＋6%）＝8 000（元）

销项税额＝8 000×6%＝480（元）

（2）A公司汇总全部分支机构取得的进项税额

符合抵扣条件的进项金额＝1 000（元），进项税额＝170（元）

（3）A公司汇总计算应纳税额

应纳税额＝600＋480－170＝910（元）。

（4）按收入占比分别计算A、B、C分支机构的入库税额

A公司应纳税额＝910×10 600÷（10 600＋5 300＋3 180）＝505.56（元）

B公司应纳税额＝910×5 300÷（10 600＋5 300＋3 180）＝252.78（元）

C公司应纳税额＝910×3 180÷（10 600＋5 300＋3 180）＝151.67（元）

2.5 “营改增”税收优惠政策的变与不变

全面“营改增”后，一部分原有的营业税时代税收优惠政策得到了延续，但是另一部分税收优惠也随着全面“营改增”的深入（抵扣链条的打通）自然取消了。税收优惠对时效性要求很高，本章也从纳税筹划的角度，重点介绍全面“营改增”后的增值税税收优惠。

2.5.1 免征增值税优惠项目

1. 托儿所、幼儿园提供的保育和教育服务

托儿所、幼儿园，是指经县级以上教育部门审批成立、取得办园许可证的实施0～6岁学前教育的机构，包括公办和民办的托儿所、幼儿园、学前班、幼儿班、保育院、幼儿园。

公办托儿所、幼儿园免征增值税的收入是指，在省级财政部门和价格主管部门审核报省级人民政府批准的收费标准以内收取的教育费、保育费。

民办托儿所、幼儿园免征增值税的收入是指，在报经当地有关部门备案并公示的收费标准范围内收取的教育费、保育费。

超过规定收费标准的收费，以开办实验班、特色班和兴趣班等为由另外收取的费用以及与幼儿入园挂钩的赞助费、支教费等超过规定范围的收入，不属于免征增值税的收入。

2. 养老机构提供的养老服务

养老机构，是指依照民政部《养老机构设立许可办法》（民政部令第48号）设立并依法办理登记的为老年人提供集中居住和照料服务的各类养老机构；养老服务，是指上述养老机构按照民政部《养老机构管理办法》（民政部令第49号）的规定，为收住的老年人提供的生活照料、康复护理、精神慰藉、文化娱乐等服务。

3. 殡葬服务

殡葬服务，是指收费标准由各地价格主管部门会同有关部门核定，或者实行政府指导价管理的遗体接运（含抬尸、消毒）、遗体整容、遗体防腐、存放（含冷藏）、火化、骨灰寄存、吊唁设施设备租赁、墓穴租赁及管理等服务。

4. 从事学历教育的学校提供的教育服务

（1）学历教育，是指受教育者经过国家教育考试或者国家规定的其他入学方式，进入国家有关部门批准的学校或者其他教育机构学习，获得国家承认的学历证书的教育形式。具体包括：

①初等教育：普通小学、成人小学。

②初级中等教育：普通初中、职业初中、成人初中。

③高级中等教育：普通高中、成人高中和中等职业学校（包括普通中专、成人中专、职业高中、技工学校）。

④高等教育：普通本专科、成人本专科、网络本专科、研究生（博士、硕士）、高等教育自学考试、高等教育学历文凭考试。

（2）从事学历教育的学校

具体包括：①普通学校。

②经地（市）级以上人民政府或者同级政府的教育行政部门批准成立、国家承认其学员学历的各类学校。

③经省级及以上人力资源社会保障行政部门批准成立的技工学校、高级技工学校。

④经省级人民政府批准成立的技师学院。

上述学校均包括符合规定的从事学历教育的民办学校，但不包括职业培训机构等国家不承认学历的教育机构。

（3）提供教育服务免征增值税的收入，是指对列入规定招生计划的在籍学生提供学历教育服务取得的收入，具体包括：经有关部门审核批准并按规定标准收取的学费、住宿费、课本费、作业本费、考试报名费收入，以及学校食堂提供餐饮服务取得的伙食费收入。除此之外的收入，包括学校以各种名义收取的赞助费、择校费等，不属于免征增值税的范围。

其中，学校食堂是指依照《学校食堂与学生集体用餐卫生管理规定》（教育部令第 14 号）管理的学校食堂。

5. 纪念馆、美术、宗教、展览等活动

纪念馆、博物馆、文化馆、文物保护单位管理机构、美术馆、展览馆、书画院、图书馆在自己的场所提供文化体育服务取得的第一道门票收入；

寺院、宫观、清真寺和教堂举办文化、宗教活动的门票收入。

6. 2018 年 12 月 31 日前，公共租赁住房经营管理单位出租公共租赁住房

公共租赁住房，是指纳入省、自治区、直辖市、计划单列市人民政府及新疆生产建设兵团批准的公共租赁住房发展规划和年度计划，并按照《关于加快发展公共租赁住房的指导意见》（建保〔2010〕87 号）和市、县人民政府制定的具体管理办法进行管理的公共租赁住房。

7. 纳税人提供的直接或者间接国际货物运输代理服务

纳税人提供直接或者间接国际货物运输代理服务，向委托方收取的全部国际货物运输代理服务收入，以及向国际运输承运人支付的国际运输费用，必须通过金融机构进行结算。

纳税人为大陆与香港、澳门、台湾地区之间的货物运输提供的货物运输代理服务参照国际货物运输代理服务有关规定执行。

委托方索取发票的，纳税人应当就国际货物运输代理服务收入向委托方全额开具增值税普通发票。

注意：货物运输代理服务按照经纪代理税目交税，本身适用差额征税计算方法的，不会全额开具增值税专用发票。有关直接或者间接国际货物运输代理服务如果免税的话，肯定开具不了增值税专用发票。

8. 统借统还业务中符合条件的利息收入免税

统借统还（或统借统贷）业务中，企业集团或企业集团中的核心企业以及集团所属财务公司按不高于支付给金融机构的借款利率水平或者支付的债券票面利率水平，向企业集团或者集团内下属单位收取的利息。

统借方向资金使用单位收取的利息，高于支付给金融机构借款利率水平或者支付的债券票面利率水平的，应全额缴纳增值税。

统借统还业务，是指：

（1）企业集团或者企业集团中的核心企业向金融机构借款或对外发行债券取得资金后，将所借资金分拨给下属单位（包括独立核算单位和非独立核算单位，下同），并向下属单位收取用于归还金融机构或债券购买方本息的业务。

（2）企业集团向金融机构借款或对外发行债券取得资金后，由集团所属财务公司与企业集团或者集团内下属单位签订统借统还贷款合同并分拨资金，并向企业集团或者集团内下属单位收取本息，再转付企业集团，由企业集团统一归还金融机构或债券购买方的业务。

9. 保险公司开办的一年期以上人身保险产品取得的保费收入

一年期以上人身保险，是指保险期间为一年期及以上返还本利的人寿保险、养老年金保险，以及保险期间为一年期及以上的健康保险。

（1）人寿保险，是指以人的寿命为保险标的的人身保险。

（2）养老年金保险，是指以养老保障为目的，以被保险人生存为给付保险金条件，并按约定的时间间隔分期给付生存保险金的人身保险。养老年金保险应当同时符合下列条件：

①保险合同约定给付被保险人生存保险金的年龄不得小于国家规定的退休年龄。

②相邻两次给付的时间间隔不得超过一年。

（3）健康保险，是指以因健康原因导致损失为给付保险金条件的人身保险。

上述免税政策实行备案管理，具体备案管理办法按照《国家税务总局关于一年期以上返还性人身保险产品免征营业税审批事项取消后有关管理问题的公告》（国家税务总局公告2015年第65号）规定执行。

10. 金融同业往来利息收入

金融同业往来利息收入确定为免税收入。主要包括在以下几点：

（1）金融机构与人民银行所发生的资金往来业务。包括人民银行对一般金融机构贷款，以及人民银行对商业银行的再贴现等。

（2）银行联行往来业务。同一银行系统内部不同行、处之间所发生的资金账务往来业务。

（3）金融机构间的资金往来业务。是指经人民银行批准，进入全国银行间同业拆借市场的金融机构之间通过全国统一的同业拆借网络进行的短期（一年以下含一年）无担保资金融通行为。

（4）金融机构之间开展的转贴现业务。金融机构是指：①银行：包括人民银行、商业银行、政策性银行。②信用合作社。③证券公司。④金融租赁公司、证券基金管理公司、财务公司、信托投资公司、证券投资基金。⑤保险公司。⑥其他经人民银行、银监会、证监会、保监会批准成立且经营金融保险业务的机构等。

（5）质押式买入返售金融商品。质押式买入返售金融商品，是指交易双方进行的以债券等金融商品为权利质押的一种短期资金融通业务。

（6）持有政策性金融债券。政策性金融债券，指开发性、政策性金融机构发行的债券。

11. 担保机构从事中小企业信用担保或者再担保业务取得的收入

同时符合下列条件的担保机构从事中小企业信用担保或者再担保业务取得的收入（不含信用评级、咨询、培训等收入）3年内免征增值税：

（1）已取得监管部门颁发的融资性担保机构经营许可证，依法登记注册为企（事）业法人，实收资本超过2 000万元。

(2) 平均年担保费率不超过银行同期贷款基准利率的50%。平均年担保费率=本期担保费收入/（期初担保余额+本期增加担保金额）×100%。

(3) 连续合规经营2年以上，资金主要用于担保业务，具备健全的内部管理制度和为中小企业提供担保的能力，经营业绩突出，对受保项目具有完善的事前评估、事中监控、事后追偿与处置机制。

(4) 为中小企业提供的累计担保贷款额占其两年累计担保业务总额的80%以上，单笔800万元以下的累计担保贷款额占其累计担保业务总额的50%以上。

(5) 对单个受保企业提供的担保余额不超过担保机构实收资本总额的10%，且平均单笔担保责任金额最多不超过3 000万元人民币。

(6) 担保责任余额不低于其净资产的3倍，且代偿率不超过2%。

担保机构免征增值税政策采取备案管理方式。符合条件的担保机构应到所在地县（市）主管税务机关和同级中小企业管理部门履行规定的备案手续，自完成备案手续之日起，享受3年免征增值税政策。3年免税期满后，符合条件的担保机构可按规定程序办理备案手续后继续享受该项政策。

具体备案管理办法按照《国家税务总局关于中小企业信用担保机构免征营业税审批事项取消后有关管理问题的公告》（国家税务总局公告2015年第69号）规定执行，其中税务机关的备案管理部门统一调整为县（市）级国家税务局。

12. 纳税人提供技术转让、技术开发和与之相关的技术咨询、技术服务

(1) 免税范围界定

技术转让、技术开发，是指《销售服务、无形资产、不动产注释》中“转让技术”“研发服务”范围内的业务活动。

技术咨询，是指就特定技术项目提供可行性论证、技术预测、专题技术调查、分析评价报告等业务活动。

与技术转让、技术开发相关的技术咨询、技术服务，是指转让方（或者受托方）根据技术转让或者开发合同的规定，为帮助受让方（或者委托方）掌握所转让（或者委托开发）的技术，而提供的技术咨询、技术服务业务，且这部分技术咨询、技术服务的价款与技术转让或者技术开发的价款应当在同一张发票上开具。

（2）备案程序

试点纳税人申请免征增值税时，须持技术转让、开发的书面合同，到纳税人所在地省级科技主管部门进行认定，并持有关的书面合同和科技主管部门审核意见证明文件报主管税务机关备查。

13. 为了配合国家住房制度改革，企业、行政事业单位按房改成本价、标准价出售住房取得的收入免税

14. 拆迁补偿（区位补偿）免增值税，即土地所有者出让土地使用权和土地使用者将土地使用权归还给土地所有者的行为免税。

15. 转让自然资源使用权免税，即县级以上地方人民政府或自然资源行政主管部门出让、转让或收回自然资源使用权（不含土地使用权）的行为免税。

2.5.2 即征即退增值税优惠的延续

1. 管道运输服务

一般纳税人提供管道运输服务，对其增值税实际税负超过3%的部分实行增值税即征即退政策。

2. 光伏发电增值税即征即退50%

2016年1月1日至2018年12月31日，对纳税人销售自产的利用太阳能生产的电力产品，实行增值税即征即退50%的政策。

3. 有形动产融资租赁服务和有形动产融资性售后回租服务

经人民银行、银监会或者商务部批准从事融资租赁业务的试点纳税人中的一般纳税人，提供有形动产融资租赁服务和有形动产融资性售后回租服务，对其增值税实际税负超过3%的部分实行增值税即征即退政策。

商务部授权的省级商务主管部门和国家经济技术开发区批准的从事融资租赁业务和融资性售后回租业务的试点纳税人中的一般纳税人，2016年5月1日后实收资本达到1.7亿元的，从达到标准的当月起按照上述规定执行；

2016年5月1日后实收资本未达到1.7亿元但注册资本达到1.7亿元的，在2016年7月31日前仍可按照上述规定执行，2016年8月1日后开展的有形动产融资租赁业务和有形动产融资性售后回租业务不得按照上述规定执行。

4. 即征即退政策中“实际税负”的含义

增值税实际税负，是指纳税人当期提供应税服务实际缴纳的增值税额占纳税人当期提供应税服务取得的全部价款和价外费用的比例。

【例2-16】甲公司是经商务部门批准从事融资租赁业务的公司，根据承租人的要求购入一台设备，含税价234万元，进项税额34万元，运杂费、安装费等18.72万元，其中取得进项税额1.7万元。租赁期限24个月，租赁费含税价为280.8万元，每月收取租赁费11.7万元。

解析：

“营改增”后，根据“财税〔2016〕36号文”，甲公司购进设备和支付运杂费等支付的进项税额是一次性抵减的，而租金的销项税额是每次收取时分次计提的，增值税税负也是分期计算的，并非按项目计算。假设不考虑其他业务，甲公司在该设备的租赁前期，并不需要缴纳增值税。

甲公司购进设备和支付运费时一次性抵减销项税额的金额是35.7（34＋1.7）万元，而其每期计提的销项税额为280.8÷（1＋17％）÷24×17％＝240÷24×17％＝1.7万元，直到第21期才正好将可抵减销项税额抵减完毕。

所以，到第22期至24期每期实际缴纳增值税为1.7万元；

税负率为＝1.7÷（240÷24）＝17％；

每期应退增值税＝（240÷24）×（17％－3％）＝1.4万元；

甲公司租赁期内实际缴纳的增值税为（1.7－1.4）×3＝0.9（万元）。

2.5.3 跨境应税行为零税率优惠

1. 适用增值税零税率的情形汇总

根据“财税〔2016〕36号文”政策规定，在中华人民共和国境内的单位和个人，销售服务和无形资产适用增值税零税率的情形汇总见表2-7。

表 2-7　　销售服务和无形资产适用增值税零税率的情形

<table>
<tr><th>大类</th><th>小类</th><th>明细类</th><th>备　注</th></tr>
<tr><td rowspan="15">境内单位和个人（销售服务和无形资产）适用增值税零税率的情形</td><td rowspan="3">国际运输服务</td><td>在境内载运旅客或者货物出境</td><td rowspan="3">下列行为不属于增值税零税率应税服务适用范围：
（1）从境内载运旅客或货物至国内海关特殊监管区域及场所；
（2）从国内海关特殊监管区域及场所载运旅客或货物至国内其他地区或者国内海关特殊监管区域及场所</td></tr>
<tr><td>在境外载运旅客或者货物入境</td></tr>
<tr><td>在境外载运旅客或者货物</td></tr>
<tr><td colspan="2">航天运输服务</td><td>提供航天运输服务的资质要求：
（1）应提供经营范围包括“商业卫星发射服务”的《企业法人营业执照》；
（2）其他具有提供商业卫星发射服务资质的证明材料</td></tr>
<tr><td rowspan="9">向境外单位提供的完全在境外消费的服务</td><td>研发服务</td><td rowspan="10">其中，离岸服务外包业务包括：
（1）信息技术外包服务（ITO）；
（2）技术性业务流程外包服务（BPO）；
（3）技术性知识流程外包服务（KPO）</td></tr>
<tr><td>合同能源管理服务</td></tr>
<tr><td>设计服务</td></tr>
<tr><td>广播影视节目（作品）的制作和发行服务</td></tr>
<tr><td>软件服务</td></tr>
<tr><td>电路设计及测试服务</td></tr>
<tr><td>信息系统服务</td></tr>
<tr><td>业务流程管理服务</td></tr>
<tr><td>离岸服务外包业务</td></tr>
<tr><td></td><td>转让技术</td></tr>
<tr><td colspan="3">财政部和国家税务总局规定的其他服务</td></tr>
</table>

2. 国际运输服务如何办理免税申请

提供国际运输服务、港澳台运输服务的，需填报《增值税零税率应税服务（国际运输或港澳台运输）免抵退税申报明细表》，并提供下列原始凭证的原件及复印件：

(1) 以水路运输、航空运输、公路运输方式的，提供增值税零税率应税服务的载货、载客舱单或其他能够反映收入原始构成的单据凭证。以航空运输方式且国际运输和港澳台运输各航段由多个承运人承运的，还需提供《航空国际运输收入清算账单申报明细表》。

(2) 以铁路运输方式的，客运的提供增值税零税率应税服务的国际客运联运票据、铁路合作组织清算函件及《铁路国际客运收入清算函件申报明细表》；货运的提供铁路进款资金清算机构出具的《国际铁路货运进款清算通知单》，启运地的铁路运输企业还应提供国际铁路联运运单以及“发站”或“到站（局)”名称包含“境”字的货票；

(3) 采用程租、期租、湿租服务方式租赁交通运输工具从事国际运输服务和港澳台运输服务的，还应提供程租、期租、湿租的合同或协议复印件。向境外单位和个人提供期租、湿租服务，按规定由出租方申报退（免）税的，可不提供第（1）项原始凭证。

上述（1)、(2）项原始凭证（不包括《航空国际运输收入清算账单申报明细表》和《铁路国际客运收入清算函件申报明细表》)，经主管税务机关批准，增值税零税率应税服务提供者可只提供电子数据，原始凭证留存备查。

3. 国际运输服务增值税零税率的适用对象

按照国家有关规定应取得相关资质的国际运输服务项目，纳税人取得相关资质的，适用增值税零税率政策，否则未取得的，适用增值税免税政策。

(1) 境内的单位或个人提供程租服务，如果租赁的交通工具用于国际运输服务和港澳台运输服务，由出租方按规定申请适用增值税零税率。

(2) 境内的单位和个人向境内单位或个人提供期租、湿租服务，如果承租方利用租赁的交通工具向其他单位或个人提供国际运输服务和港澳台运输服务，由承租方适用增值税零税率。

(3) 境内的单位或个人向境外单位或个人提供期租、湿租服务，由出租方适用增值税零税率。

(4) 境内单位和个人以无运输工具承运方式提供的国际运输服务，由境内实际承运人适用增值税零税率；无运输工具承运业务的经营者适用增值税免税政策。

4. 如何办理航天运输服务免税申请

提供航天运输服务的，需填报《增值税零税率应税服务（航天运输）免抵退税申报明细表》，并提供下列资料及原始凭证的原件及复印件：

（1）签订的提供航天运输服务的合同。

（2）从与之签订航天运输服务合同的单位取得收入的收款凭证。

（3）《提供航天运输服务收讫营业款明细清单》。

5. 增值税零税率优惠的放弃

境内的单位和个人销售适用增值税零税率的服务或无形资产的，可以放弃适用增值税零税率，选择免税或按规定缴纳增值税。放弃适用增值税零税率后，36 个月内不得再申请适用增值税零税率。

6. 增值税零税率业务计税方式与申报

境内的单位和个人提供适用增值税零税率的服务或者无形资产，如果属于适用简易计税方法的，实行免征增值税办法。

如果属于适用增值税一般计税方法的，生产企业实行免抵退税办法，外贸企业外购服务或者无形资产出口实行免退税办法，外贸企业直接将服务或自行研发的无形资产出口，视同生产企业连同其出口货物统一实行免抵退税办法。

服务和无形资产的退税率为其按照“财税〔2016〕36 号文”附件 1 第十五条第（一）至（三）项规定适用的增值税税率。实行退（免）税办法的服务和无形资产，如果主管税务机关认定出口价格偏高的，有权按照核定的出口价格计算退（免）税，核定的出口价格低于外贸企业购进价格的，低于部分对应的进项税额不予退税，转入成本。

境内的单位和个人销售适用增值税零税率的服务或无形资产，按月向主管退税的税务机关申报办理增值税退（免）税手续。

7. 何为“完全在境外消费”

“向境外单位提供的完全在境外消费的服务”中的“完全在境外消费”，是指：

（1）服务的实际接受方在境外，且与境内的货物和不动产无关。

（2）无形资产完全在境外使用，且与境内的货物和不动产无关。

（3）财政部和国家税务总局规定的其他情形。

比如，境内甲设计公司与英国乙公司签订设计服务合同，丙公司是我国境内的英国乙公司的控股子公司，如果甲公司是为在英国的乙公司提供的设计服务，则属于完全在境外消费；如果甲公司是为在我国境内的丙公司提供设计服务的，则该服务不属于完全在境外消费的咨询服务。

THE
THIRD
CHAPTER

第3章 全面“营改增”税务会计核算技巧

“营改增”会计核算主要围绕“应交税费”明细科目进行。其他税种一般只设一个二级科目，但是增值税比较特殊，设置了六个二级科目（应交增值税、预交增值税、未交增值税、待抵扣进项税额、增值税检查调整、增值税留抵税额），还设置有三级科目以及根据实际业务需要增加的明细科目。本章以“应交税费”二级科目为主线，分别讲解每一科目在全面“营改增”后如何进行会计处理，并给出大量案例分析，提示会计核算技巧。

3.1 增值税科目设置

1. 增值税会计科目设置明细

2016年12月3日，财政部发布了《财政部关于印发〈增值税会计处理规定〉的通知》(财会〔2016〕22号)。该文件对企业涉及增值税业务的会计处理进行了规范，适用于全面“营改增”后的所有企业。根据财会〔2016〕22号文件规定，一般纳税人企业增值税相关会计科目设置，见表3-1。

表3-1　一般企业增值税基本会计科目设置明细表

科目代码	一级科目	二级科目	三级科目
2221	应交税费		
222101	应交税费	应交增值税	
22210101	应交税费	应交增值税	进项税额
22210102	应交税费	应交增值税	已交税金
22210103	应交税费	应交增值税	减免税款
22210104	应交税费	应交增值税	转出未交增值税
22210105	应交税费	应交增值税	销项税额抵减
22210106	应交税费	应交增值税	出口抵减内销产品应纳税额
22210107	应交税费	应交增值税	销项税额
22210108	应交税费	应交增值税	进项税额转出
22210109	应交税费	应交增值税	出口退税
22210110	应交税费	应交增值税	转出多交增值税
222102	应交税费	预交增值税	
222103	应交税费	待抵扣进项税额	

续上表

科目代码	一级科目	二级科目	三级科目
222104	应交税费	待认证进项税额	
222105	应交税费	待转销项税额	
222106	应交税费	简易计税	
222107	应交税费	转让金融商品应缴增值税	
222108	应交税费	代扣代交增值税	
222109	应交税费	未交增值税	
2221010	应交税费	增值税留抵税额	
2221011	应交税费	增值税检查调整	

注意：如果是集团企业或房地产、建筑等法人组织机构众多，纳税申报较为复杂的，可以采取总分机构汇总纳税的方式。汇总纳税的具体科目设置会更加烦琐，在应交税费科目下可能要设立更多符合企业业务需要的二级或三级科目，也可以通过“往来科目”记录总部机构及分支机构的增值税汇缴或清算。

小规模纳税人只需在“应交税费”科目下设置“应交增值税”明细科目，不需要设置上述专栏及除“转让金融商品应交增值税”“代扣代交增值税”外的明细科目。

2. 增值税借贷方科目专栏

增值税会计核算有一个典型的特征，就是一些会计科目分专栏核算，借方专栏永远只能在借方，不放到贷方核算；贷方专栏只能在贷方，不能放到借方专栏核算。遇到退货、退回或其他情况，所购货物应冲销调账的，用红字登记。具体借方、贷方专栏见表 3-2。

表 3-2　　增值税科目专栏明细表

增值税借方科目专栏		增值税贷方科目专栏	
1	进项税额	1	销项税额
2	已交税金	2	出口退税
3	减免税款	3	进项税额转出
4	出口抵减内销产品应纳税额	4	转出多交增值税
5	销项税额抵减		
6	转出未交增值税		

3.2 增值税科目释义

1. 应交税费二级科目释义（见表3-3）

表3-3 应交税费二级科目释义

科目编码	科目名称	科目释义
222101	应交税费——应交增值税	（1）反映一般纳税人和小规模纳税人销售货物、服务或者提供劳务活动等本期应缴纳的增值税。 （2）应交增值税＝销项税额－（进项税额－进项税额转出）－出口抵减内销产品应纳税额－减免税款－预缴增值税＋出口退税
222102	应交税费——预交增值税	（1）“预交增值税”明细科目，核算一般纳税人转让不动产、提供不动产经营租赁服务、提供建筑服务、采用预收款方式销售自行开发的房地产项目等，按现行增值税制度规定应预缴的增值税额。 （2）企业预交增值税，借记“应交税费——预交增值税”科目，贷记“银行存款”科目。月末，企业应将“预交增值税”明细科目余额转入“未交增值税”明细科目，借记“应交税费——未交增值税”科目，贷记“应交税费——预交增值税”科目
222103	应交税费——待抵扣进项税额	（1）反映企业已经获取、尚未抵扣的部分增值进项税额。 （2）适用情形包括： ①辅导期内一般纳税人核算尚未交叉稽核比对的专用发票（国税发〔2010〕40号）； ②海关进口增值税专用缴款书实行“先比对后抵扣”办法，纳税人用于核算已申请稽核但尚未取得稽核相符结果的海关缴款书进项税额（国家税务总局 海关总署2013年第31号公告）； ③全面“营改增”后分期抵扣的情形下，递延抵扣的40%部分进项税额（国家税务总局2016年第15号公告）； ④一般纳税人期末已认证相符但未申报抵扣的增值税专用发票

续上表

科目编码	科目名称	科目释义
222104	待认证进项税额	(1) 该科目核算采购等业务进项税额不得抵扣的情形。 (2) 一般纳税人购进货物、加工修理修配劳务、服务、无形资产或不动产，用于简易计税方法计税项目、免征增值税项目、集体福利或个人消费等，其进项税额按照现行增值税制度规定不得从销项税额中抵扣的，取得增值税专用发票时，应借记相关成本费用或资产科目，借记“应交税费——待认证进项税额”科目，贷记“银行存款”“应付账款”等科目。 (3) 认证后，借记相关成本费用或资产科目，贷记“应交税费——应交增值税（进项税额转出）”科目。 (4) 注意：由于中间环节没有计入“应交税费——应交增值税（进项税额）”，也没有冲减“应交税费——待认证进项税额”科目。所以，如果待认证时间跨度较大，则账务处理的关联不容易明白，建议过渡一下“应交税费——应交增值税（进项税额）”
222105	待转销项税额	(1) 该科目核算一般纳税人销售货物、加工修理修配劳务、服务、无形资产或不动产，已确认相关收入（或利得）但尚未发生增值税纳税义务而需于以后期间确认为销项税额的增值税额。即应将相关收入的销项税额计入“应交税费——待转销项税额”科目，待实际发生纳税义务时再转入“应交税费——应交增值税（销项税额）”或“应交税费——简易计税”科目。 (2) 该科目适用于会计上确认收入但不满足增值税纳税义务发生时间的情况。比如，一般纳税人销售货物，已经发出货物且其他条件均符合收入确认条件，但是尚未开具发票，未收到款项，同时也未达到合同规定的付款时间，此时应在会计上确认收入，但在增值税上不需确认增值税。另外，建安企业延期的质保金、持有至到期投资利息收入等也属于这种情况
222106	简易计税	(1) 核算一般纳税人采用简易计税方法发生的增值税计提、扣减、预缴、缴纳等业务。 (2) 注意以下几点： ①该科目是一般纳税人在发生简易计税方法时适用。 ②一般纳税人发生销售房地产、建筑服务等老项目时，预缴、扣减、缴纳不再通过“应交税费——预交增值税”“应交税费——应交增值税（销项税额抵减）”“应交税费——已交税金”等明细科目。 ③该科目是从“应交税费——未交增值税”职能中分离出来，用于涉及简易计税业务情形的专门科目

续上表

科目编码	科目名称	科目释义
222107	转让金融商品应交增值税	（1）该科目核算增值税纳税人转让金融商品发生的增值税额。 （2）具体按照如下方法核算： ①实际转让月末，如产生转让收益，则按应纳税额借记“投资收益”等科目，贷记“应交税费——转让金融商品应交增值税”科目；贷方余额时，建议转入“应交税费——应交增值税（销项税额）”，与当月进项税额进行抵减，余额进行纳税申报。 ②实际转让月末，如产生转让损失，则按可结转下月抵扣税额，借记“应交税费——转让金融商品应交增值税”科目，贷记“投资收益”等科目。 ③交纳增值税时，应借记“应交税费——转让金融商品应交增值税”科目，贷记“银行存款”科目。 ④年末，本科目如有借方余额，则借记“投资收益”等科目，贷记“应交税费——转让金融商品应交增值税”科目
222108	代扣代交增值税	（1）境外单位或者个人在境内发生应税行为，在境内未设有经营机构的，以购买方为增值税扣缴义务人，扣缴义务人对于代扣代缴的增值税应该通过此科目核算。 （2）境内一般纳税人购进服务、无形资产或不动产，按应计入相关成本费用或资产的金额，按照如下方法核算： ①借记“生产成本”“无形资产”“固定资产”“管理费用”等科目，按可抵扣的增值税额，借记“应交税费——进项税额”科目。 ②按应付或实际支付的金额，贷记“应付账款”等科目。 ③按应代扣代缴的增值税额，贷记“应交税费——代扣代交增值税”科目。 ④实际缴纳代扣代缴增值税时，按代扣代缴的增值税额，借记“应交税费——代扣代交增值税”科目，贷记“银行存款”科目
222109	应交税费——未交增值税	（1）该科目专门用来核算未缴或多缴增值税的，平时无发生额。 （2）月末结账时，当“应交税费——应交增值税”为贷方余额时，为应缴增值税，应将其贷方余额转入该科目的贷方，反映企业未缴的增值税；当“应交税费——应交增值税”为多交增值税时，应将其多缴的增值税转入该科目的借方，反映企业多缴的增值税。 （3）企业用进项留底税额递减增值税欠税时可使用

续上表

科目编码	科目名称	科目释义
2221010	应交税费——增值税留抵税额	（1）开始试点当月月初的增值税留抵税额，按照“营改增”有关规定，不得从应税服务的销项税额中抵扣的，应在“应交税费”科目下增设“增值税留抵税额”明细科目。 （2）在开始试点当月月初，企业应按不得从应税服务的销项税额中抵扣的增值税留抵税额，借记“应交税费——增值税留抵税额”科目，贷记“应交税费——应交增值税（进项税额转出）”科目；待以后期间允许抵扣时，按允许抵扣的金额，借记“应交税费——应交增值税（进项税额）”科目，贷记“应交税费——增值税留抵税额”科目。 （3）“应交税费——增值税留抵税额”科目余额应根据其流动性在资产负债表中的“其他流动资产”项目列示。 （4）全面“营改增”过渡期后，该科目基本不再使用
2221011	应交税费——增值税检查调整	（1）该科目属于调整类专门账户，主要核算在税务稽查当中涉及的应交税费等有关账户的调整金额。 （2）凡检查后应调减账面进项税额或调增销项税额和进项税额转出的数额，借记有关科目，贷记本科目；凡检查后应调增账面进项税额或调减销项税额和进项税额转出的数额，借记本科目，贷记有关科目；全部调账事宜入账后，应结出本账户的余额，并对该项余额进行处理

2. 应交税费三级科目释义（见表3-4）

表3-4　　应交税费三级科目释义

科目编码	科目名称	科目释义
22210101	应交税费——应交增值税（进项税额）	（1）反映企业购入货物或接受应税劳务而支付的、准予从销项税额中抵扣的增值税额。 （2）企业购入货物或接受应税劳务支付的进项税额，用蓝字登记；退回所购货物应冲销的进项税额，用红字登记
22210102	已交税金	（1）反映企业已缴纳的增值税额。 （2）企业已缴纳的增值税额用蓝字登记；退回多缴的增值税额用红字登记
22210103	应交税费——应交增值税（减免税款）	（1）反映根据税法规定纳税人取得的减、免的增值税额。 （2）对于直接减免的增值税，借记“应交税费——应交增值税（减免税款）”科目，贷记“营业外收入”科目

续上表

科目编码	科目名称	科目释义
22210104	转出未交增值税	（1）该科目专门用来核算未缴或多缴增值税的，平时无发生额，月末结账时，当“应交税费——应交增值税”为贷方余额时，为应交增值税，应将其贷方余额转入该科目的贷方，反映企业未交的增值税。 （2）当“应交税费——应交增值税”为多交增值税时，应将其多交的增值税转入该科目的借方，反映企业多交的增值税
22210105	应交税费——应交增值税（销项税额抵减）	（1）一般纳税人在试点期间，“销项税额抵减”专栏，记录一般纳税人按照现行增值税制度规定因扣减销售额而减少的销项税额。 （2）按现行增值税制度规定企业发生相关成本费用允许扣减销售额的，应当按减少的销项税额，借记“应交税费——应交增值税（销项税额抵减）”科目（小规模纳税人应借记“应交税费——应交增值税”科目），按应付或实际支付的金额与上述增值税额的差额，借记“主营业务成本”等科目，按应付或实际支付的金额，贷记“应付账款”“应付票据”“银行存款”等科目
22210106	应交税费——应交增值税（出口抵减内销产品应纳税额）	（1）指生产企业出口自产货物所耗用的原材料、零部件、燃料、动力等所含应予退还的进项税额，抵顶内销货物的应纳税额。 （2）企业按照规定的退税率计算的出口货物的进项税抵减内销产品的应纳税额，借记“应交税费——应交增值税（出口抵减内销产品应纳税额）”科目，贷记“应交税费——应交增值税（出口退税）”科目
22210107	应交税费——应交增值税（销项税额）	（1）企业销售货物或提供应税劳务应收取的增值税额。 （2）企业销售货物或提供应税劳务应收取的销项税额，用蓝字登记；退回销售货物应冲销的销项税额，用红字登记
22210108	应交税费——应交增值税（进项税额转出）	（1）反映企业的购进货物、在产品、产成品等发生非正常损失以及其他原因而不应从销项税额中抵扣的进项税额。 （2）按规定转出的进项税额其抵扣的进项税额应通过“应交税费——应交增值税（进项税额转出）”科目转入有关科目

续上表

科目编码	科目名称	科目释义
22210109	应交税费——应交增值税（出口退税）	（1）企业出口适用零税率的货物，向海关办理报关出口手续后，凭出口报关单等有关凭证，向税务机关申报办理出口退税而收到的退回的税款。 （2）出口货物退回的增值税额，用蓝字登记；进口货物办理退税后发生退货或者退关而补缴已退的税款，用红字登记
22210110	应交税费——应交增值税（转出多交增值税）	（1）反映企业月度终了转出多交的增值税。 （2）月份终了，企业应将本月多交的增值税自“应交税费—应交增值税”科目转入“未交增值税”明细科目，借记“应交税费——未交增值税”，贷记“应交税费——应交增值税（转出多交增值税）”

3.3 增值税普通业务会计处理

1. 销售货物、服务或提供劳务

企业销售货物、服务或提供应税劳务（包括视同销售的情况），按照实现的销售收入和按规定收取的增值税额，借记“应收账款”“应收票据”“银行存款”“应付利润”“预收账款”等科目；按照规定收取的增值税额，贷记“应交税费——应交增值税（销项税额）”科目；按实现的销售收入，贷记“主营业务收入”“其他业务收入”“固定资产清理”等科目。无论是给对方开具增值税专用发票、增值税普通发票，还是不开发票，科目举例如下：

借：银行存款

　　贷：主营业务收入/其他业务收入

　　　　应交税费——应交增值税（销项税额）

【例 3-1】一般纳税人企业甲 2016 年 8 月销售自产商品 100 件，每件不含税收入 340 元，每件成本是 160 元；同时，代检测单位收取商品检验费 800 元、包装物租金 1 000 元；甲企业使用自有专用运输工具运输该批商品并取得运费 500 元，与商品收入分开核算。8 月，甲企业该商品销售业务的会计处理如下：

借：银行存款　　　　　　　　　　　　36 300

贷：主营业务收入

29 487.18 [(340×100+500) ÷ (1+17%)]

其他业务收入　　8 54. 7 [1 000÷ (1+17%)]

其他应付款　　800

应交税费——应交增值税（销项税额）　　5 158.12

借：主营业务成本　　16 000

贷：库存商品　　16 000

注意：

（1）针对本题而言，代收的检测费，不计入收入；包装物租金是价外费用，应计入收入总额，按照销售商品缴纳增值税；销售商品的运输，与销售商品具有从属性质，属于混合销售的情况，又因为甲企业是从事商品生产的企业，按照“营改增”“财税〔2016〕36号文”规定，则500元的运费应该按照销售商品缴纳增值税。

（2）本题是以销售商品为例，也可以是提供现代服务业、生活性服务业、销售不动产、无形资产等取得收入的情形。

（3）如果发生销售退回，则作相反的会计分录，应交税费——应交增值税（销项税额）则用红字登记。

【例3-2】一般纳税人企业甲2016年9月向当地福利院无偿捐赠一批商品，该批商品生产成本为150万元，商品市场售价为468万元。则甲企业9月份该业务的会计处理为：

借：营业外支出　　218

贷：库存商品　　150

应交税费——应交增值税（销项税额）

68 [468÷1.17×17%]

2. 购进货物、服务或提供劳务

（1）一般购进业务进项税额处理

企业在国内采购的货物，按照专用发票上注明的增值税额，借记“应交税费——应交增值税（进项税额）”科目；基本账务处理一般为借记“材料采购”“原材料”“制造费用”“管理费用”“固定资产”“商品采购”“其他业务支出”等科目；按照应付或实际支付的金额，贷记“应付账款”“应付票据”“银行存款”“实收资本”“营业外收入”等科目。进项税额的取得是以取得增值税抵扣凭证或者能够按照规定计算抵扣为前提的，科目举例如下：

借：库存商品等

　　应交税费——应交增值税（进项税额）

　　贷：银行存款

【例 3-3】一般纳税人乙企业 2016 年 9 月购买办公电脑，取得增值税专用发票注明金额为 3 000 元。另外为企业管理人员制作工服，支付 2 000 元制作费，取得增值税普通发票，则乙企业 9 月会计处理为：

借：固定资产　　3 000

　　管理费用　　2 000

　　应交税费——应交增值税（进项税额）　　510

　　贷：银行存款　　5 510

【例 3-4】2016 年 6 月 1 日，长江公司应收黄河公司账款的账面余额为 1 300万元，已计提坏账准备 200 万元。由于黄河公司发生财务困难，长江公司与黄河公司达成债务重组协议，同意黄河公司以银行存款 200 万元、B 产品一批抵偿全部债务。长江公司取得 B 产品作为库存商品管理，并取得增值税专用发票。B 产品账面成本为 500 万元，已计提存货跌价准备 100 万元，计税价格为 500 万元；则长江公司的账务处理为：

借：银行存款　　200

　　库存商品——B 产品　　500

　　应交税费——应交增值税（进项税额）　　85

　　坏账准备　　200

　　营业外支出——债务重组损失　　315

　　贷：应收账款——黄河公司　　1 300

注意：

①针对本题而言，债务重组的抵债行为，牵涉商品、材料、机器设备及其他权益性资产时，税务和会计上均视同销售，进项税额的确认还是要取得增值税专用发票或其他抵扣凭证。

②本题是以债务重组为例，也可以是取得现代服务业、生活性服务业、销售不动产、无形资产等“营改增”“财税〔2016〕36 号文”规定可以抵扣进项税额的情形。

③如果发生退货，则作相反的会计分录，应交税费——应交增值税（进

项税额）则用红字登记。比如，将原购进的不含税价为3 000元、增值税额为510元的原材料退回销售方。则会计处理为：

借：银行存款　　3 510

　　应交税费——应交增值税（进项税额）　　510

　　贷：原材料　　3 000

（2）用进项留抵税额抵减增值税欠税的问题

对纳税人因销项税额小于进项税额而产生期末留抵税额的，应以期末留抵税额抵减增值税欠税。

按增值税欠税税额与期末留抵税额中较小的数字，红字借记“应交税费——应交增值税（进项税额）”科目，贷记“应交税费——未交增值税”科目。

【例3-5】某企业2017年2月在税务稽查中应补增值税15万元欠税未补，若2017年2月期末留抵税额10万元，3月末留抵税额8万元，则2月和3月末用留抵税额抵减欠税的账务处理如下：

①2月账务处理如下：

借：应交税费——应交增值税（进项税额）　　100 000

　　贷：应交税费——未交增值税　　100 000

②3月账务处理如下：

借：应交税费——应交增值税（进项税额）　　50 000

　　贷：应交税费——未交增值税　　50 000

注意：对纳税人因销项税额小于进项税额而产生期末留抵税额的，应以期末留抵税额抵减增值税欠税。

3. 缴纳增值税时

（1）应交税费——应交增值税（已交税金）

①当月缴纳当月增值税时。在新的准则体系下，在缴纳时也不再区分是本期还是上期的增值税，都可以在“应交税费——应交增值税（已交税金）”科目中核算。

借：应交税费——应交增值税（已交税金）

　　贷：银行存款

企业收到退回多缴的增值税，做相反的会计分录。

实务中，一般纳税人大多采用“应交税费——未交增值税”方法处理，企业可以根据自己企业规模、业务性质、增值税核算体系以及申报纳税期限要求等具体情况来决定是否适用该种核算方式。

②多交的增值税递交当月增值税时。增值税会计实务中，如果出现当期因代开增值税专用发票或其他原因预交增值税或者多交的增值税退回并抵交以后月份应交增值税等情况时，一般使用该科目。

借：应交税费——应交增值税（已交税金）

　　贷：应交税费——未交增值税

【例 3-6】丙企业 12 月 15 日缴纳 12 月 1～10 日应该缴纳的增值税 10 万元，企业的会计处理为：

借：应交税费——应交增值税（已交税金）　　100 000

　　贷：银行存款　　100 000

（2）应交税费——未交增值税

目前的增值税会计实务中，根据增值税纳税申报期限要求，当月计算，次月入库的账务处理大多采用这种核算方法：

增值税分为两部分，一部分为应交增值税；另一部分为未交增值税。月末要将未交或多交的增值税转入未交增值税中。

①若当月应交税费——应交增值税贷方余额时。

a. 本月末结转计提的税金：

借：应交税费——应交增值税（转出未交增值税）

　　贷：应交税费——未交增值税

b. 次月在征期内缴纳增值税：

借：应交税费——未交增值税

　　贷：银行存款

②若当月因为多交增值税出现应交税费——应交增值税贷方余额时。

借：应交税费——未交增值税

　　贷：应交税费——应交增值税（转出多交增值税）

【例 3-7】甲公司为增值税一般纳税企业，适用的增值税税率为 17%，材料采用实际成本进行日常核算。2016 年 6 月 30 日，该公司“应交税费——应交增值税”科目借方余额为 6 万元，该借方余额均可用下月的销项税额抵扣。7 月份发生如下涉及增值税的经济业务：

（1）购买原材料一批，增值税专用发票上注明价款为 120 万元，增值税额为20.4万元，以银行存款支付。该原材料已验收入库。

（2）用原材料对外投资，该批原材料的成本为40万元，双方协议作价为60万元。

（3）销售产品一批，销售价格为100万元（不含增值税额），实际成本为80万元，提货单和增值税专用发票已交购货方，货款尚未收到。

（4）购进经营性租赁设备（增值税税率为17%）满足返利条件，从销售方取得返利30万元。

（5）签订设备经营性租赁合同，合同规定设备租赁期为一年，租赁费为234万元，租赁费分三次收取，即合同签订当月预收10%，设备交付并安装调试完成当月收取40%，余款于设备交付后第六个月收取。当月开具收据收取设备租赁费23.4万元。

（6）用银行存款缴纳本月增值税5万元。

（7）月末将本月应交未交增值税转入未交增值税明细科目。

解析：

编制相关的会计分录。

①购入原材料

借：库存商品　　1 200 000

　　应交税费——应交增值税（进项税额）　　204 000

　　贷：应付票据　　1 404 000

②以原材料投资入股

借：长期股权投资　　702 000

　　贷：其他业务收入　　600 000

　　　　应交税费——应交增值税（销项税额）　　102 000

借：其他业务成本　　400 000

　　贷：库存商品　　400 000

③销售商品

借：应收账款　　1 170 000

　　贷：主营业务收入　　1 000 000

　　　　应交税费——应交增值税（销项税额）　　170 000

借：主营业务成本　　800 000

　　贷：库存商品　　800 000

④销售返利的处理

借：银行存款　　300 000

　　贷：固定资产　　256 400

　　　　应交税费——应交增值税（进项税额转出）　　43 600

注：从销售方获得销售返利，应作为进项税额的扣减处理：30÷（1+17%）×17%=4.36万元。

⑤租赁预收款

借：银行存款　　234 000

　　贷：预收账款　　200 000

　　　　应交税费——应交增值税（销项税额）　　34 000

⑥当月缴本月增值税税款

借：应交税费——应交增值税（已交税金）　　50 000

　　贷：银行存款　　50 000

⑦月末转出未交增值税

借：应交税费——应交增值税（转出未交增值税）　　35 600

　　贷：应交税费——未交增值税　　35 600

⑧计算销项税额、应交增值税额和应交未交的增值税额：

7月份发生的销项税额=10.2+17+3.4=30.6（万元）

7月份应交增值税额=销项税额+进项税额转出-进项税额-上期留抵税额=30.6+4.36-20.4-6=8.56（万元）

7月份应交未交的增值税额=8.56-5=3.56（万元）

甲公司8月缴纳7月增值税：

借：应交税费——未交增值税　　35 600

　　贷：银行存款　　35 600

4. 小规模纳税人增值税业务处理

（1）普通业务处理

小规模纳税人销售货物或者提供应税劳务和应税服务适用简易计税方法计税。按照销售额和增值税征收率计算的增值税额，不得抵扣进项税额。小规模纳税人按应收或实际收到的价税合计，借记“应收账款”“应收票据”“银行存款”等账户；按照规定征收率收取的增值税额，贷记“应交税费——应交增值税”账户；按实现的销售收入，贷记“主营业务收入”“其他业务收人”等账户。

小规模纳税人“应交税费——应交增值税”科目的借方发生额，反映已缴的增值税税额，贷方发生额反映应交增值税税额；期末借方余额，反映多缴的增值税税额；期末贷方余额反映尚未缴纳的增值税税额。

【例 3-8】某建筑施工企业系增值税小规模纳税人，2016 年 10 月，取得施工收入 300 万元，其中 100 万元开具了增值税普通发票，103 万元按照对方企业要求，去税务机关代开增值税专用发票，代开发票的同时缴纳增值税 3 万元，剩余收入未开具发票。

①代开发票缴纳增值税。

借：应交税费——应交增值税　　30 000

　　贷：银行存款　　30 000

②10 月份该企业应纳增值税额＝300÷（1＋3％）×3％＝8.74 万元。

借：银行存款　　3 000 000

　　贷：主营业务收入　　2 912 600

　　　　应交税费——应交增值税　　87 400

（2）小规模企业的增值税免税处理

按照《财政部 国家税务总局关于继续执行小微企业增值税和营业税政策的通知》（财税〔2015〕96 号）以及《财政部 国家税务总局关于进一步支持小微企业增值税和营业税政策的通知》（财税〔2014〕71 号）规定要求，对月销售额 2 万元（含本数，下同）至 3 万元的增值税小规模纳税人，免征增值税。增值税小规模纳税人在取得销售收入时，应当按照税法的规定计算应交增值税，并确认为应交税费，在达到本通知规定的免征增值税条件时，将有关应交增值税转入当期营业外收入则会计处理如下：

①当月取得收入时。

借：银行存款

　　贷：主营业务收入

　　　　应交税费——应交增值税

②月底确认是否适用免征增值税。

借：应交税费——应交增值税

　　贷：营业外收入——补贴收入

【例 3-9】某婚介公司（增值税小规模纳税人）2016 年 8 月 10 日取得设计

收入 8 000 元，26 日取得设计收入 12 000 元，均含税。本月无其他收入，则会计处理如下：

①8 月 10 日取得收入时。

借：银行存款　　8 000

　　贷：主营业务收入［8 000÷（1＋3%）］　　7 766.99

　　　　应交税费——应交增值税　　233.01

②8 月 26 日取得收入时。

借：银行存款　　12 000

　　贷：主营业务收入［12 000÷（1＋3%）］　　11 650.49

　　　　应交税费——应交增值税　　349.51

③月底确认免征增值税收入时。

借：应交税费——应交增值税　　582.52

　　贷：营业外收入——补贴收入　　582.52

3.4 增值税特殊业务的会计处理

1. 购进免税农业产品

企业购进免税农业产品，按购入农业产品的买价和规定的扣除率计算的进项税额，借记“应交税费——应交增值税（进项税额）”科目；按买价扣除按规定计算的进项税额后的数额，借记“材料采购”“原材料”等科目；按应付或实际支付的价款，贷记“应付账款” “银行存款”等科目。科目举例如下：

借：原材料

　　应交税费——应交增值税（进项税额）

　　贷：银行存款

【例 3-10】黄河面粉厂（增值税一般纳税人）从农民手中收购一批免税农产品（小麦）作原材料，收购凭证上注明的收购价格为 10 000 元。货物已验收入库，款项已支付。该企业原材料成本的核算采用实际成本法。其会计分录为：

借：原材料　　8 700

　　应交税费——应交增值税（进项税额）　　1 300

贷：银行存款　　10 000

注意：由于农产品免缴增值税，纳税人在不能取得增值税专用发票的情况下，可按收购凭证上注明的收购价格依13%的抵扣率计算进项税额，即进项税额＝10 000×13%＝1 300元。

2. 不得抵扣情况的处理

企业购进的货物、在产品、产成品发生非正常损失，以及购进货物改变用途等原因，其进项税额，应相应转入有关科目，借记“待处理财产损溢”“在建工程”“应付福利费”等科目，贷记“应交税费——应交增值税（进项税额转出）”科目。属于转作待处理财产损失的部分，应与遭受非正常损失的购进货物、在产品、产成品成本一并处理。

企业日常工作中经常需要进行进项税额转出的情况包括：将购买的物资或接受的劳务用于在建工程；将购买的物资或接受的劳务用于集体福利或个人消费；将购买的物资或接受的劳务用于其他非应税项目；因企业管理不善造成存货盘亏时其进项税额不予抵扣；购进或改变用途后不属于生产用动产设备的固定资产；购进或改变用途后不属于生产、经营、管理用的相关不动产、无形资产、其他全面“营改增”后的销售服务及劳务等。会计处理举例如下：

借：在建工程

　　应付职工薪酬

　　待处理财产损溢

　　存货跌价准备

　　贷：库存商品（按账面成本结转）

　　　　或原材料等

　　　　应交税费——应交增值税（进项税额转出）

【例3-11】甲企业（增值税一般纳税人）9月份购入生产用货物一批，进项税额已经抵扣，10月，经营性租赁设备安装过程中领用6 000元，职工福利部门领用20 000元，另外，因管理不善发生被盗15 000元，则甲企业10月份的会计处理如下：

借：固定资产　　6 000

　　待处理财产损溢——待处理流动资产损失　　17 550

　　应付职工薪酬——应付职工福利费　　23 400

贷：库存商品　　　　　　　　　　　　　　　41 000

应交税费——应交增值税（进项税额转出）　　5 950

注意：已经抵扣进项税额的购进货物，用于职工福利的，要做转出处理。无法确定进项税额的，按照当期实际成本计算应扣减的进项税额，因此应当转出的进项税额为35 000×17%=5 950元。

3. 简易计税方法的会计处理

自《财政部关于增值税会计处理的规定》（财会〔1993〕83号）发布开始，财政部就增值税一般纳税人适用一般计税方法和小规模纳税企业适用简易计税方法的会计处理作出了相应规定。根据“财会〔2016〕22号”最新规定，一般纳税人采用简易计税方法发生的增值税计提、扣减、预缴、缴纳等业务的核算使用“应交税费——简易计税”，比如不动产转让的老项目、“甲供工程”“清包工”以及不动产租赁老项目等。具体核算如下：

（1）计提、预缴等时。

借：银行存款/应收账款

贷：收入、固定资产清理等科目

应交税费——简易计税

（2）缴纳时。

借：应交税费——简易计税

贷：银行存款

实务中，结合目前的税款核算与纳税申报表的填报，一般纳税人简易征收产生的税额不进入企业正常进项税额、销项税额的核算体系，即便是当月出现进项税留抵，简易征收产生的税额还是要交的。

【例3-12】2016年5月，北京市某企业（增值税一般纳税人）转让一台自己使用过的机床，该固定资产原值为80 000元，已提折旧7 000元，支付清理费用2 000元，取得转让收入，同时开具增值税普通发票票面含税金额70 000元。会计分录：

①核销资产。

借：固定资产清理　　　　　　　　　　73 000

累计折旧　　　　　　　　　　　　7 000

贷：固定资产　　　　　　　　　　　　80 000

②支付清理费用。

借：固定资产清理　　　　　　　　　　　　　　　　2 000

　　贷：银行存款　　　　　　　　　　　　　　　　　　2 000

③收到转让款。

借：银行存款　　　　　　　　　　　　　　　　　70 000

　　贷：固定资产清理　　　　　　　　　　　　　　　68 640.78

　　　　应交税费——简易计税 [70 000÷（1+3%）×2%]

　　　　　　　　　　　　　　　　　　　　　　　　　1 359.22

④计提附加税。

借：固定资产清理　　　　　　　　　　　　　　　163.11

　　贷：应交税费——应交城市维护建设税　　　　　　　95.15

　　　　应交税费——应交教育费附加　　　　　　　　　40.78

　　　　应交税费——应交地方教育费附加　　　　　　　27.18

⑤结转净损失。

净损失=68 640.78−73 000−2 000−163.11=−6 522.33 元

借：营业外支出　　　　　　　　　　　　　　　6 522.33

　　贷：固定资产清理　　　　　　　　　　　　　　6 522.33

【例 3-13】2016 年 6 月，北京市某房地产开发企业（增值税一般纳税人）销售其开发的楼盘碧水苑项目，该项目经税务局备案，采取简易计税方法计算缴纳增值税。当月实际预收房款 12 000 万元，统一开具收据，则 6 月份该企业针对该项目的会计处理（不考虑附加税）如下：

①6 月预收款计提增值税

预收增值税款=12 000÷（1+5%）×3%=342.86（万元）

借：银行存款　　　　　　　　　　　　　　　120 000 000

　　贷：预收账款　　　　　　　　　　　　　　　116 571 400

　　　　应交税费——简易计税　　　　　　　　　　3 428 600

②7 月填报"增值税预缴税款表"并缴税：

借：应交税费——简易计税　　　　　　　　　　3 428 600

　　贷：银行存款　　　　　　　　　　　　　　　　3 428 600

③假如，2016 年 12 月完成销售，该企业把碧水苑项目完成交房，转收

入，收取剩余房款356 000万元，并全额开具发票。则12月份该项目会计处理如下：

转收入，开票之后要计提增值税，碧水苑项目应交增值税＝356 000÷（1＋5％）×5％＋11 657.14×5％－342.86＝17 535.24－342.86＝17 192.38（万元）

借：预收账款　　116 571 400

　　银行存款　　3 560 000 000

　　贷：主营业务收入　　3 504 647 600

　　　　应交税费——简易计税　　171 923 800

注意： 2017年1月申报12月份税款时，该项目按照不含税收入350 476.19［368 000÷（1＋5％）］万元申报，销项税额按照17 535.24（17 192.38＋342.86）万元申报，同时填报《增值税纳税申报表附列资料（四）》（税额抵减情况表），抵减6月份计提的预缴税款部分。

4. 购买税控设备及服务费

（1）增值税一般纳税人的会计处理

按《关于增值税税控系统专用设备和技术维护费用抵扣增值税税额有关政策的通知》（财税〔2012〕15号）有关规定，增值税一般纳税人初次购买增值税税控系统专用设备支付的费用以及缴纳的技术维护费允许在增值税应纳税额中全额抵减的，应在“应交税费——应交增值税”科目下增设“减免税款”专栏，用于记录该企业按规定抵减的增值税应纳税额。会计处理举例如下：

①购入时。

借：固定资产

　　贷：银行存款/应付账款

②按规定抵减的增值税应纳税额。

借：应交税费——应交增值税（减免税款）

　　贷：递延收益

③按期计提专用设备折旧。

借：管理费用

　　贷：累计折旧

同时：

借：递延收益

　　贷：管理费用

④企业发生技术维护费。

借：管理费用

　　贷：银行存款

按规定抵减的增值税应纳税额。

借：应交税费——应交增值税（减免税款）

　　贷：管理费用（借方红字）

注意：

①全额抵减的专用设备包括：金税卡、IC卡、读卡器或金税盘和报税盘，不包括电脑、打印机等。全额递减的，不得再抵扣设备发票的进项税额，认证的要做进项税额转出处理。

②增值税纳税人非初次购买增值税税控系统专用设备支付的费用，由其自行负担，不得在增值税应纳税额中抵减。也就是非初次购买的，按照进项税额管理方式处理，认证专用发票且抵扣票面进项税额即可。

③如果企业不想入固定资产，打算一次性计入费用，则可以按照非初次购买的方法处理，实务中也有按照发生技术维护费的方式处理的。

④企业发生技术维护费以后年度都可以全额递减。

【例3-14】甲企业是增值税一般纳税人，2016年6月份缴纳2016～2017年度税控机技术维护费370元，账务处理如下：

①缴纳时。

借：管理费用	370	
贷：银行存款		370

②按规定抵减的增值税应纳税额。

借：应交税费——应交增值税（减免税款）	370	
贷：管理费用		370

（2）小规模纳税人的会计处理

按税法有关规定，小规模纳税人初次购买增值税税控系统，专用设备支付的费用以及缴纳的技术维护费允许在增值税应纳税额中全额抵减的，按规定抵减的增值税应纳税额应直接冲减“应交税费——应交增值税”科目。

小规模纳税人有关购买增值税税控系统和维护费的会计处理相似，只是把一般纳税人会计处理中的“应交税费——应交增值税（减免税款）”换成“应交税费——应交增值税”即可。

期末，“应交税费——应交增值税”科目期末如为借方余额，应根据其流动性在资产负债表中的“其他流动资产”项目或“其他非流动资产”项目列示；如为贷方余额，应在资产负债表中的“应交税费”项目列示。

5. 辅导期内进项税的处理

辅导期一般纳税人应当在“应交税费”科目下增设“待抵扣进项税额”明细科目，核算尚未交叉稽核比对的专用发票抵扣联、海关进口增值税专用缴款书以及运输费用结算单据（以下简称增值税抵扣凭证）注明或者9计算的进项税额。

（1）取得增值税抵扣凭证时，将支付或计算提取的增值税进项税额计入“应交税费——待抵扣进项税额”明细科目借方。

借：原材料等

　　应交税费——待抵扣进项税额

　　贷：银行存款等

（2）如果交叉稽核比对无误后

借：应交税费——应交增值税（进项税额）

　　贷：应交税费——待抵扣进项税额

（3）如果经交叉稽核比对不符的增值税抵扣凭证，用红字冲销：

借：应交税费——待抵扣进项税额

　　贷：相关资产或成本费用科目贷方相应的当期发生额。

【例 3-15】某企业是商品零售企业，2016年7月，该企业营业收入指标已经符合一般纳税人认定标准，经税务局批准，进入一般纳税人辅导期。当月采购商品收到9张增值税专用发票，不含税金额为200万元，进项税额为34万元，该企业会计人员将已通过认证但未反馈回来比对信息，会计人员账务处理如下：

借：库存商品　　2 000 000

　　应交税费——应交增值税（进项税额）　　340 000

　　贷：银行存款　　2 340 000

8月份增值税纳税申报时，会计人员在申报报抵扣了销项税额，致使7月份该企业增值税留抵进项税额10万元。

问题：该企业处于辅导期的增值税进项税额如何进行调整？

解析：

(1) 该企业正确的账务处理如下：

①取得增值税抵扣凭证时，将支付或计算提取的增值税进项税额计入“应交税费——待抵扣进项税额”明细科目借方。

借：库存商品　　2 000 000

　　应交税费——待抵扣进项税额　　340 000

　　贷：银行存款　　2 340 000

②如果交叉稽核比对无误后

借：应交税费——应交增值税（进项税额）　　340 000

　　贷：应交税费——待抵扣进项税额　　340 000

③如果经交叉稽核比对不符的增值税抵扣凭证（实务要红字冲销）：

借：应交税费——待抵扣进项税额　　340 000

　　贷：库存商品　　340 000

(2) 该企业 8 月份该企业的调整分录为：

①调整多抵扣的进项税额。

借：应交税费——待抵扣进项税额　　340 000

　　贷：应交税费——应交增值税（进项税额转出）　　340 000

②把应交未交的增值税税额转入未交增值税。

借：应交税费——应交增值税（转出未交增值税）　　340 000

　　贷：应交税费——未交增值税　　340 000

注意：如果税务机关要求企业补交增值税滞纳金，也是由于企业的原因导致的延迟缴纳，应该补交滞纳金。但是一般金额较小，性质不大，与税务机关充分沟通，可在实务中解决。

6. 出口货物的增值税会计处理

(1)“免、抵、退”税方式下生产型企业的账务处理

①“免、抵、退”税的计算。

目前，我国对生产企业出口自产货物的增值税一律实行“免、抵、退”税管理办法。结合出口纳税申报税务，这一块的计算比较复杂。一般而言，对“免、抵、退”税的计算分四步：

第一，当期应纳税额＝当期内销售货物销项税额－（当期进项税额－当

期免抵退不得免征和抵扣的税额）－当期留抵税额。

第二，免抵退税额＝出口货物离岸价×外汇人民币牌价×出口货物退税率；其中：免抵退税额抵减额＝免税购进原材料价格×出口货物退税率。

第三，当期应退税额和免抵税额的计算：

a. 如当期应纳税额的计算结果为负数，且绝对值≤当期免抵退税额，则：

当期应退税额＝|当期应纳税额|

当期免抵税额＝当期免抵退税额－当期应退税额

b. 如当期应纳税额的计算结果为负数，且其绝对值＞当期免抵退税额，则：

当期应退税额＝当期免抵退税额

当期免抵税额＝0

第四，免抵退税不得免征和抵扣税额＝出口货物离岸价×外汇人民币牌价×（出口货物征税率－出口货物退税率）－免抵退税不得免征和抵扣税额抵减额

免抵退税不得免征和抵扣税额抵减额＝免税购进原材料价格×（出口货物征税率－出口货物退税率）

②“免、抵、退”税的账务处理

a. 按规定计算的当期出口商品不予免征、抵扣和退税的税额，计入出口商品成本：

借：主营业务成本

　　贷：应交税费——应交增值税（进项税额转出）

b. 按规定计算的当期免抵税额：

借：应交税费——应交增值税（出口抵减内销产品应纳税额）

　　贷：应交税费——应交增值税（出口退税）

c. 按找规定应予以退回的税款以及收到时：

借：其他应收款——应收出口退税

　　贷：应交税费——应交增值税（出口退税）

借：银行存款

　　贷：其他应收款——应收出口退税

【例 3-16】某企业为生产型出口企业，是一般纳税人企业，实行“免、

抵、退”退税方式，该产品的征税率为17%，退税率为15%。2016年5月份有关资料如下：

①以银行存款购进原材料一批，取得增值税专用发票上注明不含税价款300万元，已入库。

②国内销售一批商品，不含税销售额为150万元。款项已收到。

③出口一批产品，报关离岸价格为20万美元（假设汇率为1∶6），款项收到。

计算该月应退税额，同时做出相应的会计处理（金额单位均为人民币万元）。

①购进原材料时。

借：原材料　　3 000 000

　　应交税费——应交增值税（进项税额）　　510 000

　　贷：银行存款　　3 510 000

②国内销售商品。

借：银行存款　　1 755 000

　　贷：主营业务收入　　1 500 000

　　　　应交税费——应交增值税（销项税额）　　255 000

③出口商品的收入。

借：应收账款（200 000×6）　　1 200 000

　　贷：主营业务收入——出口收入　　1 200 000

④转出出口产品不得递减进项税额。

当期不得抵扣的进项税额＝60×（17%－15%）＝12（万元）

借：主营业务成本　　120 000

　　贷：应交税费——应交增值税（进项税额转出）　　120 000

⑤计算免抵退税额。

当期应纳税额＝25.5－（51－12）＝－13.5（万元）

免抵退税额＝20×6×15%＝18（万元）

⑥计算应退税额和应免抵税额。

当期应纳税额为负数，且其绝对值13.5万元＜当期免抵退税额18万元。则：

当期应退税额＝|－13.5|＝13.5（万元）

当期免抵税额＝当期免抵退税额—当期应退税额 ＝18－13.5＝5.5（万元）

“免、抵、退”正式申报的次月，确认出口退税：

借：其他应收款——应收出口退税款　　135 000

　　应交税费——应交增值税（出口抵减内销产品应纳税额）

　　55 000

　　贷：应交税费——应交增值税（出口退税）　　190 000

⑦收到退税款时。

借：银行存款　　135 000

　　贷：其他应收款——应收出口退税款　　135 000

（2）未实行“免、抵、退”方式的企业，账务处理如下

①收回应退退回的税款。

借：其他应收款（应收出口退税）

　　主营业务成本（不予退回的税金）

　　贷：主营业务收入

　　　　应交税费——应交增值税（销项税额）

②收到税款时。

借：银行存款

　　贷：其他应收款

【例 3-17】某有进出口经营权的外贸企业收购一批货物报关出口，收购货物取得的增值税专用发票上注明的购货金额为 100 000 元，增值税税额为 17 000元，款项以银行存款支付。该货物的出口退税率为 13%，出口销售价格为 15 000 美元（汇率 1∶6.5）。其会计分录为：

①采购货物时。

借：库存商品　　100 000

　　应交税费——应交增值税（进项税额）　　17 000

　　贷：银行存款　　117 000

②出口销售免税，货款折合成人民币为：15 000×6.5＝97 500（元）。

借：银行存款　　97 500

　　贷：主营业务收入　　97 500

③结转商品销售成本。

借：主营业务成本　　100 000

　　贷：库存商品　　100 000

④计算不予退还的进项税额：100 000×（17%－13%）＝4 000（元）。

借：主营业务成本　　4 000

　　贷：应交税费——应交增值税（进项税额转出）　　4 000

⑤计算应收出口退税。

借：其他应收款——出口退税　　13 000

　　贷：应交税费——应交增值税（出口退税）　　13 000

⑥收到退税款。

借：银行存款　　13 000

　　贷：其他应收款——出口退税　　13 000

3.5 不动产分期抵扣的会计处理

纳税人转让取得不动产内容复杂，其适用政策与“房地产开发企业销售自行开发的房地产项目”的适用政策不一样。政策规定主要参见财税〔2016〕36 号文及国家税务总局 2016 年 14 号公告《纳税人转让不动产增值税征收管理暂行办法》，核心内容见表 3-5。

表 3-5　纳税人转让不动产核心内容简表

类型	计税方式	取得方式	预征率	预缴税款计算	正常税率（征收率）	销售额	发票开具
一般纳税人	一般计税	非自建	5%	应预缴税款＝（全部价款和价外费用－不动产购置原价或者取得不动产时的作价）÷（1+5%）×5%	11%	以取得的全部价款和价外费用为销售额	（1）纳税人自行开具；（2）增值税专用发票或普通发票
		自建	5%	应预缴税款＝全部价款和价外费用÷（1＋5%）×5%	11%		

续上表

类型	计税方式	取得方式	预征率	预缴税款计算	正常税率（征收率）	销售额	发票开具
一般纳税人	简易计税	非自建	5%	应预缴税款＝（全部价款和价外费用－不动产购置原价或者取得不动产时的作价）÷（1＋5%）×5%	5%	以取得的全部价款和价外费用减去不动产购置原价或者取得不动产时的作价后的余额为销售额	（1）纳税人自行开具；（2）增值税专用发票或普通发票；（3）使用新系统中差额征税开票功能
		自建	5%	应预缴税款＝全部价款和价外费用÷（1＋5%）×5%	5%	以取得的全部价款和价外费用为销售额	（1）纳税人自行开具；（2）增值税专用发票或普通发票
小规模纳税人（企业）	简易计税	非自建	5%	应预缴税款＝（全部价款和价外费用－不动产购置原价或者取得不动产时的作价）÷（1＋5%）×5%	5%	以取得的全部价款和价外费用减去不动产购置时原价或者取得不动产时的作价后的余额为销售额	（1）自行开具增值税普通发票；（2）申请代开增值税普通发票或增值税专用发票；（3）开具发票时使用增值税发票管理新系统中差额征税开票功能
		自建	5%	应预缴税款＝全部价款和价外费用÷（1＋5%）×5%	5%	以取得的全部价款和价外费用为销售额	（1）自行开具增值税普通发票；（2）申请代开增值税普通发票或增值税专用发票；（3）开具发票时使用增值税发票管理新系统中差额征税开票功能

续上表

类型	计税方式	取得方式	预征率	预缴税款计算	正常税率（征收率）	销售额	发票开具
个体工商户和其他个人	非自建住房	购买2年以内	无	无	5%	以取得的全部价款和价外费用为销售额	申请代开增值税普通发票或增值税专用发票
		购买2年以上	无	无	—	免税	申请代开增值税普通发票
	自建自用住房		无	无	—	免税	申请代开增值税普通发票
其他个人	取得的不动产（不含住房）		无	无	5%	以取得的全部价款和价外费用减去不动产购置时原价或者取得不动产时的作价后的余额为销售额	（1）申请代开增值税普通发票或增值税专用发票；（2）使用新系统中差额征税开票功能开具

1. 预缴税款的处理

（1）预缴税款的对象

纳税人销售不动产，要向不动产所在地地税机关预缴税款，并向机构所在地国税机关纳税申报。预缴税款的机制是除其他个人以外的纳税人需要预缴税款，其他个人，即自然人，不需要预缴，直接在不动产所在地主管地税机关缴纳。

（2）不含税销售额的换算

通常的换算原则是：将销售额换算为不含税价时，需要区分纳税人是一般纳税人还是小规模纳税人，如果是一般纳税人，还需要考虑该纳税人是选择简易计税方法还是一般计税方法计税，针对不同情况，按照适用税率或者征收率来进行换算。即如果纳税人转让不动产，适用一般计税方法，则应该按照销售额÷（1+11%）换算为不含税价；如果纳税人转让不动产，适用简易计税方法，则应该按照销售额÷（1+5%）换算为不含税价。

注意：本次“营改增”过渡期间，需要预缴税款的纳税人，在地税机关预缴时，均按照5%征收率进行换算，不区分纳税人是否为一般纳税人，也不区分纳税人是适用一般计税方法还是简易计税方法。这是区别于其他预缴方式下的换算原则。公式为：

应预缴税款＝全部价款和价外费用÷（1＋5%）×5%

或者，应预缴税款＝（全部价款和价外费用－不动产购置原价或者取得不动产时的作价）÷（1＋5%）×5%

另外，销售额有差额和全额之分，差额是指以取得的全部价款和价外费用扣除购置原价后的余额，全额指销售不动产取得全部价款及价外费用。具体换所及申报情况见表3-6。

表3-6　　纳税人转让不动产预缴税款及纳税申报情况简表

<table>
<tr><td colspan="2">征税机关</td><td>非自建</td><td>自　　建</td></tr>
<tr><td colspan="2">地税机关（不动产所在地）</td><td>差额5%预征</td><td>全额5%预征</td></tr>
<tr><td rowspan="2">国税机关（机构所在地）</td><td>简易计税</td><td>差额5%预征</td><td>全额5%预征</td></tr>
<tr><td>一般计税</td><td colspan="2">全额11%申报</td></tr>
</table>

（3）预缴税款的结转

单位和个体工商户转让其取得的不动产，向不动产所在地主管地税机关预缴的增值税税款，可以在当期增值税应纳税额中抵减，抵减不完的，结转下期继续抵减。纳税人在不动产所在地地税机关预缴税款后，应取得并妥善保管完税凭证（注明有增值税），以完税凭证作为抵减应纳税额的合法有效凭证。

【例3-18】甲企业集团在北京市门头沟区注册成立，拥有北京市区多处不动产所有权，并取得产权证书。

（1）2016年6月30日转让其2013年购买的位于东城区写字楼一层，取得转让收入1 000万元（含税，下同）。纳税人2013年购买时的价格为700万元，《销售不动产统一发票》保留完整。

（2）2016年7月30日转让其2014年自己建造的位于门头沟城区的办公楼，取得转让收入2 000万元，建造办公楼的成本为1 400万元。

（3）2018年10月30日转让其2016年6月购买的位于房山区的写字楼，取得转让收入2 000万元，购买时的价格为777万元，取得了增值税专用发票显示税额为77万元。

【例3-19】分析甲企业是一般纳税人或者小规模纳税人情况下，分别采用一般计税方法和简易计税方法时如何进行税款预缴与纳税申报？

答案解析：

(1)“营改增”之前非自建情况下：

根据题意，答案分三种情况，具体见表3-7。

表3-7　“营改增”前非自建情况下税款预缴与纳税申报简表

	一般纳税人	小规模纳税人
一般计税方法	(1) 东城区地税预缴税款＝(1 000－700)÷(1＋5%)×5%＝14.29万元 (2) 门头沟国税申报税款＝1 000÷(1＋11%)×11%－14.29＝84.81万元	不适用
简易计税方法	(1) 东城区地税预缴税款＝(1 000－700)÷(1＋5%)×5%＝14.29万元 (2) 门头沟国税申报税款＝(1 000－700)÷(1＋5%)×5%－14.29＝0万元	(1) 东城地税预缴税款＝(1 000－700)÷(1＋5%)×5%＝14.29万元 (2) 门头沟国税申报税款＝(1 000－700)÷(1＋5%)×5%－14.29＝0万元

(2)“营改增”之前自建情况下：

根据题意，答案分三种情况，具体见表3-8。

表3-8　“营改增”前自建情况下税款预缴与纳税申报简表

	一般纳税人	小规模纳税人
一般计税方法	(1) 门头沟地税预缴税款＝2000÷(1＋5%)×5%＝95.24元 (2) 门头沟国税申报税款＝2000÷(1＋11%)×11%－95.24＝102.96万元	不适用
简易计税方法	(1) 门头沟地税预缴税款＝2 000÷(1＋5%)×5%＝95.24万元 (2) 门头沟国税申报税款＝2 000÷(1＋5%)×5%－95.24＝0万元	(1) 门头沟地税预缴税款＝2 000÷(1＋5%)×5%＝95.24万元 (2) 门头沟国税申报税款＝2 000÷(1＋5%)×5%－95.24＝0万元

(4)“营改增”之后非自建情况

根据题意，“营改增”后购入不动产可以抵扣，但是在计算预缴金额时不要扣除取得不动产的进项税额。预缴税款中的扣除金额是指购置原价或作价，其中是包括进项税额的。答案仍然分三种情况，具体见表3-9。

表 3-9　“营改增”后非自建情况下税款预缴与纳税申报简表

	一般纳税人	小规模纳税人
一般计税方法	【1】房山区地税预缴税款＝（2 000－777）÷（1＋5％）×5％＝58.24 元 【2】门头沟国税申报税款＝2 000÷（1＋11％）×11％－58.24＝139.96 万元	不适用
简易计税方法	不适用	【1】房山区地税预缴税款＝（2 000－777）÷（1＋5％）×5％＝58.24 万元 【2】门头沟国税申报税款＝（2 000－777）÷（1＋5％）×5％－58.24＝0 万元

2. 不动产分期抵扣账务处理

“财税〔2016〕36 号文”规定，适用一般计税方法的试点纳税人，2016 年 5 月 1 日后取得并在会计制度上按固定资产核算的不动产或者 2016 年 5 月 1 日后取得的不动产在建工程，其进项税额应自取得之日起分 2 年从销项税额中抵扣，第一年抵扣比例为 60％，第二年抵扣比例为 40％。取得不动产，包括以直接购买、接收捐赠、接收投资入股、自建以及抵债等各种形式取得不动产，不包括房地产开发企业自行开发的房地产项目。融资租入的不动产以及在施工现场修建的临时建筑物、构筑物，其进项税额不适用上述分 2 年抵扣的规定。

不动产分期抵扣的会计处理比较复杂，涉及固定资产台账的建立、分期抵扣以及抵扣项目的判别等内容。

(1) 购入资产分期抵扣

①取得增值税专用发票认证当月会计分录如下

借：固定资产（在建工程）——××

　　应交税费——应交增值税（进项税额的 60％）

　　　　　　——应交增值税（待抵扣进项税的 40％）——××项目

贷：银行存款（或应付账款）——××

②第 13 个月对待抵扣进项税额的会计处理：

借：应交税费——应交增值税（进项税额的 40%）

贷：应交税费——应交增值税（待抵扣进项税 40%）——××项目

(2) 购进时已全额抵扣进项税额的货物和服务，转用于不动产在建工程的

①转用当月会计分录如下

借：在建工程——××项目

应交税费——应交增值税（进项税额的 40%）（红字）

——应交增值税（待抵扣进项税 40%）——××项目

贷：原材料（或库存商品）—××

②转用的第十三个月对待抵扣进项税额的会计处理

借：应交税费——应交增值税（进项税额的 40%）

贷：应交税费——应交增值税（待抵扣进项税的 40%）——××项目

(3) 已抵扣进项税额的不动产，发生非正常损失，或者改变用途

①当月发生非正常损失，会计分录如下

借：固定资产清理——××

累计折旧——××

贷：固定资产——××

②同时做进项税额转出（小于或等于已抵扣进项税额数）

借：固定资产清理——××

贷：应交税费——应交增值税（进项税额转出）（按实际计算的不得抵扣数额）

③同时做进项税额转出（大于已抵扣进项税额数）

借：固定资产清理——××

贷：应交税费——应交增值税（进项税额转出）（已抵扣数）

——应交增值税——待抵扣进项税（差）——××项目

(4) 不动产在建工程发生非正常损失的

借：待处理财产损溢——待处理××

贷：在建工程——××项目

应交税费——应交增值税（进项税额转出）

——应交增值税（待抵扣进项税）——××项目

注： 实务中根据实际情况，有直接计入营业外收支的。

（5）前期不能抵扣，发生用途改变，用于允许抵扣进项税额项目的

①根据改变用途次月计算的可抵扣税额做分录如下

借：应交税费——应交增值税（进项税的60%）

——应交增值税（待抵扣进项税的40%）——××项目

贷：固定资产——××项目

②改变用途次月的第13个月会计分录如下

借：应交税费——应交增值税（进项税额的40%）

贷：应交税费——应交增值税（待抵扣进项税的40%——××项目）

【例3-20】 2016年7月1日，甲企业（一般纳税人）以银行存款购进建筑物，该大楼拟用于公司办公经营，以固定资产管理，并于次月开始计提折旧。7月20日，该纳税人取得该大楼增值税专用发票并认证相符，专用发票注明不含税金额12 000万元。则会计处理如下：

注： 本题属于购进不动产情况，购进不动产在建工程账务处理类似。

借：固定资产　120 000 000

应交税费——应交增值税（进项税额）　7 920 000

——待抵扣进项税额　5 280 000

贷：银行存款　133 200 000

购进不动产，作为“投资性房地产”入账的如何处理？

接【例3-18】，如果甲企业购入该办公大楼后，直接用于出租，会计上以“投资性房地产”计量，其他事项不变，则会计分录如下：

借：固定资产　120 000 000

应交税费——应交增值税（进项税额）　13 200 000

贷：银行存款　133 200 000

注意： 要明确“分期抵扣”的适用范围。即2016年5月1日后取得并在会计制度上按固定资产核算的不动产、不动产在建工程。另外在实务中，如果不考虑其他因素，由于取得进项税额价值较大，实务中即便一次性抵扣，将购入的不动产作为投资性房地产对外出租后，取得1年以内的

租金收入产生的销项不可能抵扣完60%进项税额，会有阶段性留抵扣的情况，所以取得的进项税一次性抵扣和分期抵扣实际效果一样。

【例3-21】接【例3-20】，假如2017年4月1日，由于经营需要，甲企业决定改变该建筑物用途，即由办公楼改为专用于员工食堂，该食堂采用直线法折旧，预计使用年限为5年，不考虑其他因素，这有关增值税的会计处理如下：

注意：本题属于不动产转变用途，由生产经营用转为集体福利专用的情况。

截至2017年4月，该办公楼共计折旧8个月，折旧金额为1 600万元，房产净值为10 400万元。

不动产净值率＝（不动产净值÷不动产原值）×100%＝86.67%。

不得抵扣的进项税额＝（已抵扣进项税额＋待抵扣进项税额）×不动产净值率＝1 144万元；

不得抵扣的进项税额1 144万元大于已经抵扣进项税额792万元，差额部分352万元要从待抵扣进项税额中抵减，同样计入到进项税额转出中，在5月的申报期内填报；待抵扣进项税额剩余部分176万元继续留抵，不做申报处理和会计处理。相关增值税分录为：

借：固定资产　　11 440 000

　贷：应交税费——应交增值税（进项税额转出）　　7 920 000

　　　应交税费——待抵扣进项税额　　3 520 000

不得抵扣进项税额小于已经抵扣的进项税额如何处理？

接【例3-19】，若预计使用年限为1年，不考虑其他因素，增值税的会计处理如下：

截至2017年4月，该办公楼共计折旧8个月，折旧金额为8 000万元，房产净值为48 000万元；

不动产净值率＝（不动产净值÷不动产原值）×100%＝33.33%。

不得抵扣的进项税额＝（已抵扣进项税额＋待抵扣进项税额）×不动产净值率＝440万元；

不得抵扣的进项税额440万元小于已经抵扣进项税额792万元，只需要从已经抵扣的进项税额中转出440万元；待抵扣进项税额剩余部分528万元继续留抵，不做申报处理和会计处理。相关增值税分录为：

借：固定资产　　　　　　　　　　　　　　　　4 400 000

　　贷：应交税费—应交增值税（进项税额转出）　　4 400 000

注：本题也属于不动产转变用途，由生产经营用转为集体福利专用，对于增值税进项税额处理的另一种情况。

另外，该题目的使用年限为1年的假设有些极端，重点在于说明不动产用途发生改变后，增值税进项税额抵扣的不同情况。

【例3-22】接【例3-21】，假如2019年7月1日，由于经营需要，甲企业决定再次改变该建筑物用途，即由专用于员工食堂改为办公楼使用，该食堂采用直线法折旧，预计使用年限为5年，不考虑其他因素，这有关增值税的会计处理如下：

截至2019年7月1日，该办公楼共计折旧36个月，折旧金额为7 816万元，房产净值为5 328（12 000＋1 144－7 816）万元。

不动产净值率＝（不动产净值÷不动产原值）×100%＝40.54%。

不得抵扣的进项税额＝该项目计算抵扣额×不动产净值率＝1 144×40.54%＝463.78（万元）。

相关增值税分录为：

借：应交税费——应交增值税（进项税额）　　　　2 782 700

　　　　　　——待抵扣进项税额　　　　　　　　1 855 100

　　贷：固定资产　　　　　　　　　　　　　　　　4 637 800

注意：

（1）本题属于不动产转变用途，由集体福利专用转为生产经营用的情况。

（2）分析过程如下：

①该建筑物在2016年7月取得时，可抵扣进项为1 320万元；

②在2017年4月1日时，转为专用于员工餐厅的时候，该建筑物实际抵扣了176万元，剩余1 144万元作为不得抵扣的增值税进项税额进行了转出处理；

③在2019年7月1日，再度转为办公用时，该建筑物时间从2017年4月1日至2019年7月1日，实际消耗了不得抵扣的进项税680.22（1 144－463.78）万元；

④因此在2019年7月份把进项税额463.78万元从“固定资产”成本科目中转出，60%部分转到“应交税费——应交增值税（进项税额）”科目中，40%的部分转到“应交税费——待抵扣进项税额”科目中。

（3）“财税〔2016〕36号文”附件1第十三条规定，纳税人应建立不动产和不动产在建工程台账，分别记录并归集不动产和不动产在建工程的成本、费用、扣税凭证及进项税额抵扣情况，留存备查。用于简易计税方法计税项目、免征增值税项目、集体福利或者个人消费的不动产和不动产在建工程，也应在纳税人建立的台账中记录。

这样做的目的是，不动产一般的存续期间都较长，在存续期内，不动产的进项税额可能在“允许抵扣”和“不得抵扣”之间多次转换，因此通过台账对各不动产项目的具体情况分别记载，是非常必要的。

另外，“应交税费——待抵扣进项税额”科目可以再根据不同项目设置不同的明细科目

（4）纳税人自建不动产原来不允许抵扣且未抵扣的所耗用的购进货物、设计服务和建筑服务等进项税额，发生不动产改变用途用于允许抵扣项目情况的，应按照上述购进不动产改变用途情况处理。

【例3-23】接【例3-22】，（1）2019年7月1日，由于生产经营需要，甲企业决定对该办公楼进行改扩建，转为在建工程，开始改扩建工程。

（2）工程开始，支付建筑工程招投标咨询费用，取得增值税专用发票，票面不含税金额为400万元。

（3）2019年8月，使用2018年7月购入生产经营用原材料及工程物资（购入当期已经认证并全部抵扣增值税进项税额）不含税金额共计6 200万元，并计入在建工程成本；

（4）工程期间，领用购入的灯具、锁具等低值易耗品（已经认证并全部抵扣增值税进项税额）不含税金额200万元，进行费用化处理。

（5）工程期间，纳税人购进其他设计服务不含税金额300万元、建筑服务不含税3 000万元，以上款项均按照合同以银行存款支付，并取得相应增值税专用发票。

(6) 2020 年 2 月，由于管理不善，造成在建工程整体损失 400 万元。

(7) 2020 年 5 月，工程完工，达到预定可使用状态，预计可使用年限为 5 年，不考虑其他因素，转入固定资产。

(8) 2020 年 6 月，甲企业由于公司经营需要，决定整体出售该建筑物，取得对价 23 731.48 万元，收取款项并开具增值税专用发票。

问题：相关的账务如何处理？

解析：

①把固定资产转到在建工程时，已经折旧 7 816 万元：

借：在建工程　　48 642 200

　　累计折旧　　78 160 000

　　贷：固定资产　　126 802 200

②支付招标咨询费用：

借：管理费用　　4 000 000

　　应交税费——应交增值税（进项税额）（400×6%）

　　240 000

　　贷：银行存款　　4 240 000

③工程领用前期购入生产经营用原材料及工程物资时，因为 6 200 万元大于该办公楼购置原价或作价 12 000 万元的 50%，因此该批物资进项税额要进行分期抵扣，领用当期允许抵扣 632.4（6 200×17%×60%）万元，再把前期已经抵扣的剩余部分转到待抵扣进项税额中：

借：在建工程　　62 000 000

　　应交税费——待抵扣进项税额　　4 216 000

　　贷：原材料（工程物资）　　4 216 000

　　　　应交税费——应交增值税（进项税额）4 216 000（借方红字）

④购入的灯具、锁具等低值易耗品，该项购进货物进项税额可于当期全部抵扣：

借：管理费用　　2 000 000

　　应交税费——应交增值税（进项税额）　　340 000

　　贷：银行存款　　2 340 000

⑤支付首批设计费、建筑工程服务款项时，支付金额均不超过购置原

价的50%，可以一次性抵扣相关进项税额348（300×6%＋3 000×11%）万元：

借：在建工程　　33 000 000

　应交税费——应交增值税（进项税额）　　3 480 000

　贷：银行存款　　36 480 000

⑥在建工程非正常损失，则在建工程过程中消耗的相应比例的进项税额以及待抵扣进项税额要转出：

非正常损失占在建工程比例＝400÷（4 864.22＋6 200＋3 300）＝2.78%，转出的进项税额＝（24＋34＋348）×2.78%＝11.29（万元）。

转出的待抵扣进项税额＝421.6×2.78%—11.72万元

借：营业外支出　　4 230 100

　贷：在建工程　　4 000 000

　　应交税费——待抵扣进项税额　　117 200

　　应交税费——应交增值税（进项税额转出）　　112 900

⑦在建工程完成：

借：固定资产　　139 642 200

　贷：在建工程　　139 642 200

⑧出售固定资产转入清理，同时把有关资产的“待抵扣进项税额”转入当期“进项税额”。

借：固定资产清理　　137 314 800

　累计折旧　　2 327 400

　贷：固定资产　　139 642 200

借：银行存款　　237 314 800

　贷：固定资产清理　　237 314 800

借：固定资产清理　　100 000 000

　应交税费——应交增值税（销项税额）　　11 000 000

　贷：营业外收入　　89 000 000

借：应交税费——应交增值税（进项税额）　　5 953 900

　贷：应交税费——待抵扣进项税额　　5 953 900

注意：正常情况下，该建筑物再次转为办公用时产生的“待抵扣进项税额”185.51万元和在建工程过程中转入的“待抵扣进项税额”409.88

（421.6－11.72）万元，应该到 2020 年 7 月份才能转入到当期“进项税额”中。但是由于 2020 年 6 月份，该建筑物出售，尚未抵扣完毕的待抵扣进项税额，允许于在销售的当期抵扣。

3.6 房地产开发与销售业务会计处理

房地产开发企业在日常经营过程中遇到一般业务增值税处理和其他企业一样，全面“营改增”之后，根据财税〔2016〕36 号关于全面推开营业税改征增值税试点的通知，房地产企业的会计处理需要重点关注的点有：一般计税方法下土地出让金的账务处理、房地产行业预缴税款的核算等。下面将以实务案例进行分析。

1. 房地产老项目增值税业务核算

关于“房地产开发企业销售自行开发的房地产项目”，“财税〔2016〕36 号文”中相关规定的核心要点如下。

（1）房地产开发企业中的一般纳税人自行开发的房地产项目，不执行“纳税人自建不动产”进项税额分期抵扣政策，其进项税额可一次性抵扣。

（2）房地产开发企业中的一般纳税人销售试点前开工的老项目，可选择简易计税，征收率为 5%；销售试点后开工的新项目，或者销售未选择简易计税的老项目，适用一般计税方法，税率为 11%，但可从销售额中扣除上缴政府的土地价款。

（3）房地产开发企业中的小规模纳税人销售自行开发的房地产项目，无论新项目还是老项目，都按照 5%的征收率计算应纳税额。

（4）房地产开发企业采取预收款方式销售所开发的房地产项目，在收到预收款时按照 3%的预征率预交增值税，待产权发生转移时，再清算应纳税款，并扣除已预缴的增值税款。房地产开发企业采取预售制度，在收到预收款时，大部分进项税额尚未取得，如果规定收到预收款就要全额按照 11%计提销项税，可能会发生进项和销项不匹配的“错配”问题，导致房地产开发企业一方面缴纳了大量税款，另一方面大量的留抵税额得不到抵扣。为了解决这个问题，《营业税改征增值税试点实施办法》将销售不动产的纳税义务发生时间后移，收到预收款的当天不再是销售不动产的纳税义务发生时间。同时，为了保证财政收入的均衡入库，又规定了对预收款按照3%预征税款的配套政策。

这里所指的“预收款”通常不包括签订房地产销售合同之前所收取的诚意金、认筹金和订金等。

根据国家税务总局发布2016年第18号公告，房地产开发企业“营改增”的核心要点见表3-10。

表3-10　房地产开发企业“营改增”的核心要点简表

纳税人	计税方法	税率或征收率	预缴税率	预缴税款的确认	销售额的确定	进项的抵扣	发票开具
一般纳税人	一般	11%	3%	应预缴税款=预收款÷(1+11%)×3%	销售额=(全部价款和价外费用－当期允许扣除的土地价款)	1. 可以抵扣进项； 2. 不得抵扣的进项税额=当期无法划分的全部进项税额×(简易计税、免税房地产项目建设规模÷房地产项目总建设规模)	1. 自行开具增值税发票； 2. 可以是专票也可以是普票
	简易	5%	3%	应预缴税款=预收款÷(1+5%)×3%	销售额=以取得的全部价款+价外费用	不得抵扣进项	1. 自行开具增值税发票； 2. 可以是专票也可以是普票
小规模纳税人	简易	5%	3%	应预缴税款=预收款÷(1+5%)×3%	销售额=以取得的全部价款+价外费用	不得抵扣进项	1. 自行开具普票； 2. 向税务机关申请开具专用发票； 3. 2016年4月30日前收取的预收款，不得申请代开增值税专用发票

2. 一般计税方法下土地出让金的账务处理

根据《房地产开发企业销售自行开发的房地产项目增值税征收管理暂行办法》（国家税务总局公告 2016 年第 18 号）第四条规定，房地产开发企业中的一般纳税人销售自行开发的房地产项目，适用一般计税方法计税，按照取得的全部价款和价外费用，扣除当期销售房地产项目对应的土地价款后的余额计算销售额。

但是注意，可以看到，土地价款的扣除是在确认销售额的时候，也就是纳税义务发生的时候，并不是一定要在支付土地价款的时候同时进行相关增值税的处理。因此实务中也可以采用以下方法进行账务处理：

（1）收到土地价款时

借：开发成本——A 项目

　　贷：银行存款

（2）当把预收款转为收入时候，或者完全确认收入时

第一步，结转收入。

借：预收账款

　　贷：应交税费——应交增值税（销项税额）

主营业务收入

第二步，抵减土地价款的销项税额。

借：应交税费——应交增值税（销项税额抵减）

　　贷：主营业务成本——A 项目〔借方红字〕

3. 房地产行业预缴税款的核算

根据“财税〔2016〕36 号文”以及国家税务总局 2016 年 18 号公告，从纳税义务发生时间的角度，房地产企业在全面“营改增”时有一个重大利好：收到预收款时候，不确认纳税义务。但是，一般纳税人应在取得预收款的次月纳税申报期向主管国税机关预缴 3％的税款。会计上可以这么处理：

（1）收到预收款时

借：银行存款

　　应交税费——预交增值税

　　贷：预收账款

（2）次月预缴预收款增值税时

借：应交税费——未交增值税——A项目

　　贷：应交税费——预交增值税

借：应交税费——未交增值税——A项目

　　贷：银行存款

注：一般纳税人的简易计税方法，在确认预缴、计提、缴纳等环节涉及增值税时，要采用“应交税费——简易计税——某项目”科目核算，不使用“应交税费——预交增值税”科目核算。

【例3-24】磊峰建筑集团是一家主营房地产开发经营的企业（一般纳税人），机构所在地朝阳区，开发的A房地产项目在门头沟区，企业对A房地产项目选择了一般计税方法计税。

（1）2016年5月该公司为开发A项目，取得土地150 000平方米，支付土地出让金金额222 000万元，并取得相应财政票据；A项目可供销售建筑面积80 000平方米。

（2）2016年10月份，总计支付工程款2 950万元（不含税价），均取得增值税专用发票。其中地质勘察费50万元，规划设计、施工图设计及其他设计500万元，其他工程费用2 400万元。

（3）2016年12月份，总计发生建安工程费3 000万元（不含税价），并取得增值税专用发票。其中主体承包工程2 000万元，水暖工程100万元，工程监理费100万元，其他工程800万元。

（4）2017年1月，磊峰建设集团除A房地产项目外，在同一地块，同时配建政府公租房B项目，建筑面积为30 000平方米。当月共计发生人力资源外包支付不含税金额3 600万元，劳务派遣公司开具增值税专用发票不含税金额1 200万元，增值税普通发票不含税金额2 400万元。该笔人工费用A、B项目无法合理划分。

（5）2017年7月，该A房地产项目主体封顶，并取得预售许可证。当月取得预收房款333 000万元，并开具统一收据。

（6）2018年10月，该A房地产项目预售部分开始交房，并结转预收收入333 000万元。已知交房面积为70 000平方米，开具预收款发票。

（7）2018年12月，实现剩余现房销售133 200万元（含税价），给业主开具全额房款发票。

问题：不考虑其他因素，上述事项涉及增值税如何进行账务处理？

①支付土地价款：

借：主营业务成本——A项目土地出让金　　2 220 000 000

　贷：银行存款　　2 220 000 000

②支付前期工程款

进项税额＝（50＋500）×6%＋2 400×11%＝33＋264＝297（万元）。

借：开发成本——A项目勘察设计费　　500 000

　　　　——A项目规划设计费　　5 000 000

　　　　——A项目其他工程费　　24 000 000

　应交税费——应交增值税（进项税额）　　2 970 000

　贷：银行存款　　32 470 000

③支付建安工程款：

进项税额＝100×6%＋（2 000＋100＋800）×11%＝6＋319＝325（万元）

借：开发成本——A项目建安工程费　　30 000 000

　应交税费——应交增值税（进项税额）　　3 250 000

　贷：银行存款　　33 250 000

④支付外包人力成本：

由于公租房为免征增值税项目，A、B项目无法划分进项税额；同时劳务派遣公司采取差额纳税计算方法，因此，

进项税额＝1 200×5%＝60（万元）

不得抵扣的进项税额＝当期无法划分的全部进项税额×（简易计税、免税房地产项目建设规模÷房地产项目总建设规模）＝1 200×5%×30 000÷（30 000＋80 000）＝16.36（万元）

可以抵扣的进项税额＝60－16.36＝43.64（万元）。

借：主营业务成本——人力成本　　35 563 600

　应交税费——应交增值税（进项税额）　　436 400

　贷：银行存款　　36 000 000

⑤2017 年 7 月预收房款。

预收款预缴税金＝333 000÷（1＋11%）×3%＝9 000（万元）

借：银行存款　　3 330 000 000

　贷：预收账款　　3 330 000 000

借：应交税费——预交增值税　　90 000 000

　贷：应交税费——未交增值税——A 项目　　90 000 000

2017 年 8 月（暂不考虑 7 月份其他进项税额）：

借：应交税费——未交增值税——A 项目　　90 000 000

　贷：银行存款　　90 000 000

⑥结转预收款收入。

土地价款抵减的销项税额＝支付的土地价款不含税金额×11%×（当期销售房地产项目建筑面积÷房地产项目可供销售建筑面积）＝222 000÷（1＋11%）×11%×（70 000÷80 000）＝19 250（万元）

预收款实现的销项税额＝333 000÷（1＋11%）×11%＝33 000（万元）。

冲减开发成本：

借：应交税费——应交增值税（销项税额抵减）　192 500 000

　贷：主营业务成本——A 项目土地出让金　　192 500 000

预收款合计确认的销项税额＝33 000－19 250＝13 750（万元）

借：预收账款　　3 330 000 000

　贷：应交税费——应交增值税（销项税额）　　330 000 000

　　主营业务收入　　3 192 500 000

注意：该种账务处理方法，在次月的纳税申报过程中，在《增值税纳税申报表附列资料（一）》（本期销售情况明细）以及《增值税纳税申报表附列资料（三）》（服务、不动产和无形资产扣除项目明细）中注意填报相关行列。

⑦现房销售时，直接确认收入实现。

土地价款抵减的销项税额＝222 000÷（1＋11%）×11%×（10 000÷80 000）＝2 750（万元）

现房款合计确认的销项税额＝133 200÷（1＋11%）×11%＝13 200（万元）

冲减开发成本：

借：应交税费——应交增值税（销项税额抵减）　27 500 000

　　贷：主营业务成本——A项目土地出让金　　27 500 000

借：银行存款　　1 332 000 000

　　　贷：应交税费——应交增值税（销项税额）132 000 000

　　　　　主营业务收入　　1 200 000 000

3.7 建筑服务业务会计处理

1. “财税〔2016〕36号文”中的规定及解析

关于“建筑工程项目”，“财税〔2016〕36号文”中相关规定的核心要点如下。

（1）建筑服务的内容

将建筑服务分为了“工程服务”“安装服务”“修缮服务”“装饰服务”“其他建筑服务”。

其中，将三网、水电气等收取的安装费、初装费等明确按照安装服务征税。

疏浚属于其他建筑服务，但航道疏浚服务属于“物流辅助服务——港口码头服务”。

（2）建筑工程的简易计税

一般纳税人以“清包工”“甲供工程”“老项目”方式提供建筑服务，可以选择简易计税方法。

①“清包工”。以清包工方式提供建筑服务，是指施工方仅收取人工费、管理费或者其他费用，不采购建筑工程所需的材料或只采购辅助材料，建筑工程所需的主要材料或全部材料由建设方或上一环节工程发包方采购。

“清包工”方式可以选用简易计税，主要考虑到施工方既不采购建筑工程所需材料或只采购辅助材料，且其大部分成本为人工成本，施工方可以取得的用以抵扣的进项税额较少，按照一般计税方法计税，可能导致企业税负与原营业税税负相比大幅上升。

②“甲供工程”。甲供工程，是指施工方可能采购部分设备、材料、动

力，也可能完全不采购设备、材料、动力，工程所需全部或部分设备、材料、动力由工程发包方自行采购。

“甲供工程”方式可以选择简易计税方法的原因和“清包工”相似。但是，实务中存在建筑商与其下游（房地产企业或者建筑发包方）的博弈，如果建筑提供方比较强势的，“甲供工程”的形式可能出现甲方只提供少量设备、材料、动力等，比如说甲方就提供电力支撑，由于依然符合甲供工程的条件，所以建筑商仍然可以选用简易计税；如果其上游比较强势，上游会提供几乎所有设备、材料、动力等，并且要求建筑商按照一般计税方法，以最大化地获得建筑服务的进项。

当然对建筑企业而言是否选择简易计税方法以及“甲供”在整个工程量中占多大比例，还需要测算，取决于整个工程过程中进项的大小。这是一个可以税收筹划的点。

建筑服务多采用事业部及所属项目部的形式，并且涉及总包、分包的业务处理，本身在营业税时代，税务会计核算就比较复杂。全面“营改增”之后，建筑工程服务不仅要按照《企业会计准则第 15 号——建造合同》进行会计处理，还要按照增值税税务会计相关规定核算。一般纳税人建筑工程服务业税务会计的重点难点在于：跨区经营项目预交增值税核算、支付的分包款项的扣减核算、项目部与总部之间增值税税款往来核算以及简易计税方法的会计处理等。另外，在科目设置上，各企业可以根据实际情况设置明细科目。

2. 跨县（市）区预交增值税的核算

一般纳税人跨县（市）提供建筑服务，适用一般计税方法计税的，应以取得的全部价款和价外费用为销售额计算应纳税额。纳税人应以取得的全部价款和价外费用扣除支付的分包款后的余额，按照 2% 的预征率在建筑服务发生地预缴税款后，向机构所在地主管税务机关进行纳税申报。

根据国家税务总局发布 2016 年第 17 号公告《纳税人跨县（市、区）提供建筑服务增值税征收管理暂行办法》，根据“财税〔2016〕36 号文”、国家税务总局 2016 年 23 号公告，纳税人跨县（市、区）提供建筑服务“营改增”的核心内容见表 3-11。

表 3-11　　　　建筑服务“营改增”核心内容简表

<table>
<tr><th>纳税人</th><th colspan="2">计税方法</th><th>税率或征收率</th><th>预缴税率</th><th>预缴税款的确认</th><th>销项税额的确定</th><th>进项的抵扣</th><th>发票开具</th></tr>
<tr><td rowspan="4">一般纳税人</td><td colspan="2">一般计税</td><td>11%</td><td>2%</td><td>应预缴税款＝（全部价款和价外费用－支付的分包款）÷（1＋11%）×2%</td><td>销项税额＝（以取得的全部价款＋价外费用）÷（1＋11%）×11%</td><td>可以抵扣进项</td><td>（1）自行开具增值税发票；
（2）可以是专票也可以是普票；
（3）以销售全额开具</td></tr>
<tr><td rowspan="3">简易计税</td><td>甲供工程</td><td>3%</td><td rowspan="3">3%</td><td rowspan="4">应预缴税款＝（全部价款和价外费用－支付的分包款）÷（1＋3%）×3%</td><td rowspan="4">应纳税额＝（以取得的全部价款＋价外费用－分包款后的余额）÷（1+3%）×3%</td><td rowspan="4">不得抵扣进项</td><td rowspan="3">（1）自行开具增值税发票；
（2）可以是专票也可以是普票；
（3）以销售全额开具</td></tr>
<tr><td>清包工</td><td>3%</td></tr>
<tr><td>老项目</td><td>3%</td></tr>
<tr><td>小规模纳税人</td><td colspan="2">简易计税</td><td>3%</td><td>3%</td><td>（1）可以自行开具增值税普票，也可以自行开具增值税专用发票（月销售额超过 3 万元或季度超过 9 万元的建筑业小规模纳税人）；
（2）向税务机关申请开具增值税专用发票和普通发票；
（3）向劳务发生地国税机关申请开具；
（4）以销售全额开具</td></tr>
</table>

实务中，有时候业主在开工前先预付一部分预收款，后期则在工程款中扣回，收到这一部分款项并不作为预缴税款的节点，但要正常计提增值税销项税额。

验工计价是指对施工建设过程中已完合格工程数量或工作进行验收、计量核对验收、计量的工程数量或工作进行计价活动的总称。建筑企业取得的经业主批复的验工计价单，实际上即为企业向业主索取销售款项的凭据。“营改增”后，建筑企业的纳税义务发生时间按照行业会计处理实务，以收款、业主批复验工计价、发票开具时间孰早来确认，当然，业主验工计价并不立即支付工程款给建筑施工企业的情况不影响纳税义务时间的确定。

(1) 预收款的处理

一般纳税人一般计税方法下会计处理可以参照“房地产开发与销售行业”的相关情况：

①收到预付款项时，产生纳税义务

借：银行存款

　　贷：预收账款

　　　　应交税费——应交增值税（销项税额）[（全部价款＋价外费用）÷（1＋11%）×11%]

②考虑跨县（市）提供建筑服务要在项目所在地进行预缴，并取得完税凭证，作为机构所在地抵扣税款依据

计算预缴税金＝（全部价款和价外费用－支付并取得发票的分包款）÷（1＋11%）×2%，收到预收款当月产生纳税义务，当月预交增值税分录：

借：应交税费——预交增值税

　　贷：银行存款

(2) 简易计税方法下分包款的扣除

简易计税项目按照总包扣除分包后的差额作为销售额时，按照应抵减的增值税可以走“销项税额抵减”处理，当然也可以直接在计提增值税税金时直接抵减：

借：应交税费——应交增值税（销项税额抵减）

　　贷：主营业务成本

(3) 结算工程价款时开具增值税发票

借：应收账款

　　贷：工程结算

　　　　应交税费——应交增值税（销项税额）

(4) 计提预交增值税款的附加税

该部分发生在计提预交增值税分录之后，每月按照计提的增值税同时计提附加税，可以设置明细科目，与正常增值税金的附加税分开：

借：税金及附加

　　贷：应交税费——应交城市维护建设税

——应交教育费附加

——应交地方教育附加

【例 3-25】甲建筑企业属于一般纳税人，有两个建筑项目均采用一般计税方法，统一核算，2016 年 8 月甲企业发生以下业务：

注册地 A 项目：与工程发包方办理验工计价 538.75 万元，合同约定实际付款为结算金额的 80%，应收款 431 万元，已开具发票，未收款。接受小规模纳税人乙公司提供的清运服务 103 万元，款项已支付，取得税务机关代开的增值税专用发票。

异地 B 项目：按照施工合同，进场时收业主开工预付款不含税 500 万元，未开具发票；预付专业分包丙企业款含税金额 222 万元，未取得增值税专用发票；预付专业分包丁企业款含税金额 111 万元，取得增值税专用发票。

问题：不考虑其他因素，甲企业如何进行账务处理（会计分录单位为万元）？

解析：

甲建筑公司所属 A 项目 8 月份账务处理如下。

①验工计价，确认工程结算。

借：应收账款　　4 310 000

　　贷：工程结算　　3 882 900

　　　　应交税费——应交增值税（销项税额）（A 项目）

　　　　　　427 100

②外购服务。

借：工程施工　　1 000 000

　　应交税费——应交增值税（进项税额）[1 030 000÷（1+3%）]

　　　　　　30 000

　　贷：银行存款　　1 030 000

甲建筑公司所属 B 项目 8 月份账务处理。

①收到预付款时。

借：银行存款　　5 000 000

　　贷：预收账款　　5 000 000

借：预收账款　　5 000 000

　　贷：工程结算　　4 450 000

应交税费——应交增值税（销项税额）（B项目）（5 000 000×11%）

550 000

②支付专业分包款。

借：预付账款——丙企业　　2 220 000

——丁企业　　1 110 000

贷：银行存款　　3 330 000

借：工程施工——合同成本（专业分包成本）　　3 220 000

应交税费——应交增值税（进项税额）[1 110 000÷（1+11%）×11%]

110 000

贷：预付账款　　3 330 000

③计提预收款预交增值税。

借：应交税费——预交增值税　　8 800

贷：应交增值税——未交增值税（B项目）　　8 800

注意：

（1）扣除的分包款应当取得分包方开具给总包方的增值税发票（普通发票或专用发票）。

（2）纳税人取得的全部价款和价外费用扣除支付的分包款后的余额为负数的，可结转下次预缴税款时继续扣除。

（3）纳税人应按照工程项目分别计算应预缴税款，分别预缴。

（4）纳税人预缴的税款可以在当期增值税应纳税额中抵减，抵减不完的，结转下期继续抵扣。以预缴税款抵减应纳税额，应以完税凭证作为合法有效凭证。

（5）由于支付给丙企业的预付分包款没有取得扣税凭证，因此不作为预交增值税的扣减项目。所以B项目异地预交增值税额＝500×11%×2%－111÷（1+11%）×11%×2%＝0.88（万元）。另外，B项目下月要在项目所在地预交增值税：

借：应交增值税——未交增值税（B项目）　　8 800

贷：银行存款　　8 800

甲企业9月份汇总应纳税额

①销项税额＝42.71+55＝97.71（万元）

②进项税额＝3+11＝13（万元）

③已交税金＝0.88（万元）

④当月应纳税增值税额＝销项税额－进项税额－预缴税金＝83.83（万元）

借：应交税费——应交增值税（转出未交增值税）　838 300

　　贷：应交税费——未交增值税　838 300

【例 3-26】甲企业为一般纳税人，承包C建筑工程项目，采用简易计税方法核算。2016年5月按建筑承包合同约定的日期收到预收工程款36 000万元，接受采用简易征收方式计税的D公司提供的建筑服务，价值12 000万元，款项已支付，取得普通发票。

问题：当月甲企业如何进行会计处理？

解析：

①收到预付款。

借：银行存款　360 000 000

　　贷：应交税费——简易计税　10 485 400

　　　　工程结算（或预收账款）[36 000÷（1+3%）]

　　　　349 514 600

②支付分包款

借：工程施工 [12 000÷（1+3%）]　116 504 900

　　应交税费——简易计税　3 495 100

　　贷：银行存款　120 000 000

③次月缴纳增值税

借：应交税费——简易计税　6 990 300

　　贷：银行存款　6990300

注意：按照建筑业“营改增”要求，一般纳税人采用简易计税方法的，要按照全部价款及价外费用减去分包款后的余额作为销售额，即：

应纳税额＝（以取得的全部价款＋价外费用－分包款后的余额）÷（1+3%）×3%

另外，对于增值税小规模纳税人提供建筑服务，由于“应交税费——应交增值税”下不设专栏，按规定扣减销售额而减少的应交增值税应直接冲减“应交税费——应交增值税”科目，其他处理与一般纳税人的简易计税项目基本相同。

2. 项目部汇总纳税的账务处理

(1) 明细科目设置

汇总纳税方式下，会计科目“应交税费——应交增值税”应增设明细科目“结转进项税额”“结转销项税额”“结转进项税转出”“预缴税款”等，在“内部往来”或“其他应收款”科目增设“增值税专项”等。

(2) 项目部月末往来账的处理

项目部、事业部月末把本期发生的可抵扣进项税额、销项税额、预缴的增值税额、进项税额转出额应结转到总机构增值税专项、结转时项目部会计分录相应为：

借：内部往来——总机构增值税专项

　　贷：应交税费——应交增值税（结转进项税额）

借：应交税费——应交增值税（结转销项税额）

　　贷：内部往来——总机构增值税专项

借：内部往来——总机构增值税专项

　　贷：应交税费——应交增值税（已交税金）

借：应交税费——应交增值税（结转进项税额转出）

　　贷：内部往来——总机构增值税专项

(3) 总机构账务处理

①对与项目部的往来账处理。月末，项目部把本期的应交税费相关科目发生额结转到总机构时，总机构做相反的分录。

②汇总缴纳增值税。总机构当期应纳税额＝总机构汇总的当期销项税额－总机构汇总的当期进项税额－总机构汇总的当期已交税额（含预征税额）－总机构本部上期留抵进项税额。

第一种情况，当期应纳税额大于零，则：

借：应交税费——应交增值税（转出未交增值税）

　　贷：应交税费——未交增值税

同时，计提营业税金及附加。月末应按各项目部当月汇总应补纳的增值税税额计算各自应分配的营业税金及附加，并结转到每个项目。

借：营业税金及附加（红字）

　　贷：内部往来——××项目部

次月交上月增值税时，借记“应交税费——未交增值税”，贷记“银行存款”科目。

第二种情况，当汇总计算当期应纳税额小于零，当期应纳增值税为零，则：

月底，将本月发生的多交增值税税额额自“应交税费——应交增值税”科目转入“应交税费——未交增值税”明细科目，

借：应交税费——未交增值税

　　贷：应交税费——应交增值税（转出多交增值税）

第三种情况，当汇总计算当月销项税额小于当月进项税额和上期进项留抵额之和，则：

当月应纳增值税为零。如当月没有已交税额（含预征税额），不需要进行账务处理。

3. 建筑业质保金相关业务核算

质保金是“工程质量保证金”的简称，为了确保建筑工程质量，避免因质量问题保修费用无着落，建设单位在与施工单位结算支付工程款时，一般会预留工程总额的5%作为质保金，用以保证承包人在缺陷责任期内对建设工程出现的缺陷进行维修的资金。缺陷责任期一般为六个月、一年或者更长，具体可由发包、承包双方在合同中约定。

根据《国家税务总局关于在境外提供建筑服务等有关问题的公告》(国家税务总局 2016 年第 69 号公告）文件规定，纳税人提供建筑服务，被工程发包方从应支付的工程款中扣押的质押金、保证金，未开具发票的，以纳税人实际收到质押金、保证金的当天为纳税义务发生时间。实务中，业务流程新比较复杂，开票、收款不能完全匹配，存在属于“会计上已经确认收入而未达到增值税纳税义务发生时间”的情况。按照最新的增值税会计处理规定，可以使用“应交税费——待转销项税额”科目进行核算，具体以案例展示如下：

【例 3-27】乙企业承建甲公司办公大楼装修工程，2016 年 7 月开工，按照一般计税方法计税。2016 年 10 月 10 日，工程项目完工后与甲公司办理工程结算，不含税工程价款为 1 000 万元。甲公司支付了 95%的工程价款，其余

部分作为质保金6个月后于2017年4月10日支付。

问题：甲企业对此应如何做增值税会计处理？若其他条件不变，2017年1月10日，甲方通知乙企业，由于装修工程出现缺陷，甲公司决定扣除质保金333万元（含税）并自行维修，4月10日支付剩余质保金22.2万元（含税）。则甲企业对此又该如何做增值税会计处理？

解析：

①2016年10月10日，办理工程价款结算，收到部分工程款时。

借：银行存款［10 000 000×（1＋11％）×95％］

10 545 000

应收账款 555 000

贷：工程结算 10 000 000

应交税费——应交增值税（销项税额）（10 000 000×95％×11％）

1 045 000

——待转销项税额 55 000

②2017年4月10日，甲公司收到质保金时，结转待转销项税额。

借：银行存款 555 000

应交税费——待转销项税额 55 000

贷：应收账款 555 000

应交税费——应交增值税（销项税额） 55 000

③2017年1月10日，甲公司如果扣除质保金33.3万元并自行维修，则：

借：营业外支出 333 000

应交税费——待转销项税额［333 000÷（1＋11％）×11％］

33 000

贷：应收账款 333 000

应交税费——应交增值税（销项税额） 33 000

④2017年4月10日，乙公司收到剩余质保金时。

借：银行存款 222 000

应交税费——待转销项税额 22 000

贷：应收账款 222 000

应交税费——应交增值税（销项税额） 22 000

注意：如果甲企业通过“甲供材”“清包工”等方式采用简易计税方法，则核算时需要把“应交税费——应交增值税（销项税额）”科目换为“应交税费——简易计税”。

3.8 增值税检查调整的会计处理

增值税检查后的账务调整，应设立“应交税费——增值税检查调整”专门账户。凡检查后应调减账面进项税额或调增销项税额和进项税额转出的数额，借记有关科目，贷记本科目；凡检查后应调增账面进项税额或调减销项税额和进项税额转出的数额，借记本科目，贷记有关科目；全部调账事项入账后，应结出本账户的余额，并对该余额进行处理：

（1）若余额在借方，全部视同留抵进项税额，按借方余额数，借记“应交税费——应交增值税（进项税额）”科目，贷记本科目。

（2）若余额在贷方，且“应交税费——应交增值税”账户无余额，按贷方余额数，借记本科目，贷记“应交税费——未交增值税”科目。

（3）若本账户余额在贷方，“应交税费——应交增值税”账户有借方余额且等于或大于这个贷方余额，按贷方余额数，借记本科目，贷记“应交税费——应交增值税”科目。

（4）若本账户余额在贷方，“应交税费——应交增值税”账户有借方余额但小于这个贷方余额，应将这两个账户的余额冲出，其差额贷记“应交税费——未交增值税”科目。

上述账务调整应按纳税期逐期进行。

【例 3-28】某企业为一般纳税人，2016 年 6 月接受税务机关检查，在检查中发现企业其他应付款科目有一笔挂账两年的应付款项，金额为 1 170 万元。经检查，确认此为隐瞒收入，税务机关要求该企业在本月调账，并于 3 月 31 日前补缴税款入库（不考虑其他因素）。

问题：企业对此应如何做会计处理？

解析：

借：其他应付款　　11 700 000

　　贷：以前年度损益调整　　10 000 000

　　　　应交税费——增值税检查调整　　1 700 000

借：应交税费——增值税检查调整　　1 700 000

　　贷：应交税费——未交增值税　　1 700 000

补缴税款时：

借：应交税费——未交增值税　　1 700 000

　　贷：银行存款　　1 700 000

THE

FOURTH

CHAPTER

第4章

全面“营改增”纳税申报技巧

目前，实际工作中，企业大多选择网上申报的方式来进行税款的申报，往往只有网上申报出现问题，要修改报表或者税务机关要求等情况下才到主管部门的办理大厅申报。本章聚焦网上纳税申报，分不同行业，针对纳税申报过程中出现问题，逐一揭示申报技巧。

4.1　纳税申报基本问题

1. 增值税纳税申报征期

增值税的纳税期限分别为1日、3日、5日、10日、15日、1个月或者1个季度。纳税人的具体纳税期限，由主管税务机关根据纳税人应纳税额的大小分别核定。以1个季度为纳税期限的规定适用于小规模纳税人、银行、财务公司、信托投资公司、信用社，以及财政部和国家税务总局规定的其他纳税人。不能按照固定期限纳税的，可以按次纳税。

纳税人以1个月或者1个季度为1个纳税期的，自期满之日起15日内申报纳税，遇最后一日为法定节假日的，顺延1日，1日至15日内有连续3日以上法定休假日的，按休假日天数顺延。

以1日、3日、5日、10日或者15日为1个纳税期的，自期满之日起5日内预缴税款，于次月1日起15日内申报纳税并结清上月应纳税款。

小规模纳税人按季申报的，“营改增”后第一个申报期为7月。

2. 增值税申报流程

一般纳税人和小规模纳税人，在征期内进行申报，申报具体流程为：

(1) 抄报税：纳税人在征期内登陆开票软件抄税，并通过网上抄报或办税厅抄报，向税务机关上传上月开票数据。

(2) 纳税申报：纳税人通过一证通或CA证书登录网上申报软件进行网上申报。网上申报成功并通过税银联网实时扣缴税款。

(3) 清零解锁：申报成功后，纳税人返回开票系统对税控设备进行清零解锁。实务中一般以当月纳税申报期限为最后截止日，如果错过清零解锁的日期，可以带上税控盘去税务办税大厅解锁。

注意：

①一般纳税人、小规模纳税人无税控设备的只需进行第二步申报操作，无须进行第一和第三步操作。无税控机的纳税人，需要去税务机关代开发票，纳税申报时，会和税务机关代开发票数据进行比对，比对成功后方能申报成功。

②按季申报的有税控设备小规模纳税人在非申报月份只需进行第一步和第三步。不需要进行第二步申报操作。

3. 纳税申报表及其申报资料

根据《国家税务总局关于全面推开营业税改征增值税试点后增值税纳税申报有关事项的公告》（国家税务总局公告 2016 年第 13 号）规定，纳税申报资料包括纳税申报表及其附列资料、纳税申报其他资料。

纳税申报表及其附列资料为必报资料。

纳税申报其他资料的报备要求由各省、自治区、直辖市和计划单列市国家税务局确定。

（1）增值税一般纳税人申报表

一般纳税人纳税申报系统里面一般有 11 张报表需要填报。具体有：《增值税纳税申报表（一般纳税人适用）》；《增值税纳税申报表附列资料（一）》（本期销售情况明细）；《增值税纳税申报表附列资料（二）》（本期进项税额明细）；《增值税纳税申报表附列资料（三）》（服务、不动产和无形资产扣除项目明细）；《增值税纳税申报表附列资料（四）》（税额抵减情况表）；《增值税纳税申报表附列资料（五）》（不动产分期抵扣计算表）；《固定资产（不含不动产）进项税额抵扣情况表》；《本期抵扣进项税额结构明细表》；《增值税减免税申报明细表》；《"营改增"税负分析测算明细表》；《增值税预缴税款表》。

注意：

①无论是一般纳税人还是小规模纳税人，正式的增值税纳税申报表单位均为元，四舍五入，小数点后保留两位数字（本书中个别例题为便于理解，采用万元为单位）。

②不同类型的企业，填报的报表不一样。根据当月增值税业务情况，不一定全部使用 11 张报表，尤其是附列资料表。

③一般纳税人销售服务、不动产和无形资产，在确定服务、不动产和无

形资产销售额时，按照有关规定可以从取得的全部价款和价外费用中扣除价款的，需填报《增值税纳税申报表附列资料（三）》。其他情况不填写该附列资料。

④纳税人跨县（市）提供建筑服务、房地产开发企业预售自行开发的房地产项目、纳税人出租与机构所在地不在同一县（市）的不动产，按规定需要在项目所在地或不动产所在地主管国税机关预缴税款的，需填写《增值税预缴税款表》。

⑤纳税人通过网上申报的，不需再向税务机关报送纸质资料，但需要自行将相关资料留存备查。纳税人根据自己经营业务实际选择需要申报提交的资料，并在报表上加盖公章，复印件注明“此件由我单位提供，复印件与原件一致”。

⑥由从事建筑、房地产、金融或生活服务等经营业务的增值税一般纳税人在办理增值税纳税申报时填报，具体名单由主管税务机关确定。

⑦一般纳税人根据自己的业务需要，申报表要和会计账核对一致。

（2）增值税小规模纳税人申报表

小规模纳税人申报系统一般有3张表需要填报。具体有：《增值税纳税申报表（小规模纳税人适用）》；《增值税纳税申报表（小规模纳税人适用）附列资料》；《增值税减免税申报明细表》。

注意：小规模纳税人销售服务，在确定服务销售额时，按照有关规定可以从取得的全部价款和价外费用中扣除价款的，需填报《增值税纳税申报表（小规模纳税人适用）附列资料》。其他情况不填写该附列资料。

（3）纳税申报其他资料

①已开具的税控机动车销售统一发票和普通发票的存根联。

②符合抵扣条件且在本期申报抵扣的增值税专用发票（含税控机动车销售统一发票）的抵扣联。

③符合抵扣条件且在本期申报抵扣的海关进口增值税专用缴款书、购进农产品取得的普通发票的复印件。

④符合抵扣条件且在本期申报抵扣的税收完税凭证及其清单，书面合同、付款证明和境外单位的对账单或者发票。

⑤已开具的农产品收购凭证的存根联或报查联。

⑥纳税人销售服务、不动产和无形资产，在确定服务、不动产和无形资

产销售额时，按照有关规定从取得的全部价款和价外费用中扣除价款的合法凭证及其清单。

⑦主管税务机关规定的其他资料。

4. 纳税人相关业务纳税申报步骤

（1）销售情况的填写

第一步：填写《增值税纳税申报表附列资料（一）》（本期销售情况明细）第1至11列。

注意：纳税人当月开票收入和申报收入实行一窗式比对，纳税人申报收入小于当月开票收入的，一窗式比对不通过，纳税人无法自行清卡，需要到税务机关前台手工操作。

第二步：填写《增值税纳税申报表附列资料（三）》（服务、不动产和无形资产扣除项目明细）（有差额扣除项目的纳税人填写）。

第三步：填写《增值税纳税申报表附列资料（一）》（本期销售情况明细）第12至14列（有差额扣除项目的纳税人填写）。

第四步：填写《增值税减免税申报明细表》（有减免税业务的纳税人填写）。

（2）进项税额的填写

第五步：填写《增值税纳税申报表附列资料（五）》（不动产分期抵扣计算表）（有不动产进项税额分期抵扣业务的纳税人填写）。

第六步：填写《固定资产（不含不动产）进项税额抵扣情况表》，有固定资产（不含不动产）进项税额抵扣业务的纳税人填写。

第七步：填写《增值税纳税申报表附列资料（二）》（本期进项税额明细）。

第八步：填写《本期抵扣进项税额结构明细表》。

（3）税额抵减的填写

第九步：填写《增值税纳税申报表附列资料（四）》（税额抵减情况表）（有税额抵减业务的纳税人填写）。

（4）主表的填写

第十步：填写《增值税纳税申报表（一般纳税人适用）》（根据附表数据填写主表）

（5）“营改增”税负测算表的填写

第十一步：《“营改增”税负分析测算明细表》（从事建筑、房地产、金融或生活服务等经营业务的填写）

4.2 不动产分期抵扣申报技巧

1. 购入不动产分期抵扣

全面“营改增”有关企业购入不动产分期抵扣的政策，本书前面章节详细解析了抵扣政策及会计处理技巧，接下来继续介绍取得不动产分期抵扣的纳税申报部分，也建议大家和前面的政策和会计处理结合来看，以便更加深入地把握政策。

【例 4-1】甲企业为增值税一般纳税人，2016 年 5 月购进了办公大楼一座，用于公司办公，计入固定资产，采用直线法折旧，预计使用年限为 20 年，并于次月开始计提。该纳税人取得了增值税专用发票并认证相符。专用发票上注明的金额为 10 000 万元，增值税税额为 1 100 万元。

问题：2016 年 6 月如何进项纳税申报处理？

解析：根据“营改增”政策，60％的部分于取得扣税凭证的当期从销项税额中抵扣；40％的部分为待抵扣进项税额，于取得扣税凭证的当月起第 13 个月从销项税额中抵扣。

所以，1 100 万元进项税额中的 660 万元（1 100×60％）于当期抵扣，计入“进项税额”；剩余 440 万元（1 100×40％）于当期的第 13 个月抵扣，计入“待抵扣进项税额”。在 2016 年 6 月征期内要做如下申报处理：

第一步，申报进项税额。

1 100 万元作为本期取得的不动产进项税额填入《增值税纳税申报表（一般纳税人适用）》附列资料（五）（见表 4-1）第 2 列“本期不动产进项税额增加额”。

填入《增值税纳税申报表（一般纳税人适用）附列资料（二）》（见表 4-2）第 2 栏“本期认证相符且本期申报抵扣”和第 9 栏“本期用于构建不动产的扣税凭证”。

第二步，填写抵扣金额和留底金额。

计算本期可以抵扣的进项税额＝1 100×60％＝660 万元，填入《增值税纳税申报表（一般纳税人适用）附列资料（五）》第3列“本期可抵扣不动产进项税额”，同时填写《增值税纳税申报表（一般纳税人适用）附列资料（二）》第10栏“本期不动产允许抵扣进项税额”。

第三步，关联主表填。

该大楼待抵扣的进项税额440万元填入《增值税纳税申报表（一般纳税人适用）附列资料（五）》（见表4-3）第6列“期末待抵扣不动产进项税额”。

表4-1　　增值税纳税申报表附列资料（五）

期初待抵扣不动产进项税额	本期不动产进项税额增加额	本期可抵扣不动产进项税额	本期转入的待抵扣不动产进项税额	本期转出的待抵扣不动产进项税额	期末待抵扣不动产进项税额
1	2	3≤1+2+4	4	5≤1+4	6=1+2－3+4－5
0	11 000 000	6 600 000	0	0	4 400 000

注意： 增值税纳税申报表附列资料（五）不动产分期抵扣情况表，该表是不动产分期抵扣最核心的一张表，附列资料（二）（见表4-2）、主表（见表4-3）中的一些数据都是这张表直接带出来的，后面有关不动产分期抵扣的延伸业务会经常用到，具体填写说明如下：

（1）第1列“期初待抵扣不动产进项税额”：填写纳税人上期期末待抵扣不动产进项税额。

（2）第2列“本期不动产进项税额增加额”：填写本期取得的符合税法规定的不动产进项税额。

（3）第3列“本期可抵扣不动产进项税额”：填写符合税法规定可以在本期抵扣的不动产进项税额。

（4）第4列“本期转入的待抵扣不动产进项税额”：填写按照税法规定本期应转入的待抵扣不动产进项税额。

（5）第5列“本期转出的待抵扣不动产进项税额”：填写按照税法规定本期应转出的待抵扣不动产进项税额。

（6）第6列“期末待抵扣不动产进项税额”：填写本期期末尚未抵扣的不动产进项税额，按表中公式填写。

表 4-2　　增值税纳税申报表附列资料（二）

一、申报抵扣的进项税额				
项　　目	栏次	份数	金额	税额
（一）认证相符的税控增值税专用发票	1	1	100 000 000	11 000 000
其中：本期认证相符且本期申报抵扣	2		100 000 000	11 000 000
前期认证相符且本期申报抵扣	3		—	—
（二）其他扣税凭证	4=5+6+7+8		—	—
其中：海关进口增值税专用缴款书	5		—	—
农产品收购发票或者销售发票	6		—	—
代扣代缴税收缴款凭证	7		—	—
其他	8		—	—
（三）本期用于购建不动产的扣税凭证	9		100 000 000	11 000 000
（四）本期不动产允许抵扣进项税额	10	—	—	6 600 000
（五）外贸企业进项税额抵扣证明	11	—	—	—
当期申报抵扣进项税额合计	12=1+4-9+10+11	—	—	6 600 000

表 4-3　　增值税纳税申报表

（一般纳税人适用）

根据国家税收法律法规及增值税相关规定制定本表。纳税人不论有无销售额，均应按税务机关核定的纳税期限填写本表，并向当地税务机关申报。

项　　目		栏　　次	一般项目		即征即退项目	
			本月数	本年累计	本月数	本年累计
销售额	（一）按适用税率计税销售额	1				
	其中：应税货物销售额	2				
	应税劳务销售额	3				

续上表

项目		栏次	一般项目		即征即退项目	
			本月数	本年累计	本月数	本年累计
销售额	纳税检查调整的销售额	4				
	（二）按简易办法计税销售额	5				
	其中：纳税检查调整的销售额	6				
	（三）免、抵、退办法出口销售额	7			—	—
	（四）免税销售额	8			—	—
	其中：免税货物销售额	9			—	—
	免税劳务销售额	10			—	—
税款计算	销项税额	11				
	进项税额	12	66 000 000	6 600 000		
	上期留抵税额	13				—
	进项税额转出	14				
	免、抵、退应退税额	15			—	—
	按适用税率计算的纳税检查应补缴税额	16			—	—
	应抵扣税额合计	17＝12＋13－14－15＋16		—		—
	实际抵扣税额	18（如17＜11，则为17，否则为11）				
	应纳税额	19＝11－18				
	期末留抵税额	20＝17－18				—
	简易计税办法计算的应纳税额	21				
	按简易计税办法计算的纳税检查应补缴税额	22			—	—
	应纳税额减征额	23				
	应纳税额合计	24＝19＋21－23				

2. 待抵扣税额到期的处理

【例 4-2】接【例 4-1】，2017 年 6 月，甲企业纳税申报时，不考虑其他因素，如何处理该笔不动产抵扣事项？

分析：根据“营改增”政策规定，取得不动产 40%的部分为待抵扣进项税额，于取得扣税凭证的当月起第 13 个月从销项税额中抵扣。

该案例中，2017 年 6 月正好是第 13 个月，440 万元待抵扣进项税额还在《增值税纳税申报表附列资料（五）》（见表 4-4）中，要进项调整，从第 6 列“期末待抵扣不动产进项税额”转到第 3 列“本期可抵扣不动产进项税额”。

同时，《增值税纳税申报表附列资料（二）》（见表 4-5）中第 10 行、第 12 行“金额”栏，申报系统会自动带出来 4 400 000 元；

主表《增值税纳税申报表（一般纳税人）适用》中第 12 行一般项目的“本月数”和“本年累计数”也会自动带出 4 400 000 元。

表 4-4　　增值税纳税申报表附列资料（五）

（不动产分期抵扣计算表）

税款所属时间：2017 年 6 月 1 日至 2017 年 6 月 30 日

纳税人名称：（公章）　　　　金额单位：元至角分

期初待抵扣不动产进项税额	本期不动产进项税额增加额	本期可抵扣不动产进项税额	本期转入的待抵扣不动产进项税额	本期转出的待抵扣不动产进项税额	期末待抵扣不动产进项税额
1	2	3≤1+2+4	4	5≤1+4	6=1+2−3+4−5
4 400 000		4 400 000			0

表 4-5　　增值税纳税申报表附列资料（二）

一、申报抵扣的进项税额				
项　　目	栏　　次	份数	金额	税额
（一）认证相符的税控增值税专用发票	1			
其中：本期认证相符且本期申报抵扣	2			
前期认证相符且本期申报抵扣	3			
（二）其他扣税凭证	4=5+6+7+8			
其中：海关进口增值税专用缴款书	5			

续上表

一、申报抵扣的进项税额				
项　　目	栏　　次	份数	金额	税额
农产品收购发票或者销售发票	6			
代扣代缴税收缴款凭证	7			
其他	8			
（三）本期用于购建不动产的扣税凭证	9			
（四）本期不动产允许抵扣进项税额	10	—		4 400 000
（五）外贸企业进项税额抵扣证明	11	—	—	—
当期申报抵扣进项税额合计	12＝1＋4－9＋10＋11			4 400 000

3. 不动产用途发生改变的申报处理

不动产发生用途改变包括两种情况，一种是专用于集体福利的，转成专用或混用于生产经营的；另一种是反向的转换。

（1）第一种情况

原来是不可以抵扣，改变用途后，能够抵扣了，原理上可以视同“初次取得”，同样分期抵扣，部分申报也和“初次取得”大致相同。

【例 4-3】2016 年 6 月 1 日，甲企业购入厂房一座，取得增值税专用发票，并认证通过，专用发票上注明的金额为 10 000 万元，增值税额 1 100 万元；该厂房专用于生产增值税免税产品。当月入账，计入固定资产，分 10 年计提折旧，采取直线折旧法，无残值。

假如：2018 年 6 月 5 日，甲企业把该厂房同时用于生产增值税应税产品。

问题：增值税进项税额如何进项抵扣？

解析：根据《不动产进项税额分期抵扣暂行办法》的相关规定，该不动产专用于生产增值税免税产品，1 100 万元的增值税进项税额应该全额转出。

在 2016 年 6 月会计上确认，进项税额转出；2016 年 7 月申报进项税额转出。

①计算可抵扣进项税额。

累计折旧金额＝（10 000 ÷10）×2＝2 000（万元）；

不动产净值率＝（10 000－2 000）÷10 000＝80%

可抵扣进项税额＝1 100×80％＝880（万元）。

②2018 年 7 月 60％部分的纳税申报处理。

当期抵扣进项税额＝880×60％＝528（万元），由于取得专用发票当期认证后没有抵扣，做进项税额转出处理了。所以在 2018 年 6 月从“进项税额转出”中转入“进项税额”，同时减少资产原值，并在 2018 年 7 月纳税申报抵扣。

把可抵扣进项税总额 880 万元填入《增值税纳税申报表（一般纳税人适用）附列资料（二）》（见表 4-6）第 8 栏“其他”项目中。同时，仍然填写第 9 栏“本期用于构建不动产的扣税凭证”有关抵扣的有效票据的“税额”，和第 8 栏保持数据一致。另外，“金额”可以不用填写。

本期可抵扣金额体现在《增值税纳税申报表（一般纳税人适用）附列资料（二）》（见表 4-6）第 10 栏、12 栏，“税额”列与《增值税纳税申报表附列资料（五）》（见表 4-7）第 2 列“本期不动产进项税额增加额”相等。

③40％部分的纳税申报。

待抵扣进项税额＝880×40％＝352（万元），主要在《增值税纳税申报表附列资料（五）》（见表 4-7）第 6 列中体现，原理同“初次取得”分期抵扣。

待抵扣进项税额到期处理和一般业务的处理情况一样（略）。

表 4-6　　增值税纳税申报表附列资料（二）

一、申报抵扣的进项税额				
项　　目	栏　　次	份数	金额	税额
（一）认证相符的税控增值税专用发票	1	1		
其中：本期认证相符且本期申报抵扣	2			
前期认证相符且本期申报抵扣	3			
（二）其他扣税凭证	4＝5＋6＋7＋8			
其中：海关进口增值税专用缴款书	5			
农产品收购发票或者销售发票	6			
代扣代缴税收缴款凭证	7		—	
其他	8			8 800 000
（三）本期用于购建不动产的扣税凭证	9			8 800 000

续上表

一、申报抵扣的进项税额				
项　　目	栏　　次	份数	金额	税额
（四）本期不动产允许抵扣进项税额	10	—	—	5 280 000
（五）外贸企业进项税额抵扣证明	11	—	—	
当期申报抵扣进项税额合计	12＝1＋4－9＋10＋11			5 280 000

表 4-7　　增值税纳税申报表附列资料（五）

期初待抵扣不动产进项税额	本期不动产进项税额增加额	本期可抵扣不动产进项税额	本期转入的待抵扣不动产进项税额	本期转出的待抵扣不动产进项税额	期末待抵扣不动产进项税额
1	2	3≤1＋2＋4	4	5≤1＋4	6＝1＋2－3＋4－5
0	8 800 000	5 280 000	0	0	3 520 000

（2）第二种情况

第二种情况是指，取得不动产原来是专用或混用于办公使用，但是后期又改为集体福利使用的情形。

纳税申报的做法，主要是转出待抵扣进项税额，发生非正常损失需要扣减不动产待抵扣进项税额与此情形类似，故本书不再单独举例讲解发生非正常损失情况的处理。

【例 4-4】接【例 4-1】，2017 年 3 月，甲企业决定改变该办公楼的用途，专用于职工食堂及娱乐活动中心。

问题：2017 年 4 月甲企业纳税申报如何处理？

解析：

根据“营改增”政策，以抵扣进项税额的不动产转用于集体福利项目的，按照下列公式计算不得抵扣的进项税额：

不得抵扣的进项税额＝（已抵扣进项税额＋待抵扣进项税额）×不动产净值率

不动产净值率＝（不动产净值÷不动产原值）×100％

不得抵扣的进项税额小于或等于该不动产已抵扣进项税额的，应于该不动产改变用途的当期，将不得抵扣的进项税额从进项税额中抵减。

该案例，已经计提的折旧额＝10 000÷20×10÷12＝416.67（万元）

不动产净值率＝（不动产净值÷不动产原值）×100％＝（10 000－416.67）÷10 000＝95.83％

不得抵扣的进项税额＝1 100×95.83％＝1 054.13（万元）

不得抵扣的进项税额大于首次抵扣的进项税额660万元，具体处理如下：

①首先将已抵扣的660万元进项税额转出。填入《增值税纳税申报表（一般纳税人适用）附列资料（二）》（见表4-8）第15栏“集体福利、个人消费”。

表4-8　　增值税纳税申报表附列资料（二）

二、进项税额转出额		
项　目	栏　次	税　额
本期进项税额转出额	13＝14至23之和	6 600 000
其中：免税项目用	14	
集体福利、个人消费	15	6 600 000
非正常损失	16	
简易计税方法征税项目用	17	
免抵退税办法不得抵扣的进项税额	18	
纳税检查调减进项税额	19	
红字专用发票信息表注明的进项税额	20	
上期留抵税额抵减欠税	21	
上期留抵税额退税	22	
其他应作进项税额转出的情形	23	

②计算差额部分＝1 054.13－660＝394.13万元。将差额部分从“待抵扣进项税额”中转出。填入《增值税纳税申报表（一般纳税人适用）附列资料（五）》（见表4-9）第5列“本期转出的待抵扣不动产进项税额”。

③计算期末待抵扣不动产进项税额＝期初待抵扣不动产进项税－本期转出的待抵扣不动产进项税额＝440－394.13＝45.87万元。该结果一般申报系

统会自动带出了。

④2020 年 6 月，增值税纳税申报表附列资料（五）（见表 4-9）第 6 列“期末待抵扣不动产进项税额”458 700 元，转入可以抵扣的进项税额，转入该表的第 1 列、第 3 列，具体做法略。

该项业务在 2017 年 4 月（税款所属期），申报表《增值税纳税申报表（一般纳税人适用）附列资料（五）》（见表 4-9）的填报方法具体如下：

表 4-9 增值税纳税申报表附列资料（五）

期初待抵扣不动产进项税额	本期不动产进项税额增加额	本期可抵扣不动产进项税额	本期转入的待抵扣不动产进项税额	本期转出的待抵扣不动产进项税额	期末待抵扣不动产进项税额
1	2	3≤1+2+4	4	5≤1+4	6=1+2−3+4−5
4 400 000	0	0	0	3 941 300	458 700

4. 在建工程使用已全额抵扣进项税额的材料

根据“营改增”相关政策，购进时已全额抵扣进项税额的货物和服务，转用于不动产在建工程的，其已抵扣进项税额的 40%部分，应于转用的当期从进项税额中扣减，计入待抵扣进项税额，并于转用的当月起第 13 个月从销项税额中抵扣。

【例 4-5】2016 年 8 月 20 日，一般纳税人甲集团公司，购入一批建筑材料用于销售，取得增值税专用发票并认证相符，专用发票注明的增值税税额为 100 万元，在购进的当期全额抵扣进项税额。10 月 20 日，纳税人将该批材料用于新建的综合办公大楼的在建工程项目。

问题：在 2016 年 11 月甲集团公司纳税申报时如何处理该笔业务？

解析：

按照政策规定，该 34 万元进项税额在购进的当期可全额抵扣，在后期用于不动产在建工程时，做如下处理：

①转出待抵扣部分。

该 100 万元进项税额中的 60%不需要转出，但是改变用途的当期，应该转出 40 万元的进项税额，填入到《增值税纳税申报表附列资料（二）》（见表 4-10）23 行“其他应作进项税额转出的情形”中。

②转入待抵扣不动产进项税额处理。

转出的“进项税额”应于当月转入“待抵扣的不动产进项税额”中，填写在《值税纳税申报表附列资料（五）》（见表4-11）第4列“本期转入的待抵扣不动产进项税额”栏中。

注意，本期转入的待抵扣不动产进项税额小于等于《值税纳税申报表附列资料（二）》（见表4-10）第23栏“其他应作进项税额转出的情形”“税额”列。

该项业务在2016年11月征期内，申报表填报方法见表4-10，表4-11。

表4-10　增值税纳税申报表附列资料（二）

二、进项税额转出额		
项　　目	栏　　次	税　　额
本期进项税额转出额	13＝14至23之和	400 000
其中：免税项目用	14	
集体福利、个人消费	15	
非正常损失	16	
简易计税方法征税项目用	17	
免抵退税办法不得抵扣的进项税额	18	
纳税检查调减进项税额	19	
红字专用发票信息表注明的进项税额	20	
上期留抵税额抵减欠税	21	
上期留抵税额退税	22	
其他应作进项税额转出的情形	23	400 000

表4-11　增值税纳税申报表附列资料（五）

期初待抵扣不动产进项税额	本期不动产进项税额增加额	本期可抵扣不动产进项税额	本期转入的待抵扣不动产进项税额	本期转出的待抵扣不动产进项税额	期末待抵扣不动产进项税额
1	2	3≤1＋2＋4	4	5≤1＋4	6＝1＋2－3＋4－5
0	0	0	400 000	0	400 000

4.3 房地产企业纳税申报技巧

1. 一般计税方法的申报

房地产企业销售自行开发的房地产项目的纳税申报，比较突出的问题是“增值税预缴税款表”的填写，其他一般业务的申报方法和其他行业一样。

一般纳税人采取预收款方式销售自行开发的房地产项目，应在收到预收款次月纳税申报期，向机构所在地主管国税机关预缴税款，预征率3%。

房地产开发企业中的一般纳税人销售房地产老项目、适用一般计税方法计税的，也适用该申报方法，且应在不动产所在地国税机关预缴，向机构所在地国税机关进行纳税申报，预征率3%。

【例4-6】北京某房地产开发企业公司是增值税一般纳税人，2016年4月30日，开工A商品房项目，该项目可售建筑面积共计9 000平方米，支付土地出让金8 000万元。

2016年5月，销售该项目3 000平方米，取得预收款11 100万元，其中1 110万元开具增值税专用发票，其余开具增值税普通发票，不考虑其他业务，企业决定采用一般计税方法核算A房地产项目。

问题：6月份该企业A项目纳税申报如何处理？

解析：

房地产老项目一般计税方法的纳税申报，主要做好以下工作：

（1）计算应纳税额

①预收款预缴税额＝预收款÷（1＋适用税率或征收率）×3%＝11 100÷（1＋11%）×3%＝300（万元）。

②可抵减的土地价款＝（当期销售房地产项目建筑面积÷房地产项目可供销售建筑面积）×支付的土地价款＝（3 000÷9 000）×12 000＝4 000（万元）。

③由于开具发票，则确认当期销项税额（本题不考虑进项税额，即为应纳税额）＝（11 100－4 000）÷（1＋11%）×11%＝703.60（万元）。

④当期确认的增值税应纳税额合计＝（销项税额－进项税额）－预缴税款＝（703.6－0）－300＝403.6（万元）。

(2)“增值税预缴报表”的申报

在预缴时，应将预缴税款金额填入《增值税预缴税款表》（见表4-12），房地产企业预售房产应填入第2项“销售不动产”一行。

第一列“销售额”填写收到的预收款111 000 000，第二列“扣除金额”填0，第三列“预征率”填3%，第4列“预征税额”填预缴的税额填3 000 000。合计栏自动带出来。

表4-12　　　　增值税预缴税款表

税款所属时间：2016年5月1日至2016年5月31日

<table>
<tr><td colspan="4">纳税人识别号：□□□□□□□□□□□□□□□□□□□□□□□□</td><td>是否适用一般计税方法</td><td>是□　否□</td></tr>
<tr><td colspan="2">纳税人名称：（公章）</td><td colspan="2">××××</td><td>金额单位：元（列至角分）</td><td></td></tr>
<tr><td colspan="2">项目编号</td><td></td><td>项目名称</td><td></td><td></td></tr>
<tr><td colspan="2">项目地址</td><td colspan="4"></td></tr>
<tr><td colspan="2" rowspan="2">预征项目和栏次</td><td>销售额</td><td>扣除金额</td><td>预征率</td><td>预征税额</td></tr>
<tr><td>1</td><td>2</td><td>3</td><td>4</td></tr>
<tr><td>建筑服务</td><td>1</td><td></td><td></td><td></td><td></td></tr>
<tr><td>销售不动产</td><td>2</td><td>111 000 000</td><td>0</td><td>3%</td><td>3 000 000</td></tr>
<tr><td>出租不动产</td><td>3</td><td></td><td></td><td></td><td></td></tr>
<tr><td></td><td>4</td><td></td><td></td><td></td><td></td></tr>
<tr><td>合　　计</td><td>6</td><td>111 000 000</td><td>0</td><td>3%</td><td>3 000 000</td></tr>
</table>

(3)《增值税纳税申报表（一般纳税人适用），附列资料表（一）》

将本期预收情况填入《增值税纳税申报表（一般纳税人适用）附列资料表（一）（本期销售情况明细）》（见表4-13）。

①计算不含税销售额。

专用发票不含税金额＝（11 100－1 110）÷（1＋11%）＝9 000（万元）。

普通发票不含税金额＝1 110÷（1＋11%）＝1 000（万元）。

②填列。

销售情况主要在第4行填列。

首先填写：在第4行“11%税率”的“开具增值税专用发票”下的“销

售额”内填入不含税销售额 90 000 000 元；“销项（应纳）税额”内填入计算的销项税额 9 900 000 元。

注意：一般填入不含税额销售后，纳税申报系统会把销项税额自动计算出来，只需要做尾数调整，原则是 1 元以内可以不调整，但要保证和账上一致。

其次填写：在第 4 行“11%税率”的“开具其他发票”下的“销售额”内填入不含税销售额 10 000 000 元；“销项（应纳）税额”内填入计算的销项税额 1 100 000 元。

注意：“其他发票”主要是指增值税普通发票。纳税申报时，申报金额和税控机开具增值税普通发票金额会进行比对，如果不一致，当月纳税申报一般通不过。

以上数据填列之后，第 4 行第 9 列到 11 列，可以自动带出。

最后填写：第 4 行第 12 列“服务、不动产和无形资产扣除项目本期实际扣除金额”填入 40 000 000 元，13 列和 14 列自动带出，且 14 列“销项（应纳）税额”应该等于前面计算的 703.6 万元。

注意：如果申报系统自己计算出来的数据，和企业账上不一致，在第 14 列可以进项尾数调整。有时候即便前面几列都进行了尾数调整，到第 14 列会有偏差，导致主表上应纳税额和账上对不上。

具体填报见表 4-13。

(4) 填报《增值税纳税申报表附列资料表（三)》(见表 4-14)

在第 2 行，“11%税率的项目”的相应栏次内填入相应数据：

第 1 列“本期服务、不动产和无形资产价税合计额（免税销售额)”等于附列资料（一）(见表 4-13) 第 11 列第 9b 栏的金额，应为本期销售项目价税合计额 11 100 000 元。

第 2 列“期初余额”填入 0。

第 3 列“本期发生额”填入本期允许扣除的地价 40 000 000 元。

第 4 列“本期应扣除金额”填入 40 000 000 元。

第 5 列“本期实际扣除金额”应保证小于本期发生的销售额且小于应扣除金额，填入 40 000 000 元。

第 6 列“期末余额”填入 0。

注意：如果销售额较少，销售面积较大，可能会出现不足扣减的情况，则以负数填列。

表 4-13

增值税纳税申报表附列资料(一)

(本期销售情况明细)

税款所属时间:2016 年 5 月 1 日至 2016 年 5 月 31 日

纳税人名称:(公章)××××　　　　金额单位:元至角分

项目及栏次				开具增值税专用发票		开具其他发票		未开具发票		纳税检查调整		合计			服务、不动产和无形资产扣除项目本期实际扣除金额	扣除后	
				销售额	销项(应纳)税额	销售额	销项(应纳)税额	销售额	销项(应纳)税额	销售额	销项(应纳)税额	销售额	销项(应纳)税额	价税合计		含税(免税)销售额	销项(应纳)税额
				1	2	3	4	5	6	7	8	9=1+3+5+7	10=2+4+6+8	11=9−10	12	13=11−12	14=13÷(100%+税率或征收率)×税率
一、一般计税方法计税	全部征税项目	17%税率的货物及加工修理修配劳务	1											—	—	—	—
		17%税率的服务、不动产和无形资产	2														
		13%税率	3											—	—	—	—
		11%税率	4	90 000 000	9 900 000	10 000 000	1 100 000					100 000 000	11 000 000	40 000 000	71 000 000	7 036 000	
		6%税率	5														
	其中:即征即退项目	即征即退货物及加工修理修配劳务	6	—	—	—	—	—	—	—	—			—	—	—	—
		即征即退服务、不动产和无形资产	7	—	—	—	—	—	—	—	—						

表 4-14　　　　增值税纳税申报表附列资料（三）

（服务、不动产和无形资产扣除项目明细）

税款所属时间：2016 年 5 月 1 日至 2016 年 5 月 31 日

纳税人名称：（公章）××××　　　　金额单位：元至角分

项目及栏次		本期服务、不动产和无形资产价税合计额（免税销售额）	服务、不动产和无形资产扣除项目				
			期初余额	本期发生额	本期应扣除金额	本期实际扣除金额	期末余额
		1	2	3	4=2-3	5（5≤1且5≤4）	6=4-5
17%税率的项目	1						
11%税率的项目	2	111 000 000	0	40 000 000	40 000 000	40 000 000	0
6%税率的项目（不含金融商品转让）	3						
6%税率的金融商品转让项目	4						
5%征收率的项目	5						
3%征收率的项目	6						
免抵退税的项目	7						
免税的项目	8						

（5）填报《增值税纳税申报表附列资料表（四）》（见表 4-15）

税额抵减情况应该在第 4 行“销售不动产预征缴纳税款”中填写。

第 1 列“期初余额”填写 0。

第 2 列“本期发生额”填写计算出的本期预征税额 3 000 000 元。

第 3 栏“本期应抵减税额”填写期初余额与本期发生额之和 300 000 元。

第 4 栏“本期实际抵减税额”即填写 300 000 元。

注意：因为本期应纳税额为 7 036 000 元，大于 3 000 000 元，因此本期发生的应抵减税额可全额抵减，实务中，如果本期有其他进项税额，应纳税额有可能小于 7 036 000 元，甚至小于 3 000 000 元，那时，“本期实际抵减税额”就不是 3 000 000 元了，而是两者中的最小数。

第 5 栏“期末余额”填写 0。即为本期应抵减税额与实际抵减税额之差。

具体见表 4-15。

表 4-15　　增值税纳税申报表附列资料（四）

（税额抵减情况表）

税款所属时间：2016 年 5 月 1 日至 2016 年 5 月 31 日

纳税人名称：（公章）××××　　　　金额单位：元至角分

序号	抵减项目	期初余额	本期发生额	本期应抵减税额	本期实际抵减税额	期末余额
		1	2	3=1+2	4≤3	5=3−4
1	增值税税控系统专用设备费及技术维护费					
2	分支机构预征缴纳税款					
3	建筑服务预征缴纳税款					
4	销售不动产预征缴纳税款	0	3 000 000	3 000 000	3 000 000	0
5	出租不动产预征缴纳税款					

（6）填报《增值税纳税申报表（一般纳税人适用）》主表

首先，主表第 11 行。“一般项目”下的“本月数”填写本期销项税额 7 036 000元，该数与“附表一”第 4 行、14 列“销项（应纳）税额”数对应。

其次，在本期没有其他进项税额的情况下，第 19 行“应纳税额”内填写本期销项税额与进项税额之差 7 036 000 元，该数一般也会自动带出。

最后，第 27 行“本期已缴税额”、第 28 行“分次预缴税额”均填写预缴的税款金额 3 000 000 元。

第 32 栏“期末未缴税额”内填写应纳税额 4 036 000 元，该数一般也会自动带出。

在本期没有发生其他税款的情况下，第 34 栏“本期应补（退）税额”内填写应纳税额 4 036 000 元。

具体填报见表 4-16。

表 4-16　　增值税纳税申报表

（一般纳税人适用）

项　目		栏次	一般项目	
			本月数	本年累计
销售额	（一）按适用税率计税销售额	1		
	其中：应税货物销售额	2		
	应税劳务销售额	3		

续上表

项　　目		栏次	一般项目	
			本月数	本年累计
销售额	纳税检查调整的销售额	4		
	（二）按简易办法计税销售额	5		
	其中：纳税检查调整的销售额	6		
	（三）免、抵、退办法出口销售额	7		
	（四）免税销售额	8		
	其中：免税货物销售额	9		
	免税劳务销售额	10		
税款计算	销项税额	11	7 036 000	
	进项税额	12		
	上期留抵税额	13		
	进项税额转出	14		
	免、抵、退应退税额	15		
	按适用税率计算的纳税检查应补缴税额	16		
	应抵扣税额合计	17＝12＋13－14－15＋16		—
	实际抵扣税额	18（如 17<11，则为 17，否则为 11）		
	应纳税额	19＝11－18	7 036 000	
	期末留抵税额	20＝17－18		
	简易计税办法计算的应纳税额	21		
	按简易计税办法计算的纳税检查应补缴税额	22		
	应纳税额减征额	23		
	应纳税额合计	24＝19＋21－23		
税款缴纳	期初未缴税额（多缴为负数）	25		
	实收出口开具专用缴款书退税额	26		
	本期已缴税额	27＝28＋29＋30＋31	3 000 000	

续上表

项　　目		栏次	一般项目	
			本月数	本年累计
税款缴纳	①分次预缴税额	28	3 000 000	—
	②出口开具专用缴款书预缴税额	29		—
	③本期缴纳上期应纳税额	30		
	④本期缴纳欠缴税额	31		
	期末未缴税额（多缴为负数）	32＝24＋25＋26－27	4 036 000	
	其中：欠缴税额（≥0）	33＝25＋26－27		—
	本期应补（退）税额	34＝24－28－29	4 036 000	—
	即征即退实际退税额	35		—
	期初未缴查补税额	36		
	本期入库查补税额	37		
	期末未缴查补税额	38＝16＋22＋36－37		

2. 简易计税方法的申报

房地产开发企业采用预售形式销售自行开发的老房地产项目，适用简易方法计税的，主要是一些老项目，即《建筑工程施工许可证》注明的合同开工日期在2016年4月30日前的房地产项目、《建筑工程施工许可证》未注明合同开工日期或者未取得《建筑工程施工许可证》但建筑工程承包合同注明的开工日期在2016年4月30日前的建筑工程项目。

小规模纳税人也适用简易计税方法，考虑到开发房地产项目的企业大多数是一般纳税人，因此本部分不考虑小规模纳税人情况下简易计税方法的申报。

房地产开发企业一般纳税人老项目采用简易计税方法的，要注意与一般计税方法的申报方法做比较，本书主要讲解差异点不再具体填表图示。

第一步，税款计算方面。

计算公式的差别：一般纳税人采取预收款方式销售自行开发的房地产项目，应在收到预收款次月纳税申报期，依据以下预缴公式向机构所在地主管国税机关预缴税款，预征率3％。

预缴税款＝全部价款和价外费用÷（1＋5％）×3％。

申报税款＝全部价款和价外费用÷（1＋5％）×5％。

与一般计税方法相同点就是都要进行不含税销售额的换算，预征率都是3％。只是换算税率11％和征收率5％有差别。

第二步，预缴税款的填报方面。

与一般计税方法下的填报几乎没有差别。

第三步，《增值税纳税申报表附列资料（一）》（销售情况表）的填写。

基本思路和一般计税方法是一致的，不一样的只是填列的地方。

简易计税方法下，收入项目填列在第9b行“5％征收率的服务、不动产和无形资产”中。

简易计税方法下也可以开具增值税专用发票、增值税普通发票等。具体填列方法和一般计税方法一样。

第四步，《增值税纳税申报表附列资料（四）》（税额抵减情况表）的填写。

与一般计税方法下的填报几乎没有差别。

第五步，《增值税纳税申报表》的填写。

主表中，由于简易征收方法不涉及增值税进项税和增值税销项税额，因此销售情况主要集中填写主表第5、21、24行“按简易办法计税销售额”“简易计税办法计算的应纳税额”以及“应纳税额合计”。

主表填写中的预缴情况的填写和一般计税方法下基本相同。

4.4 建筑业纳税申报技巧

建筑施工企业的纳税申报比较复杂，可以分为一般纳税人同一县（市）提供建筑服务的，其中有一般计税方法项目，也有简易计税方法项目；也可以分为一般纳税人在不同县（市）区提供建筑服务的，同样有一般计税方法项目，也有简易计税方法项目。

建筑业“简易计税方法”会是长久的适用方法，有持续性。按照全面“营改增”政策规定，增值税一般纳税人以清包工方式提供建筑服务、为甲供工程提供建筑服务、为建筑工程老项目提供建筑服务，都可以选择简易计税方法。因此，建筑业的简易计税方法不是像“房地产开发项目”“不动产销售及租赁项目”一样有一定的阶段性。而建筑业以后发生的新项目只要符合

“清包工”“甲供材”（实务中甲供材条件很容易达到）相关条件，就可以适用简易计税方法。

实务中复杂情况会更多。有工程承包与分包，有项目部汇总纳税、也有异地经营预缴。具体纳税申报肯定不可尽书。单一的一般计税方法下和普通企业一般业务申报相类似，同样单一的简易计税方法和普通业务也类似，剩下的无非就是二者复合申报、多项目申报、总分机构申报，等等。笔者选择其中复合申报中的一类（多种计税方法下、多项目、异地预缴），举例加以说明。

【例 4-7】北京磊峰建设集团为增值税一般纳税人，企业要求各项目部将能选用简易办法征收的项目均选用简易办法征收，目前企业共有 A、B、C、D 四个项目部，2016 年 6 月份在天津市发生业务如下：

（1）A 项目部中标一项清包工的装饰工程，共计实现销售收入 515 万元，工程中将劳务进行了分包，支付给劳务分包公司分包款 103 万元。

（2）B 项目部中标一项甲供工程建筑项目，共计实现销售收入 1 030 万元，工程中将劳务进行了分包，支付给劳务分包公司分包款 206 万元。

（3）C 项目部在 2016 年 2 月份中标一项乙方包工包料的工程，6 月取得销售收入 2 060 万元，支付给消防分包公司分包款 515 万元；6 月取得该项购买材料开具的进项税发票，发票上注明税额 50 万元。

（4）D 项目部于 5 月份中标一项包工包料的项目工程，项目所有材料均由乙方采购，6 月份实现销售收入 5 550 万元，支付给消防分包公司（包工包料）555 万元分包款，支付给建筑装修公司（包工包料）333 万元分包款。采购材料共计发生款项 1 000 万元，取得合法的增值税专用发票，注明进项税额 170 万元，分包项目取得自消防分包公司及建筑装修公司开来的增值税专用发票。

（5）取得自工程设备租赁公司开来的设备租赁增值税专用发票，注明不含税金额 1 000 万元，租用设备项目组混合使用，无法准确划分。

以上工程全部在 6 月份完工，款项均已收到（收入为含税收入），均已开具增值税专用发票，收到的增值税专用发票均已通过认证。

计算该建筑公司 2016 年 6 月份在天津市的预缴税款和在机构所在地应缴纳的增值税额，并做纳税申报。

1. 基础工作整理

通过相关资料信息整理见表 4-17（本题数据单位为万元）。

表 4-17 增值税项目信息表

项目部	购材料进项税额	含税收入	支付分包款	计税方法
A	0	515	103	简易计税
B	0	1 030	206	简易计税
C	50	2 060	515	简易计税
小计	50	3 605	824	—
D	170	5 550	555＋333	一般计税
各项目部共用（无法合理划分）	170	—	—	—

注意：根据国家税务总局 2016 年 17 号公告，对跨县（市、区）提供的建筑服务，纳税人应自行建立预缴税款台账，区分不同县（市、区）和项目逐笔登记全部收入、支付的分包款、已扣除的分包款、扣除分包款的发票号码、已预缴税款以及预缴税款的完税凭证号码等相关内容，留存备查。

2. 税款的计算

（1）各项目部在天津市预缴税款的计算

根据全面"营改增"政策，采用简易计税方法下：

应预缴税款＝（全部价款和价外费用－支付的分包款）÷（1＋3%）×3%

应纳税额＝（以取得的全部价款＋价外费用－分包款后的余额）÷（1＋3%）×3%

采用一般计税方法下：

应预缴税款＝（全部价款和价外费用－支付的分包款）÷（1＋11%）×2%

销项税额＝（以取得的全部价款＋价外费用）÷（1＋11%）×11%

①A 项目简易计税。

应预缴税款＝(全部价款和价外费用－支付的分包款）÷（1＋3%）×3%

＝（515－103）÷（1＋3%）×3%＝400×3%＝12（万元）。

②B 项目简易计税。

应预缴税款＝(全部价款和价外费用－支付的分包款）÷（1＋3%）×3%

＝（1 030 － 206）÷（1＋3％）×3％＝800×3％＝24（万元）。

③C项目简易计税。

应预缴税款＝（全部价款和价外费用－支付的分包款）÷（1＋3％）×3％
＝（2 060 － 515）÷（1＋3％）×3％＝1 500×3％＝45（万元）。

④D项目一般计税。

应预缴税款＝（全部价款和价外费用－支付的分包款）÷（1＋11％）×2％
＝(5 550－555－333）÷（1＋11％）×2％＝4 200×2％＝84（万元）。

⑤计算预缴税款合计。

预缴税额＝12＋24＋45＋84＝165（万元）

（2）北京市机构所在地纳税申报税款计算

①简易办法征收方式下。

A、B、C项目合计应纳税额

＝（以取得的全部价款＋价外费用－分包款后的余额）÷（1＋3％）×3％

＝（3 605－824）÷（1＋3％）×3％

＝2 700×3％

＝81（万元）。

②一般计税办法下。

a. 销项税额。

＝（以取得的全部价款＋价外费用）÷（1＋11％）×11％

＝5 550÷（1＋11％）×11％

＝550（万元）

b. 计算进项税额。

首先，一般计税方法下，支付的分包款获取增值税专用发票，可以抵扣相应的进项税额。分包款进项税合计＝（555＋333）÷（1＋11％）×11％＝88（万元）。

其次，D项目部材料采购进项税额。

进项税额＝1 000×17％＝170（万元）。

最后，共用的租赁设备的进项额，适用有形动产租赁，17％的税率。当然该设备进项税后面要转出一部分。

共用设备进项税额＝1 000×17%＝170（万元）。

所以，取得增值税专用发票认证金额＝（555＋333）÷（1＋11%）＋1 000＋1 000＝2 800（万元）。

进项税额合计＝88＋170＋170＝428（万元）。

c. 计算进项税额转出。

根据“财税〔2016〕36 号文”附件 1 第二十九条规定，适用一般计税方法的纳税人，兼营简易计税方法计税项目、免征增值税项目而无法划分不得抵扣的进项税额，按照下列公式计算不得抵扣的进项税额：

不得抵扣的进项税额＝当期无法划分的全部进项税额×（当期简易计税方法计税项目销售额＋免征增值税项目销售额）÷当期全部销售额

所以，共用项目的进项税额转出＝1 000×17%×3 500÷（3 500＋5 000）＝70（万元）。

d. 计算应纳税额。

应纳税额＝销项税额－进项税额＋进项税额转出＝550－428＋70＝192（万元）。

③简易计税和一般计税应纳税额合计。

应纳税额合计＝81＋192＝273（万元）。

④计算本期应补（退）税额。

应补（退）税额＝应纳税额合计－预缴税款＝273 － 165＝108 万元

3. 填写增值税预缴税款表

（1）重要信息填报说明

纳税人（不含其他个人）跨县（市）提供建筑服务，在国税机关预交增值税时填报预缴税款表。其中涉及以下重要信息的填报：

“是否适用一般计税方法”：该项目适用一般计税方法的纳税人在该项目后的“□”中打“√”，适用简易计税方法的纳税人在该项目后的“□”中打“×”。

“项目编号”：由异地提供建筑服务的纳税人和房地产开发企业填写《建筑工程施工许可证》上的编号，根据相关规定不需要申请《建筑工程施工许可证》的建筑服务项目或不动产开发项目，不需要填写。出租不动产业务无须填写。

"项目名称"：填写建筑服务或者房地产项目的名称。出租不动产业务不需要填写。

"项目地址"：填写建筑服务项目、房地产项目或出租不动产的具体地址。

"销售额"：填写纳税人跨县（市）提供建筑服务取得的全部价款和价外费用（含税）。

"扣除金额"：填写跨县（市）提供建筑服务项目按照规定准予从全部价款和价外费用中扣除的金额（含税）。

"预征率"：填写跨县（市）提供建筑服务项目对应的预征率或者征收率。

"预征税额"：填写按照规定计算的应预缴税额。

(2) 天津市预缴税款表的填报

①预缴申报前的需要注意的问题

第一，要做好具体项目的台账管理。如果北京磊峰建设集团四个项目部在天津市不同的区县，还要在相应项目所在地填报，当然如果发散思维，A、B、C、D四个项目部如果在北京以为的其他地区，道理是一样的，计算方法、报表填报都是一样的，只是报告的税务机关有差别。

第二，要做好具体项目的合同管理。根据国家税务总局2016年17号公告要求，纳税人跨县（市、区）提供建筑服务，在向建筑服务发生地主管国税机关预缴税款时，需提交以下资料：《增值税预缴税款表》；与发包方签订的建筑合同原件及复印件；与分包方签订的分包合同原件及复印件；从分包方取得的发票原件及复印件。

第三，要做好具体项目分包款发票的管理。适用简易计税方法的，分包款可以取得增值税普通发票，甚至可能有全面"营改增"之前的营业税发票；适用一般计税方法的，分包款务必取得增值税专用发票。

第四，要做好具体项目预缴税款完税凭证的管理。文件规定，纳税人跨县（市、区）提供建筑服务，向建筑服务发生地主管国税机关预缴的增值税税款，可以在当期增值税应纳税额中抵减，抵减不完的，结转下期继续抵减。但是注意，纳税人以预缴税款抵减应纳税额，应以完税凭证作为合法有效凭证。具体合法有效凭证是指：

a. 从分包方取得的2016年4月30日前开具的建筑业营业税发票（按照

税务总局规定延期使用的除外）。

b. 从分包方取得的2016年5月1日后开具的，备注栏注明建筑服务发生地所在县（市、区）、项目名称的增值税发票。

c. 国家税务总局规定的其他凭证。

所以，在预缴完税款后，要做好完税凭证的登记与保管，尤其是网络申报的纳税人，不用去税务机关现场提交，要注意留存备查。

②预缴申报表具体填报

a. 按照表格的设计理念，应该是一个建筑项目填写一张“增值税预缴税款表”。

b. 主要填写增值税预缴税款表第1行第1、2、3、4列“销售额”“扣除金额”“预征率”“预征税款”；第6行合计数据申报系统自动带出。

c. 具体申报见表4-18（本题数据单位为万元）。

表4-18　　**增值税预缴税款表**

税款所属时间：　年　月　日至　年　月　日

纳税人识别号：□□□□□□□□□□□□□□□□□□□□□□□□　　是否适用一般计税方法　是□　否□

纳税人名称：（公章）				金额单位：	
项目编号			项目名称		
项目地址					
预征项目和栏次		销售额	扣除金额	预征率	预征税额
		1	2	3	4
建筑服务	1	515	103	3%	12
销售不动产	2				
出租不动产	3				
	4				
	5				
合　　计	6	151	103	3%	12

d. 作为示例，所有项目不再一一展示，填报见表4-19（本表数据单位为万元）。

表 4-19　　　　　　**增值税预缴税款表**

税款所属时间：　　年　　月　　日至　　年　　月　　日

纳税人识别号：□□□□□□□□□□□□□□□□□□□□□□□□□□　　是否适用一般计税方法　是□　否□

纳税人名称：（公章）				金额单位：元（列至角分）	
项目编号			项目名称		
项目地址					
预征项目和栏次		销售额	扣除金额	预征率	预征税额
		1	2	3	4
建筑服务	1	515	103	3%	12
建筑服务	2	1 030	206	3%	24
建筑服务	3	2 060	515	3%	45
建筑服务	4	5 550	888	2%	84
	5				
	6				
合计	7	9 155	1 712		165

注意：按照“营改增”政策规定，一般纳税人跨县（市）提供建筑服务，适用一般计税方法计税的，纳税人应以取得的全部价款和价外费用扣除支付的分包款后的余额，按照2%的预征率在建筑服务发生地预缴税款。而一般纳税人采用简易计税方法下以及小规模纳税人预缴税款适用的预征率为3%。大家要结合税收政策理解“表 4-18”和“表 4-19”中“预征率”的差别。另外，“表 4-19”是一张综合的表格，应该是填写四张“增值税预缴税款表”，由于篇幅有限，进行了综合。

4. 增值税纳税申报表的填写

由于所举案例的复杂性，北京磊峰建设集团在北京机构所在地，需要填报的纳税申报表至少包括：《增值税纳税申报表》主表、附列资料（一）（本期销售情况明细）、附列资料（二）（本期进项税额明细）、附列资料（三）（服务、不动产和无形资产扣除项目明细）、附列资料（四）（税额抵减情况表）、本期抵扣进项税额结构明细表等六张报表。

具体填报顺序如下：

(1)《增值税纳税申报表附列资料（一）》

本月发生的业务（1）、业务（2）、业务（3）均属于简易计税方法，开具增值税专用发票，应该把三个项目的合计不含税金额、税额分别填入此表第12行“3％征收率的服务、不动产和无形资产”第1、2列“开具增值税专用发票”和第12列“服务、不动产和无形资产扣除项目本期实际扣除金额”，其余列的数，申报系统自动带出，只要比对和账上数据是否一致，进行简单尾数调整即可。

本月发生的业务（4）属于一般计税方法，开具增值税专用发票，应该把该项目的不含税金额、税额分别填入此表第4行“11％税率”第1、2列。

具体填报情况见表4-20（数据金额单位以万元表示）。

(2)《增值税纳税申报表附列资料（二）》

本月发生的业务（3）、业务（4）均取得增值税专用发票并进行了认证，把增值税专用发票金额2 800万元，税额428万元，分别填入《增值税纳税申报表附列资料（二）》第1、2、12、35行的“份数”“金额”“税额”列。共用项目的进项税额转出70万元可以判断属于“简易计税方法征税项目用”，应该填列13行、17行。

具体见表4-21（数据金额单位以万元表示）。

(3)《增值税纳税申报表附表三》

《增值税纳税申报表附列资料（三）》（服务、不动产和无形资产扣除项目明细）的填报，主要针对简易征税项目，一般计税方法下不能够扣除相关分包款项目，可以抵扣分包款增值税税款。

在此表第6行“3％征收率的项目”填列本月可以扣除的分包款：

第1列“本期服务、不动产和无形资产价税合计额（免税销售额）”填入本月全部选择简易计税方法取得的含税销售额，即业务（1）、（2）、（3）含税销售额合计3 605万元。

第3列“本期发生额”填入本月选择简易计税方法的项目支付的分包款（须取得有效凭证），即业务（1）、（2）、（3）分包款合计824万元；

第5列“本期实际扣除金额”与《增值税纳税申报表附列资料（一）》第12行“3％征收率的服务、不动产和无形资产”第12列“服务、不动产和无形资产扣除项目本期实际扣除金额”保持一致。

具体见表4-22（数据单位以万元表示）。

表 4-20

增值税纳税申报表附列资料(一)

(本期销售情况明细)

税款所属时间:年　　月　　日至　　年　　月　　日

项目及栏次				开具增值税专用发票		开具其他发票		未开具发票		纳税检查调整		合　计			服务、不动产和无形资产扣除项目本期实际扣除金额	扣除后	
				销售额	销项(应纳)税额	销售额	销项(应纳)税额	销售额	销项(应纳)税额	销售额	销项(应纳)税额	销售额	销项(应纳)税额	价税合计		含税(免税)销售额	销项(应纳)税额
				1	2	3	4	5	6	7	8	9=1+3+5+7	10=2+4+6+8	11=9+10	12	13=11−12	14=13÷(100%+税率或征收率)×税率
一、一般计税方法计税	全部征税项目	17%税率的货物及加工修理修配劳务	1											—	—	—	—
		17%税率的服务、不动产和无形资产	2														
		13%税率	3											—	—	—	—
		11%税率	4	5 000	550							5 000	550	5 550			
		6%税率	5														
	其中:即征即退项目	即征即退货物及加工修理修配劳务	6	—	—	—	—	—	—	—	—			—	—	—	—

续上表

项目及栏次				开具增值税专用发票		开具其他发票		未开具发票		纳税检查调整		合计			服务、不动产和无形资产扣除项目本期实际扣除金额	扣除后	
				销售额	销项（应纳）税额	销售额	销项（应纳）税额	销售额	销项（应纳）税额	销售额	销项（应纳）税额	销售额	销项（应纳）税额	价税合计		含税（免税）销售额	销项（应纳）税额
				1	2	3	4	5	6	7	8	9=1+3+5+7	10=2+4+6+8	11=9+10	12	13=11－12	14=13÷（100%+税率或征收率）×税率
一、一般计税方法计税	其中：即征即退项目	即征即退服务、不动产和无形资产	7	—	—	—	—	—	—	—	—						
二、简易计税方法计税	全部征税项目	6%征收率	8							—	—			—	—	—	—
		5%征收率的货物及加工修理修配劳务	9a							—	—			—	—	—	—
		5%征收率的服务、不动产和无形资产	9b							—	—						
		4%征收率	10							—	—			—	—	—	—

续上表

<table>
<tr><td colspan="4" rowspan="3">项目及栏次</td><td colspan="2">开具增值税专用发票</td><td colspan="2">开具其他发票</td><td colspan="2">未开具发票</td><td colspan="2">纳税检查调整</td><td colspan="3">合　计</td><td rowspan="2">服务、不动产和无形资产扣除项目本期实际扣除金额</td><td colspan="2">扣除后</td></tr>
<tr><td>销售额</td><td>销项(应纳)税额</td><td>销售额</td><td>销项(应纳)税额</td><td>销售额</td><td>销项(应纳)税额</td><td>销售额</td><td>销项(应纳)税额</td><td>销售额</td><td>销项(应纳)税额</td><td>价税合计</td><td>含税(免税)销售额</td><td>销项(应纳)税额</td></tr>
<tr><td>1</td><td>2</td><td>3</td><td>4</td><td>5</td><td>6</td><td>7</td><td>8</td><td>9=1+3+5+7</td><td>10=2+4+6+8</td><td>11=9+10</td><td>12</td><td>13=11−12</td><td>14=13÷(100%+税率或征收率)×税率</td></tr>
<tr><td rowspan="2">二、简易计税方法计税</td><td rowspan="2">全部征税项目</td><td>3%征收率的货物及加工修理修配劳务</td><td>11</td><td></td><td></td><td></td><td></td><td></td><td></td><td>—</td><td>—</td><td></td><td></td><td>—</td><td>—</td><td>—</td><td>—</td></tr>
<tr><td>3%征收率的服务、不动产和无形资产</td><td>12</td><td>3 500</td><td>105</td><td></td><td></td><td></td><td></td><td>—</td><td>—</td><td>3 500</td><td>105</td><td>3 605</td><td>824</td><td>2 781</td><td>81</td></tr>
</table>

表 4-21　　增值税纳税申报表附列资料（二）

（本期进项税额明细）

税款所属时间：　年　月　日至　年　月　日

一、申报抵扣的进项税额				
项　　目	栏次	份数	金额	税额
（一）认证相符的增值税专用发票	1＝2＋3	4	2 800	428
其中：本期认证相符且本期申报抵扣	2	4	2 800	428
前期认证相符且本期申报抵扣	3			
（二）其他扣税凭证	4＝5＋6＋7＋8			
中：海关进口增值税专用缴款书	5			
农产品收购发票或者销售发票	6			
代扣代缴税收缴款凭证	7		——	
其他	8			
（三）本期用于购建不动产的扣税凭证	9			
（四）本期不动产允许抵扣进项税额	10	——	——	
（五）外贸企业进项税额抵扣证明	11	——	——	
当期申报抵扣进项税额合计	12＝1＋4－9＋10＋11		2 800	428

二、进项税额转出额		
项　　目	栏次	税　　额
本期进项税额转出额	13＝14 至 23 和	70
其中：免税项目用	14	
集体福利、个人消费	15	
非正常损失	16	
简易计税方法征税项目用	17	70
免抵退税办法不得抵扣的进项税额	18	
纳税检查调减进项税额	19	
红字专用发票信息表注明的进项税额	20	
上期留抵税额抵减欠税	21	
上期留抵税额退税	22	
其他应作进项税额转出的情形	23	

续上表

三、待抵扣进项税额				
项目	栏次	份数	金额	税额
（一）认证相符的增值税专用发票	24	—	—	—
期初已认证相符但未申报抵扣	25			
本期认证相符且本期未申报抵扣	26			
期末已认证相符但未申报抵扣	27			
其中：按照税法规定不允许抵扣	28			
（二）其他扣税凭证	29＝30至33之和			
其中：海关进口增值税专用缴款书	30			
农产品收购发票或者销售发票	31			
代扣代缴税收缴款凭证	32		—	
其他	33			
	34			
四、其他				
项目	栏次	份数	金额	税额
本期认证相符的增值税专用发票	35	4	2 800	428

表 4-22　　增值税纳税申报表附列资料（三）

（服务、不动产和无形资产扣除项目明细）

税款所属时间：　　年　　月　　日至　　年　　月　　日

项目及栏次		本期服务、不动产和无形资产价税合计额（免税销售）	服务、不动产和无形资产扣除项目				
			期初余额	本期发生额	本期应扣除金额	本期实际扣除金额	期末余额
		1	2	3	4＝2＋3	5（5≤1且5≤4）	6＝4－5
17％税率的项目	1						
11％税率的项目	2						
6％税率的项目（不含金融商品转让）	3						
6％税率的金融商品转让项目	4						
5％征收率的项目	5						
3％征收率的项目	6	3 605		824	824	824	0

续上表

项目及栏次		本期服务、不动产和无形资产价税合计额（免税销售）	服务、不动产和无形资产扣除项目				
			期初余额	本期发生额	本期应扣除金额	本期实际扣除金额	期末余额
		1	2	3	4=2+3	5（5≤1且5≤4）	6=4-5
免抵退税的项目	7						
免税的项目	8						

（4）《增值税纳税申报表附列资料（四）》

《增值税纳税申报表附列资料（四）》（税额抵减情况表）主要是企业在异地经营预缴税款的抵减，具体填列第3行“建筑服务预征缴纳税款”第2、3、4列。见表4-23（数据单位以万元表示）。

表4-23　　增值税纳税申报表附列资料（四）

（税额抵减情况表）

税款所属时间：　年　月　日至　年　月　日

序号	抵减项目	期初余额	本期发生额	本期应抵减税额	本期实际抵减税额	期末余额
		1	2	3=1+2	4≤3	5=3-4
1	增值税税控系统专用设备费及技术维护费					
2	分支机构预征缴纳税款					
3	建筑服务预征缴纳税款	0	165	165	165	0
4	销售不动产预征缴纳税款					
5	出租不动产预征缴纳税款					

（5）本期抵扣进项税额结构明细表

业务（1）、（2）、（3）选择简易计税方法，支付的分包款虽然取得增值税专用发票，但不得抵扣，不填列在表中。

业务（4）适用一般计税方法，支付的分包款、材料采购以及设备租赁取得的增值税专用发票可以作为进项抵扣，份数4张，不含税金额2 800万元，税额428万元，分税率填入《本期抵扣进项税额结构明细表》第1、2、3、5、

8行，见表4-24（数据单位以万元表示）。

表4-24　　本期抵扣进项税额结构明细表

税款所属时间：　年　月　日至　年　月　日

项　　目	栏　　次	金额	税额
合计	1=2+4+5+11+16+18+27+29+30	2 800	428
17%税率的进项	2	2 000	340
其中：有形动产租赁的进项	3	1 000	170
13%税率的进项	4		
11%税率的进项	5	800	88
其中：运输服务的进项	6		
电信服务的进项	7		
建筑安装服务的进项	8	800	88
不动产租赁服务的进项	9		
受让土地使用权的进项	10		

(6) 增值税纳税申报表主表

主表主要涉及一般纳税人两种业务。一般计税方法业务主要填报第1、11～14、17～19行，其中有一些是申报系统带出的数据；简易计税方法业务主要填报第5、21、24行。

另外，还需要注意预缴税款在主表的填列，主要涉及27、28行。

其余数据，申报系统可以自动带出。

根据前面的税额计算，填报见表4-25（数据金额以万元表示）。

表4-25　　增值税纳税申报表

（一般纳税人适用）

项　　目		栏　　次	一般项目	
			本月数	本年累计
销售额	（一）按适用税率计税销售额	1	5 000	
	其中：应税货物销售额	2		
	应税劳务销售额	3		
	纳税检查调整的销售额	4		

续上表

<table>
<tr><th colspan="2" rowspan="2">项　　目</th><th rowspan="2">栏　　次</th><th colspan="2">一般项目</th></tr>
<tr><th>本月数</th><th>本年累计</th></tr>
<tr><td rowspan="6">销售额</td><td>（二）按简易办法计税销售额</td><td>5</td><td>3 500</td><td></td></tr>
<tr><td>其中：纳税检查调整的销售额</td><td>6</td><td></td><td></td></tr>
<tr><td>（三）免、抵、退办法出口销售额</td><td>7</td><td></td><td></td></tr>
<tr><td>（四）免税销售额</td><td>8</td><td></td><td></td></tr>
<tr><td>其中：免税货物销售额</td><td>9</td><td></td><td></td></tr>
<tr><td>免税劳务销售额</td><td>10</td><td></td><td></td></tr>
<tr><td rowspan="14">税款计算</td><td>销项税额</td><td>11</td><td>550</td><td></td></tr>
<tr><td>进项税额</td><td>12</td><td>428</td><td></td></tr>
<tr><td>上期留抵税额</td><td>13</td><td></td><td></td></tr>
<tr><td>进项税额转出</td><td>14</td><td>70</td><td></td></tr>
<tr><td>免、抵、退应退税额</td><td>15</td><td></td><td></td></tr>
<tr><td>按适用税率计算的纳税检查应补缴税额</td><td>16</td><td></td><td></td></tr>
<tr><td>应抵扣税额合计</td><td>17＝12＋13－14－15＋16</td><td>358</td><td>—</td></tr>
<tr><td>实际抵扣税额</td><td>18（如 17<11，则为 17，否则为 11）</td><td>358</td><td></td></tr>
<tr><td>应纳税额</td><td>19＝11－18</td><td>192</td><td></td></tr>
<tr><td>期末留抵税额</td><td>20＝17－18</td><td></td><td></td></tr>
<tr><td>简易计税办法计算的应纳税额</td><td>21</td><td>81</td><td></td></tr>
<tr><td>按简易计税办法计算的纳税检查应补缴税额</td><td>22</td><td></td><td></td></tr>
<tr><td>应纳税额减征额</td><td>23</td><td></td><td></td></tr>
<tr><td>应纳税额合计</td><td>24＝19＋21－23</td><td>273</td><td></td></tr>
<tr><td rowspan="6">税款缴纳</td><td>期初未缴税额（多缴为负数）</td><td>25</td><td></td><td></td></tr>
<tr><td>实收出口开具专用缴款书退税额</td><td>26</td><td></td><td></td></tr>
<tr><td>本期已缴税额</td><td>27＝28＋29＋30＋31</td><td>165</td><td></td></tr>
<tr><td>①分次预缴税额</td><td>28</td><td>165</td><td>—</td></tr>
<tr><td>②出口开具专用缴款书预缴税额</td><td>29</td><td></td><td>—</td></tr>
<tr><td>③本期缴纳上期应纳税额</td><td>30</td><td></td><td></td></tr>
</table>

续上表

项目		栏次	一般项目	
			本月数	本年累计
税款缴纳	④本期缴纳欠缴税额	31		
	期末未缴税额（多缴为负数）	32＝24＋25＋26－27	108	
	其中：欠缴税额（≥0）	33＝25＋26－27		—
	本期应补（退）税额	34＝24－28－29	108	—
	即征即退实际退税额	35	—	—
	期初未缴查补税额	36		
	本期入库查补税额	37		
	期末未缴查补税额	38＝16＋22＋36－37		

4.5　金融服务纳税申报技巧

1. 政策梳理

金融业中的贷款服务，需要注意的是贷款服务不仅指银行或金融机构提供的贷款，也指企业间的贷款服务。按规定贷款服务以提供贷款取得的全部利息及利息性质的收入为销售额，所以该企业销售额为收到还款金额中的利息收入。

金融业中的贷款服务，银行、财务公司、信托投资公司、信用社等财政部和国家税务总局规定的其他纳税人的纳税申报期限是按季申报，并且按规定金融同业往来收入利息收入免征增值税。

直接收费金融服务，以提供直接收费金融服务收取的手续费、佣金、酬金、管理费、服务费、经手费、开户费、过户费、结算费、转托管费等各类费用为销售额，财务公司申报纳税期限也为按季申报。

金融商品转让，是指转让外汇、有价证券、非货物期货和其他金融商品所有权的业务活动。纳税人转让金融商品，按照卖出价扣除买入价后的余额为销售额。转让金融商品出现的正负差，按盈亏相抵后的余额为销售额。若相抵后出现负差，可结转下一纳税期与下期转让金融商品销售额相抵，但年末时仍出现负差的，不得转入下一个会计年度。

另外，纳税人接受贷款服务向贷款方支付的与该笔贷款直接相关的投融资顾问费、手续费、咨询费等费用，其进项税额不得从销项税额中抵扣。这一条针对金融机构而言，相关业务不得开具增值税专用发票。

2. 案例分析

金融服务纳税申报分为贷款业务、直接收费服务、间接业务以及金融商品转让业务等。其中金融企业发生一般购销行为和一般企业纳税申报原理相同，下面选用较为综合的业务（代开、直接收费、保费及金融商品转让）来说明金融业务的纳税申报技巧。

【例 4-8】某金融机构 A（按月申报）为增值税一般纳税人。2016 年 6 月发生如下业务：

业务一：与一般纳税人甲签订贷款合同，为甲企业提供贷款 2 000 万元，合同约定按月结息。2016 年 8 月 1 日，A 公司收到甲公司支付的利息收入 106 万元，开具普通发票，发票注明金额 100 万元，税额 6 万元；9 月 18 日金融机构 A 收到同业往来利息收入 300 万元（不含税）并开具普通发票。

业务二：向某银行贷款 1 000 万元，并支付与之直接相关的咨询费 106 万元（含税），取得增值税专用发票。

业务三：为乙企业提供账户管理服务，收取管理费用 100 万元（不含税），并开具增值税专用发票。

业务四：取得保费收入 212 万元（含税）并开具增值税专用发票。

业务五：2016 年 5 月买入国债，买入价为 1 000 万元，2016 年 6 月卖出，卖出价为 2 000 万元，未开具发票；2016 年 5 月买入股票，买入价为 2 000 万元，2016 年 6 月卖出，卖出价为 1 500 万元，未开具发票。

业务六：租入办公大楼，当月支付租金 200 万元（不含税），取得增值税专用发票，税率为 5%。

上述取得的专票当月均已认证通过。

（1）税款计算与分析

①业务一（贷款业务）。

该项业务为金融业中的贷款服务，不含税销售额＝106÷（1＋6%）＝100（万元）。

销项税额＝100×6%＝6（万元）。

按规定金融同业往来收入中的利息收入免征增值税，即 300 万元利息收入属于免税收入。

注意：本题还涉及“减免税收入”的申报技巧。

②业务二（获取贷款业务）。

业务二中，向某银行贷款并支付与之直接相关的咨询费，虽然取得增值税专用发票，但是根据政策，是不允许抵扣的，认证之后应该做进项税额转出的。

③业务三（取得直接收费）。

为乙企业提供账户管理服务，如果企业需要可以开具增值税专用发票。

取得100万元增值税专用发票，则进项税额＝100×6％＝6万元。

④业务四（保费收入）。

该项业务为保险服务，纳税人提供保险服务，以取得的全部价款和价外费用为销售额。

不含税销售额＝212÷（1＋6％）＝200（万元）。

销项税额＝200×6％＝12（万元）。

⑤业务五（金融商品转让）。

按国债和股票6月的卖出价减去买入价的余额为销售额，示例中未开具发票，按未开票收入申报。需要注意的是，金融商品转让不得开具增值税专用发票。

金融商品卖出价＝2 000＋1 500＝3 500（万元）

金融商品买入价＝1 000＋2 000＝3 000（万元）

差额征税收入＝3 500÷（1＋6％）＝3 301.89（万元）；

差额征税销项税＝3 301.89×6％＝198.11（万元）；

金融商品转让销售额＝3 500－3 000＝500（万元）

不含税销售额＝500÷（1＋6％）＝471.7（万元）

申报销项税额＝471.7×6％＝28.3（万元）

⑥业务六（办公楼租入）

租用办公大楼属于正常的购进服务，可以作为增值税进项税抵扣。

进项税额＝200×5％＝10（万元）。

3. 纳税申报

该金融机构A当月业务比较复杂，需要填报的纳税申报表至少包括：主表、附表（一）（本期销售情况明细）、附列资料（二）（本期进项税额明细）、附列资料（三）（服务、不动产和无形资产扣除项目明细）、增值税减免税申报明细表、本期抵扣进项税额结构明细表五张报表。

注意：为了利于大家看读，案例演示的数据单位以万元表示。

（1）附列资料（一）（本期销售情况明细）（见表4-26）

表 4-26

增值税纳税申报表附列资料(一)

(本期销售情况明细)

税款所属时间：　　年　　月　　日至　　年　　月　　日

项目及栏次				开具增值税专用发票		开具其他发票		未开具发票		纳税检查调整		合　计			服务、不动产和无形资产扣除项目本期实际扣除金额	扣除后	
				销售额	销项(应纳)税额	销售额	销项(应纳)税额	销售额	销项(应纳)税额	销售额	销项(应纳)税额	销售额	销项(应纳)税额	价税合计		含税(免税)销售额	销项(应纳)税额
				1	2	3	4	5	6	7	8	9=1+3+5+7	10=2+4+6+8	11=9+10	12	13=11−12	14=13÷(100%+税率或征收率)×税率
一、一般计税方法计税	全部征税项目	17%税率的货物及加工修理修配劳务	1											—	—	—	—
		17%税率的服务、不动产和无形资产	2														
		13%税率	3											—	—	—	—
		11%税率	4														
		6%税率	5	300	18	100	6	3 301.89	198.11			3 701.89	222.1	3 924	3 000	924	52.3
	其中：即征即退项目	即征即退货物及加工修理修配劳务	6	—	—	—	—	—	—	—	—			—	—	—	—

续上表

项目及栏次				开具增值税专用发票		开具其他发票		未开具发票		纳税检查调整		合计			服务、不动产和无形资产扣除项目本期实际扣除金额	扣除后	
				销售额	销项(应纳)税额	销售额	销项(应纳)税额	销售额	销项(应纳)税额	销售额	销项(应纳)税额	销售额	销项(应纳)税额	价税合计		含税(免税)销售额	销项(应纳)税额
				1	2	3	4	5	6	7	8	9=1+3+5+7	10=2+4+6+8	11=9+10	12	13=11−12	14=13÷(100%+税率或征收率)×税率
一、一般计税方法计税	其中：即征即退项目	即征即退服务、不动产和无形资产	7	—	—	—	—	—	—	—	—						
二、简易计税方法计税	全部征税项目	6%征收率	8							—	—			—	—	—	—
		5%征收率的货物及加工修理修配劳务	9a							—	—			—	—	—	—
		5%征收率的服务、不动产和无形资产	9b							—	—						
		4%征收率	10							—	—			—	—	—	—

续上表

项目及栏次				开具增值税专用发票		开具其他发票		未开具发票		纳税检查调整		合计			服务、不动产和无形资产扣除项目本期实际扣除金额	扣除后	
				销售额	销项（应纳）税额	销售额	销项（应纳）税额	销售额	销项（应纳）税额	销售额	销项（应纳）税额	销售额	销项（应纳）税额	价税合计		含税（免税）销售额	销项（应纳）税额
				1	2	3	4	5	6	7	8	9=1+3+5+7	10=2+4+6+8	11=9+10	12	13=11−12	14=13÷(100%+税率或征收率)×税率
二、简易计税方法计税	全部征税项目	3%征收率的货物及加工修理修配劳务	11							—	—			—	—	—	—
		3%征收率的服务、不动产和无形资产	12							—	—			—	—	—	—
		预征率%	13a							—	—						
		预征率%	13b							—	—						
		预征率%	13c							—	—						
	即征即退项目	即征即退货物及加工修理修配劳务	14	—	—	—	—	—	—	—	—			—	—	—	—
		即征即退服务、不动产和无形资产	15	—	—	—	—	—	—	—	—			—	—	—	—

续上表

项目及栏次			开具增值税专用发票		开具其他发票		未开具发票		纳税检查调整		合　　计			服务、不动产和无形资产扣除项目本期实际扣除金额	扣除后	
			销售额	销项(应纳)税额	销售额	销项(应纳)税额	销售额	销项(应纳)税额	销售额	销项(应纳)税额	销售额	销项(应纳)税额	价税合计		含税(免税)销售额	销项(应纳)税额
			1	2	3	4	5	6	7	8	9=1+3+5+7	10=2+4+6+8	11=9+10	12	13=11−12	14=13÷(100%+税率或征收率)×税率
三、免抵退税	货物及加工修理修配劳务	16	—	—		—		—	—	—		—	—	—	—	—
	服务、不动产和无形资产	17	—	—		—		—	—	—		—				
四、免税	货物及加工修理修配劳务	18				—		—	—	—		—	—	—	—	—
	服务、不动产和无形资产	19	—	—	300	—		—	—	—	300	—	300			—

①业务一。

附列资料（一）第5行“一般计税方法6%税率”第3列、4列应分别填写100万元、6万元；

附列资料（一）第19行第3列“一般计税方法6%税率”应填写300万元；

其余数据，申报系统自动带出。

②业务三与业务四。

由于账户管理收入及保费收入均开具了增值税专用发票，因此均应该在“开具增值税专用发票”列填列。

附列资料一第5行“一般计税方法6%税率”第1列、第2列应填写300（100+200）万元、18（6+12）万元。

③业务五。

金融商品转让业务没有开具发票，差额征税，填写顺序如下：

附列资料（一）第5行“一般计税方法6%税率”，第5列应填写3 500÷（1+6%）=3 301.89万元；

附列资料（一）第5行“一般计税方法6%税率”，第6列应填写3 301.89×6%=198.11万元；

附列资料（一）第5行“一般计税方法6%税率”，第9、10、11列系统自动带出；

附列资料（一）第5行“一般计税方法6%税率”，第12列应填写3 000万元；

附列资料（一）第5行“一般计税方法6%税率”，第13、14列系统自动带出924万元、52.3万元；

验证：由于所有销项税合计=6+18+28.3=52.3万元，正好与第5行第14列数据一致。

(2)《增值税减免税明细表》

减免税，比如农产品销售收入、提供医疗服务等收入，要做减免税申报，申报原理基本相同。以本题为例：

首先，选择免税性质代码及名称栏，然后填入金融同业往来利息收入免征增值税项目。

增值税减免税明细表第 10 栏第 1 列填入 300 万元；

增值税减免税明细表第 10 栏第 3 列填入 300 万元；

增值税减免税明细表第 10 栏第 5 列填入 18 万元；

具体填报见表 4-27。

表 4-27　　增值税减免税申报明细表

税款所属时间：自　年　月　日至　年　月　日

一、减税项目						
减税性质代码及名称	栏次	期初余额	本期发生额	本期应抵减税额	本期实际抵减税额	期末余额
		1	2	3=1+2	4≤3	5=3−4
合计	1					
	2					
	3					
二、免税项目						
免税性质代码及名称	栏次	免征增值税项目	免税销售额扣除项目	扣除后免税销售额	免税销售额对应的进项税	免税额
		1	2	3=1−2	4	5
合计	4					
出口免税	5		——	——	——	——
其中：跨境服务	6		——	——	——	——
金融同业往来利息收入免征增值税	7	300		300		18
	8					
	9					

(3)《增值税纳税申报表附列资料（二)》

附列资料（二）主要涉及两个业务：一是取得因支付贷款的咨询费开具的增值税专用发票，金额 106 万元，这个发票已经认证了，需要做转出处理，进项税额转出＝106÷（1＋6%）×6%＝6 万元；二是可以抵扣的租用办公大楼的支出进项税额。

具体填列见表 4-28。

表 4-28 增值税纳税申报表附列资料（二）

（本期进项税额明细）

一、申报抵扣的进项税额				
项　目	栏次	份数	金额	税额
（一）认证相符的增值税专用发票	1＝2＋3	2	306	16
其中：本期认证相符且本期申报抵扣	2	2	306	16
前期认证相符且本期申报抵扣	3			
（二）其他扣税凭证	4＝5＋6＋7＋8			
其中：海关进口增值税专用缴款书	5			
农产品收购发票或者销售发票	6			
代扣代缴税收缴款凭证	7		—	
其他	8			
（三）本期用于购建不动产的扣税凭证	9			
（四）本期不动产允许抵扣进项税额	10	—	—	
（五）外贸企业进项税额抵扣证明	11	—	—	
当期申报抵扣进项税额合计	12＝1＋4－9＋10＋11	2	306	16
二、进项税额转出额				
项　目	栏次	税额		
本期进项税额转出额	13＝14 至 23 之和	6		
其中：免税项目用	14			
集体福利、个人消费	15			
非正常损失	16			
简易计税方法征税项目用	17	6		
免抵退税办法不得抵扣的进项税额	18			
纳税检查调减进项税额	19			
红字专用发票信息表注明的进项税额	20			
上期留抵税额抵减欠税	21			

续上表

二、进项税额转出额				
项　　目	栏次	税额		
上期留抵税额退税	22			
其他应作进项税额转出的情形	23			
三、待抵扣进项税额				
项　　目	栏次	份数	金额	税额
（一）认证相符的增值税专用发票	24	—	—	—
（二）其他扣税凭证	29＝30至33之和			
四、其他				
项　　目	栏次	份数	金额	税额
本期认证相符的增值税专用发票	35	2	306	16

（4）《本期抵扣进项税额结构明细表》

主要涉及办公大楼租赁的进项税额抵扣，具体见表4-29。

表4-29　　本期抵扣进项税额结构明细表

税款所属时间：　　年　　月　　日至　　年　　月　　日

项　　目	栏　　次	金额	税额
合　　计	1＝2＋4＋5＋11＋16＋18＋27＋29＋30	200	10
一、按税率或征收率归集（不包括购建不动产、通行费）的进项			
17%税率的进项	2		
其中：有形动产租赁的进项	3		
13%税率的进项	4		
11%税率的进项	5		
其中：运输服务的进项	6		
电信服务的进项	7		
建筑安装服务的进项	8		
不动产租赁服务的进项	9		
受让土地使用权的进项	10		

续上表

项目	栏次	金额	税额
6%税率的进项	11		
其中：电信服务的进项	12		
金融保险服务的进项	13		
生活服务的进项	14		
取得无形资产的进项	15		
5%征收率的进项	16	200	10
其中：不动产租赁服务的进项	17	200	10
3%征收率的进项	18		

4. 增值税纳税申报表主表

主表大部分数据都是系统带出来的，主要是填写第18行“实际抵扣税额”的“本月数”10万元，其余不用填报。具体见表4-30。

表4-30 **增值税纳税申报表**

（一般纳税人适用）

项目		栏次	一般项目	
			本月数	本年累计
销售额	（一）按适用税率计税销售额	1	3 701.89	
	其中：应税货物销售额	2		
	应税劳务销售额	3		
	纳税检查调整的销售额	4		
	（二）按简易办法计税销售额	5		
	其中：纳税检查调整的销售额	6		
	（三）免、抵、退办法出口销售额	7		
	（四）免税销售额	8	300	
	其中：免税货物销售额	9		
	免税劳务销售额	10		

续上表

项目		栏次	一般项目	
			本月数	本年累计
税款计算	销项税额	11	52.3	
	进项税额	12	16	
	上期留抵税额	13		
	进项税额转出	14	6	
	免、抵、退应退税额	15		
	按适用税率计算的纳税检查应补缴税额	16		
	应抵扣税额合计	17=12+13-14-15+16	10	—
	实际抵扣税额	18（如17<11，则为17，否则为11）	10	
	应纳税额	19=11-18	42.3	
	期末留抵税额	20=17-18		
	简易计税办法计算的应纳税额	21		
	按简易计税办法计算的纳税检查应补缴税额	22		
	应纳税额减征额	23		
	应纳税额合计	24=19+21-23	42.3	
税款缴纳	期初未缴税额（多缴为负数）	25		
	实收出口开具专用缴款书退税额	26		
	本期已缴税额	27=28+29+30+31		
	①分次预缴税额	28		—
	②出口开具专用缴款书预缴税额	29		—
	③本期缴纳上期应纳税额	30		
	④本期缴纳欠缴税额	31		
	期末未缴税额（多缴为负数）	32=24+25+26-27	42.3	

续上表

项　目		栏　次	一般项目	
			本月数	本年累计
税款缴纳	其中：欠缴税额（≥0）	33＝25＋26－27		—
	本期应补（退）税额	34＝24－28－29	42.3	—
	即征即退实际退税额	35	—	—
	期初未缴查补税额	36		
	本期入库查补税额	37		
	期末未缴查补税额	38＝16＋22＋36－37		

4.6 交通运输业纳税申报技巧

交通运输服务，是指利用运输工具将货物或者旅客送达目的地，使其空间位置得到转移的业务活动。包括陆路运输服务、水路运输服务、航空运输服务和管道运输服务。交通运输业是 2011 年下半年开始“营改增”，随着全面“营改增”的推进，交通运输业上下游增值税链条全面打通，企业增值税业务越来越复杂。

【例 4-9】甲企业是一般纳税人，主营业务是交通运输。2017 年发生业务如下：

(1) 2017 年 5 月 5 日，甲公司签订了一项商品运输合同，合同金额含税价 2 220 000 元，当月全部收回价款，开具增值税普通发票。同时，支付其他公司联运价款含税价 666 000 元，发生车辆维修费用 117 000 元（含税），且取得增值税专用发票各一张。

(2) 2017 年 5 月 10 日，该企业购入两辆运输车辆，不含税价格分别为 600 000元、500 000 元，均取得机动车销售统一发票。由于工作疏忽，该企业当月仅认证注明增值税额为 102 000 元的机动车销售统一发票，另一张发票当月未及时进行认证。

(3) 2017 年 5 月 13 日，该企业取得商品运输收入 600 000 元（不含税），在提供运输服务的同时销售商品专用包装物 33 300 元，该运输企业能够分别核算销售额并统一开具增值税专用发票。

(4) 2017年5月17日，该企业由于提供服务质量不符合要求（合理原因），运输服务购买方丙企业要求在原销售价款444 000元（含税）的基础上折让20%，甲企业同意并开具红字增值税专用发票。

(5) 该企业租用乙企业公司停车场，其中，一半车位作为运输车辆长期停放用地，另一半供员工停放个人处理使用。5月25日，支付租金21 000元，取得乙企业开具的增值税专用发票一张并进行认证，乙企业采用简易计税方法核算。

计算甲企业2017年5月应缴纳的增值税额，并做纳税申报。

1. 税款计算与分析

(1) 5月5日税额计算

该企业取得销售收入销项税额＝2 220 000÷（1＋11%）×11%＝220 000（元）

该企业支付联运价款及车辆维修费用的进项税额＝666 000÷（1＋11%）×11%＋117 000÷（1＋17%）×17%＝83 000（元）

(2) 5月10日税额计算

由于购置车辆当月取得进项税额＝600 000×17%＝102 000（元）

待认证进项税额＝500 000×17%＝85 000（元），待认证进项税额下月认证后转入进项税额。

(3) 5月13日税额计算

可以判定，甲企业及提供商品运输服务又销售商品专用包装物的行为为混合销售行为。无论其是否分别核算，均应该按照混合销售处理。同时，甲企业主营业务是运输服务，销售专用包装物的行为应按照服务缴纳增值税。所以，5月10日应确认的销项税额为：

销项税额＝600 000×11%＋33 300÷（1＋11%）×11%＝69 300（元）

(4) 5月17日税额计算

因销售折让、中止或者退回而退还给购买方的增值税额，应当从当期的销项税额中扣减。所以当月应扣减的销项税额＝444 000×20%÷（1＋11%）×11%＝8 800（元）

注意该笔业务会计分录可做如下处理：

借：主营业务收入　　80 000

　　贷：银行存款　　88 000

　　　　应交税费——应交增值税（销项税额）

　　　　　　8 800（贷方红字）

（5）5月25日税额计算

支付停车费用取得的进项税额＝21 000÷（1＋5%）×5%＝1 000（元）

支付停车费用应转出的进项税额＝21 000÷（1＋5%）×5%÷2＝500（元）

（6）税额汇总

甲企业2017年5月份上述业务税额汇总为：

销项税额＝220 000＋69 300－8 800＝280 500（元）

进项税额＝83 000＋102 000＋1 000＝186 000（元）

进项税额转出＝500（元）

当期应纳税额＝280 500－186 000＋500＝95 000（元）

2. 纳税申报与分析

（1）附列资料（一）（本期销售情况明细表）（见表4-31）

“业务（1）”开具增值税普通发票，应填列“附列资料（一）（本期销售情况明细）”第4行“11%税率”第3、4列处。

“业务（3）”开具增值税专用发票发票，应填列“附列资料（一）（本期销售情况明细）”第4行“11%税率”第1、2列处。具体见表4-31所示（申报表单位为元，本案例下同）：

（2）本期抵扣进项税额结构明细表（见表4-32）

5月份取得增值税发票及进项税额要填列到“本期抵扣进项税额结构明细表”中，同时要注意“待认证进项税额”不填列该表，该表要和“附列资料（二）（本期进项税额明细）”保持一致。具体见表4-32。

（3）附列资料（二）（本期进项税额明细）（见表4-33）

注意“业务（5）”转出的增值税要填报到第15行“集体福利、个人消费”中，具体见表4-33。

表 4-31

增值税纳税申报表附列资料(一)

(本期销售情况明细)

纳税人名称:(公章)　　　　金额单位:元至角分

项目及栏次				开具增值税专用发票		开具其他发票		未开具发票		纳税检查调整		合计			服务、不动产和无形资产扣除项目本期实际扣除金额	扣除后	
				销售额	销项(应纳)税额	销售额	销项(应纳)税额	销售额	销项(应纳)税额	销售额	销项(应纳)税额	销售额	销项(应纳)税额	价税合计		含税(免税)销售额	销项(应纳)税额
				1	2	3	4	5	6	7	8	9=1+3+5+7	10=2+4+6+8	11=9+10	12	13=11-12	14=13÷(100%+税率或征收率)×税率
一、一般计税方法计税	全部征税项目	17%税率的货物及加工修理修配劳务	1											—	—	—	—
		17%税率的服务、不动产和无形资产	2														
		13%税率	3											—	—	—	—
		11%税率	4	550 000	60 500	20 000 000	220 000					2 550 000	280 500	2 830 500			
		6%税率	5														
	其中:即征即退项目	即征即退货物及加工修理修配劳务	6	—	—	—	—	—	—	—	—			—	—	—	—
		即征即退服务、不动产和无形资产	7	—	—	—	—	—	—	—	—						

表 4-32　　本期抵扣进项税额结构明细表

项　　目	栏　　次	金　额	税　额
合　　计	1=2+4+5+11+16+18+27+29+30	1 320 000	186 000
17%税率的进项	2	700 000	119 000
其中：有形动产租赁的进项	3		
13%税率的进项	4		
11%税率的进项	5	600 000	66 000
其中：运输服务的进项	6	600 000	66 000
电信服务的进项	7		
建筑安装服务的进项	8		
不动产租赁服务的进项	9		
受让土地使用权的进项	10		
6%税率的进项	11		
其中：电信服务的进项	12		
金融保险服务的进	13		
生活服务的进项	14		
取得无形资产的进项	15		
5%征收率的进项	16	20 000	1 000
其中：不动产租赁服务的进项	17		

表 4-33　　增值税纳税申报表附列资料（二）

（本期进项税额明细）

纳税人名称：（公章）　　　　　　　　金额单位：元至角分

一、申报抵扣的进项税额				
项　　目	栏　　次	份数	金额	税额
（一）认证相符的增值税专用发票	1=2+3	4	1 320 000	186 000
其中：本期认证相符且本期申报抵扣	2	4	1 320 000	186 000

续上表

一、申报抵扣的进项税额				
项　　目	栏　　次	份数	金额	税额
前期认证相符且本期申报抵扣	3			
（二）其他扣税凭证	4＝5＋6＋7＋8			
其中：海关进口增值税专用缴款书	5			
农产品收购发票或者销售发展	6			
代扣代缴税收缴款凭证	7		——	
其他	8			
（三）本期用于购建不动产的扣税凭证	9			
（四）本期不动产允许抵扣进项税额	10	——	——	
（五）外贸企业进项税额抵扣证明	11	——	——	
当期申报抵扣进项税额合计	12＝1＋4＋9＋10＋11			

二、进项税额转出额		
项　　目	栏　　次	税　　额
本期进项税额转出额	13＝14 至 23 之和	500
其中：免税项目用	14	
集体福利、个人消费	15	500
非正常损失	16	
简易计税方法征税项目用	17	
免抵退税办法不得抵扣的进项税额	18	
纳税检查调减进项税额	19	
红字专用发票信息表注明的进项税额	20	
上期留抵扣额抵减欠税	21	
上期留抵税额退税	22	
其他应作进项税额转出的情形	23	

（4）增值税纳税申报表（见表 4-34）

表 4-34

增值税纳税申报表

（一般纳税人适用）

项目		栏次	一般项目	
			本月数	本年累计
销售额	（一）按适用税率计税销售额	1	2 550 000	
	其中：应税货物销售额	2		
	应税劳务销售额	3		
	纳税检查调整的销售额	4		
	（二）按简易办法计税销售额	5		
	其中：纳税检查调整的销售额	6		
	（三）免、抵、退办法出口销售额	7		
	（四）免税销售额	8		
	其中：免税货物销售额	9		
	免税劳务销售额	10		
税款计算	销项税额	11	280 500	
	进项税额	12	186 000	
	上期留抵税额	13		
	进项税额转出	14	500	
	免、抵、退应退税额	15		
	按适用税率计算的纳税检查应补缴税额	16		
	应抵扣税额合计	17＝12＋13－14－15＋16	185 500	—
	实际抵扣税额	18（如 17<11，则为 17，否则为 11）	185 500	
	应纳税额	19＝11－18	95 000	
	期末留抵税额	20＝17－18		
	简易计税办法计算的应纳税额	21		
	按简易计税办法计算的纳税检查应补缴税额	22		
	应纳税额减征额	23		
	应纳税额合计	24＝19＋21－23	95 000	

4.7 电信业纳税申报技巧

电信业，是指利用有线、无线的电磁系统或者光电系统等各种通信网络资源，提供语音通话服务，传送、发射、接收或者应用图像、短信等电子数据和信息的业务活动。包括基础电信服务和增值电信服务。根据《财政部 国家税务总局关于将电信业纳入营业税改征增值税试点的通知》（财税〔2014〕43号）规定，自2014年6月1日起，电信业开始“营改增”。

基础电信服务，是指利用固网、移动网、卫星、互联网，提供语音通话服务的业务活动，以及出租或者出售带宽、波长等网络元素的业务活动。提供基础电信服务，增值税税率为11%。

增值电信服务，是指利用固网、移动网、卫星、互联网、有线电视网络，提供短信和彩信服务、电子数据和信息的传输及应用服务、互联网接入服务等业务活动。卫星电视信号落地转接服务，按照增值电信服务计算缴纳增值税。提供增值电信服务，增值税税率为6%。

电信企业总机构提供电信服务及其他应税服务的增值税应纳税额，抵减分支机构提供电信服务及其他应税服务已缴纳（包括预缴和查补，下同）的增值税额后，向主管税务机关申报纳税。

电信企业分支机构提供电信服务及其他应税服务，按照销售额和预征率计算应预缴税额，按月向主管税务机关申报纳税，不得抵扣进项税额。计算公式为：

应预缴税额＝（销售额＋预收款）×预征率

“销售额”为分支机构对外（包括向电信服务及其他应税服务接受方和本总机构、分支机构外的其他电信企业）提供电信服务及其他应税服务取得的收入；“预收款”为分支机构以销售电信充值卡（储值卡）、预存话费等方式收取的预收性质的款项。“预征率”由省、自治区、直辖市或者计划单列市国家税务局商同级财政部门共同确定。实务中，统一地区的不同电信企业预征率也有所差别。

有关电信业总分机构的纳税申报要关注以下要点。

（1）总机构的申报

总机构按规定汇总计算的总机构及其分支机构应征增值税销售额、销项税额、进项税额，填报在《增值税纳税申报表（适用于增值税一般纳税人）》

及附列资料对应栏次。

分支机构已纳增值税税额，总机构汇总后填报在申报表主表第28栏“分次预缴税额”中。当期不足抵减部分，可结转下期继续抵减，即：当期分支机构已纳增值税税额大于总机构汇总计算的增值税应纳税额时，在第28栏“分次预缴税额”中只填报可抵减部分。

总机构销售货物和提供加工修理修配劳务，按增值税暂行条例及相关规定就地申报缴纳增值税的销售额、销项税额，按原有关规定填报在申报表主表及附列资料对应栏次。

（2）分支机构的申报

分支机构将按预征率计算缴纳增值税的销售额填报在申报表主表第5栏“按简易征收办法征税销售额”中，按预征率计算的增值税应纳税额填报在申报表主表第21栏“简易征收办法计算的应纳税额”中。

电信业支机构预征增值税销售额、应纳税额的填报在《增值税纳税申报表附列资料（一）》（本期销售情况明细表）中，在“简易计税方法征税”栏目中增设“预征率%”13a栏填写。

分支机构当期进项税额应填报在申报表主表及附列资料对应栏次，其中由总机构汇总的进项税额，需在《增值税纳税申报表附列资料（二）》第17栏“简易计税方法征税项目用”中填报全额转出。

分支机构销售货物和提供加工修理修配劳务，按增值税暂行条例及相关规定就地申报缴纳增值税的销售额、销项税额，按原有关规定填报在申报表主表及附列资料对应栏次。

【例4-10】中国某通信集团甲县分公司系增值税一般纳税人，甲分公司所在区县电信业增值税预征率为3%。2016年10月，该公司发生主要业务如下：

业务一：利用移动网、卫星、互联网等提供语音通话服务，取得价税合计收入22.2万元；出租带宽、波长等网络元素取得价税合计服务收入55.5万元；提供彩信服务，取得价税合计收入21.2万元；提供电子数据和信息的传输及应用服务，取得价税合计收入42.4万元。以上收入均开具增值税普通发票。

业务二：通过国家规定的手机短信公益特服号及公益性机构，接受捐款服务，取得价税合计收入63.6万元，其中支付给公益性机构的捐款为53万元，按照规定开具增值税普通发票。

业务三：向境外某单位提供语音通话服务，取得销售收入30万元，未开具发票。

业务四：开展积分兑换活动。积分兑换食用油价税合计11.3万元，未开具发票。已知食用油购进时已经抵扣进项税额。

业务五：该公司当月认证的全部增值税专用发票20份，金额合计726万元（本例题省略金额明细），进项税额合计为75万元（本例题省略进项税额明细），但按简易计税方法计税项目、非增值税应税劳务、免征增值税项目的进项税额无法准确划分。

问题：甲分支机构2016年6月应如何进行增值税纳税申报？

解析：

1. 税款计算与分析

（1）一般电信服务销项税额

通过分析，“业务一”中基础电信服务价税合计收入77.7万元（22.2万元＋55.5万元），增值电信服务价税合计收入63.6万元（21.2万元＋42.4万元）。所以，不含税金额为：

基础电信服务不含税销售额＝77.7÷（1＋11%）＝70（万元）

增值电信服务不含税销售额＝63.6÷（1＋6%）＝60（万元）

（2）特殊电信服务销项税额

通过分析，“业务二”属于电信服务中有销售扣除项目的情形。按照规定，通过手机短信公益特服号为公益性机构接受捐款服务，以其取得的全部价款和价外费用，扣除支付给公益性机构捐款后的余额为销售额。即，全部价款和价外费用不含税金额为60万元，扣除项目不含税金额为50万元。

“业务三”属于“境内单位和个人向中华人民共和国境外单位提供电信业服务”的情形，免征增值税。

“业务四”涉及积分兑换，实务中是比较复杂和特殊的一种交易行为。本案例简单化考虑，只涉及积分兑换实物，不涉及兑换电信服务。根据规定，纳税人提供电信业服务时，附带赠送用户识别卡、电信终端等货物或者电信业服务的，应将其取得的全部价款和价外费用进行分别核算，按各自适用的税率计算缴纳增值税。因此，应该视同销售缴纳增值税。则增值电信服务不含税销售额＝11.3÷（1＋13%）＝10（万元）。

(3) 不得抵扣增值税进项税额的划分

“业务五”中，一般计税方法的纳税人兼营简易计税方法计税项目、非增值税应税劳务、免征增值税项目而无法划分不得抵扣的进项税额，按照下列公式计算不得抵扣的进项税额：

不得抵扣的进项税额＝当期无法划分的全部进项税额×（当期简易计税方法计税项目销售额＋非增值税应税劳务营业额＋免征增值税项目销售额）÷（当期全部销售额＋当期全部营业额）

不得抵扣进项税额＝75×30÷（20＋50＋20＋40＋60－50＋30＋10）＝12.5（万元）

注意：“不得抵扣进项税额”计算公式换算的技巧。在计算“不得抵扣进项税额”时，取得的销售免税货物的销售收入和经营非应税项目的营业收入额，不得进行不含税收入的换算，其余应税行为的销售额要进行不含税收入的换算。另外，差额征税的情况要以减去扣除项目后的余额为销售额。

2. 纳税申报及分析

(1) 附列资料（一）(本期销售情况明细表)（见表 4-35)

本案例中，涉及“电信服务及其他服务”的相关业务，要填列到“附列资料（一）(本期销售情况明细表)”的第 13a 行。另外，第 13a 行“预征率%”还适用于所有实行汇总计算缴纳增值税的分支机构试点纳税人，主要反映按规定汇总计算缴纳增值税的分支机构发生的“预征增值税销售额”“预征增值税应纳税额”。第 13b、13c 行“预征率 %”适用于部分实行汇总计算缴纳增值税的铁路运输试点纳税人。

涉及免征增值税的相关业务，应填入“附列资料（一）(本期销售情况明细表)”的第 19 行。

涉及积分兑换的视同销售收入属于除电信服务及其他应税服务以外的增值税应税行为，按照正常的申报方法填报，填到“附列资料（一）(本期销售情况明细表)”的第 3 行。

另外，第 13a 至 13c 行第 1 至 6 列按照销售额和销项税额的实际发生数填写。

第 13a 至 13c 行第 14 列，纳税人按“应预征缴纳的增值税＝应预征增值税销售额×预征率”公式计算后据实填写。即：应预征缴纳的增值税＝(20＋50＋20＋40＋60－50) ×3%＝4.2 万元。具体见表 4-35（申报表单位为元，本案例下同）。

表 4-35

增值税纳税申报表附列资料(一)

(本期销售情况明细)

税款所属时间：　　年　　月　　日至　　年　　月　　日

项目及栏次				开具增值税专用发票		开具其他发票		未开具发票		纳税检查调整		合计			服务、不动产和无形资产扣除项目本期实际扣除金额	扣除后	
				销售额	销项(应纳)税额	销售额	销项(应纳)税额	销售额	销项(应纳)税额	销售额	销项(应纳)税额	销售额	销项(应纳)税额	价税合计		含税(免税)销售额	销项(应纳)税额
				1	2	3	4	5	6	7	8	9=1+3+5+7	10=2+4+6+8	11=9+10	12	13=11−12	14=13÷(100%+税率或征收率)×税率或征收率
一、一般计税方法计税	全部征税项目	17%税率的货物及加工修理修配劳务	1											—	—	—	—
		17%税率的服务、不动产和无形资产	2														
		13%税率	3					100 000	13 000			100 000	13 000	—	—	—	—
		11%税率	4														
		6%税率	5														
	其中：即征即退项目	即征即退货物及加工修理修配劳务	6	—	—	—	—	—	—	—	—			—	—	—	—

续上表

项目及栏次				开具增值税专用发票		开具其他发票		未开具发票		纳税检查调整		合计			服务、不动产和无形资产扣除项目本期实际扣除金额	扣除后	
				销售额	销项(应纳)税额	销售额	销项(应纳)税额	销售额	销项(应纳)税额	销售额	销项(应纳)税额	销售额	销项(应纳)税额	价税合计		含税(免税)销售额	销项(应纳)税额
				1	2	3	4	5	6	7	8	9=1+3+5+7	10=2+4+6+8	11=9+10	12	13=11−12	14=13÷(100%+税率或征收率)×税率或征收率
一、一般计税方法计税	其中：即征即退项目	即征即退服务、不动产和无形资产	7	—	—	—	—	—	—	—	—						
二、简易计税方法计税	全部征税项目	6%征收率	8							—	—			—	—	—	—
		5%征收率的货物及加工修理修配劳务	9a							—	—			—	—	—	—
		5%征收率的服务、不动产和无形资产	9b							—	—						
		4%征收率	10							—	—			—	—	—	—

续上表

项目及栏次				开具增值税专用发票		开具其他发票		未开具发票		纳税检查调整		合计			服务、不动产和无形资产扣除项目本期实际扣除金额	扣除后	
				销售额	销项(应纳)税额	销售额	销项(应纳)税额	销售额	销项(应纳)税额	销售额	销项(应纳)税额	销售额	销项(应纳)税额	价税合计		含税(免税)销售额	销项(应纳)税额
				1	2	3	4	5	6	7	8	9=1+3+5+7	10=2+4+6+8	11=9+10	12	13=11-12	14=13÷(100%+税率或征收率)×税率或征收率
二、简易计税方法计税	全部征税项目	3%征收率的货物及加工修理修配劳务	11							—	—			—	—	—	—
		3%征收率的服务、不动产和无形资产	12							—	—						
		预征率3%	13a			1 300 000	113 000	600 000	36 000	—	—	1 900 000	149 000	2 049 000	530 000	1 519 000	42 000
		预征率%	13b							—	—						
		预征率%	13c							—	—						
	其中：即征即退项目	即征即退货物及加工修理修配劳务	14	—	—	—	—	—	—	—	—			—	—	—	—
		即征即退服务、不动产和无形资产	15	—	—	—	—	—	—	—	—						

续上表

项目及栏次			开具增值税专用发票		开具其他发票		未开具发票		纳税检查调整		合计			服务、不动产和无形资产扣除项目本期实际扣除金额	扣除后	
			销售额	销项（应纳）税额	销售额	销项（应纳）税额	销售额	销项（应纳）税额	销售额	销项（应纳）税额	销售额	销项（应纳）税额	价税合计		含税（免税）销售额	销项（应纳）税额
			1	2	3	4	5	6	7	8	9＝1＋3＋5＋7	10＝2＋4＋6＋8	11＝9＋10	12	13＝11－12	14＝13÷(100%＋税率或征收率)×税率或征收率
三、免抵退税	货物及加工修理修配劳务	16	—	—		—		—	—	—		—	—	—	—	—
	服务、不动产和无形资产	17	—	—		—		—	—	—		—				—
四、免税	货物及加工修理修配劳务	18				—		—	—	—		—	—	—	—	—
	服务、不动产和无形资产	19	—	—		—	300 000	—	—	—	300 000	—	300 000		300 000	—

(2) 附列资料（二）（本期进项税额明细）（见表 4-36）

分支机构取得的增值税扣税凭证，应当按照有关规定到主管税务机关办理认证或者申请稽核比对。根据“业务五”把结果填入第 2 栏“本期认证相符且本期申报抵扣”，第 1 栏、第 12 栏及第 35 栏自动带出数据。

支机构提供“电信服务及其他应税服务”，按照销售额和预征率计算应预缴税额，按月向主管税务机关申报纳税，不得抵扣进项税额。因此本案例中，“电信服务及其他应税服务”有关的进项税额要全部转出，通过《电信企业分支机构增值税汇总纳税信息传递单》转到总机构汇总，当期应由总机构汇总的进项税额填入第 17 栏“简易计税方法征税项目用”。其他原因产生的不得抵扣进项税额填入相应栏次，本案例填入第 14 栏“免税项目用”。

注意：本案例实际上假设了进项税额合计 750 000 元全部为“免税项目用”和“电信服务及其他应税服务”对应进项税。如果 750 000 元中有除了“电信服务及其他应税服务”外其他可以抵扣的增值税进项税额，则是可以按照一般企业申报方法在申报当期抵扣的，不用全额转出去总机构汇总抵扣。也就是说，本表第 17 栏可能小于 625 000 元，第 13 栏也可能小于 750 000元。

表 4-36　　增值税纳税申报表附列资料（二）

（本期进项税额明细）

一、申报抵扣的进项税额				
项　　目	栏　　次	份数	金额	税额
（一）认证相符的增值税专用发票	1=2+3	20	7 260 000	750 000
其中：本期认证相符且本期申报抵扣	2	20	7 260 000	750 000
前期认证相符且本期申报抵扣	3			
（二）其他扣税凭证	4=5+6+7+8			
其中：海关进口增值税专用缴款书	5			
农产品收购发票或者销售发票	6			
代扣代缴税收缴款凭证	7		—	
其他	8			

续上表

一、申报抵扣的进项税额				
项　　目	栏　　次	份数	金额	税额
（三）本期用于购建不动产的扣税凭证	9			
（四）本期不动产允许抵扣进项税额	10	—	—	
（五）外贸企业进项税额抵扣证明	11	—	—	
当期申报抵扣进项税额合计	12＝1＋4－9＋10＋11	20	7 260 000	750 000
二、进项税额转出额				
项　　目	栏　　次	税　　额		
本期进项税额转出额	13＝14 至 23 之和	750 000		
其中：免税项目用	14	125 000		
集体福利、个人消费	15			
非正常损失	16			
简易计税方法征税项目用	17	6 250 000		
免抵退税办法不得抵扣的进项税额	18			
纳税检查调减进项税额	19			
红字专用发票信息表注明的进项税额	20			
上期留抵税额抵减欠税	21			
上期留抵税额退税	22			
其他应作进项税额转出的情形	23			
三、待抵扣进项税额				
项　　目	栏　　次	份数	金额	税额
（一）认证相符的增值税专用发票	24	—	—	—
（二）其他扣税凭证	29＝30 至 33 之和			
四、其他				
项　　目	栏　　次	份数	金额	税额
本期认证相符的增值税专用发票	35	20	7 260 000	750 000

注意：当月纳税申报抵扣“进项税额”的申报时，一定要考虑增值税专用发票“认证结果通知书”。也就是，增值税纳税申报表附列资料（二）中第2行申报数一定要小于等于“认证结果通知书”上的金额、税额。“大于”的话肯定比对不成功，当月属于错误申报；小于说明增值税专用发票认证后放弃抵扣。

(3) 附列资料（三）(服务、不动产和无形资产扣除项目明细)(见表4-37)

主要涉及“业务二”扣除项目金额，扣除项目金额填入第3行第3列、第4列及第5列。

本表第1列根据“业务一”和“业务二”综合填报。

另外，营业税改征增值税的纳税人，服务、不动产和无形资产按规定汇总计算缴纳增值税的分支机构，第1列各行次之和等于《附列资料（一)》第11列第13a、13b行之和。具体见表4-37。

表4-37　　增值税纳税申报表附列资料（三）

（服务、不动产和无形资产扣除项目明细）

项目及栏次		本期服务、不动产和无形资产价税合计额（免税销售额）	服务、不动产和无形资产扣除项目				
			期初余额	本期发生额	本期应扣除金额	本期实际扣除金额	期末余额
		1	2	3	4=2+3	5（5≤1且5≤4）	6=4-5
17%税率的项目	1						
11%税率的项目	2	777 000	0	0	0	0	0
6%税率的项目（不含金融商品转让）	3	1 272 000	0	530 000	530 000	0	
6%税率的金融转让项目	4						
5%征收率的项目	5						
3%征收率的项目	6						
免抵退税的项目	7						
免税的项目	8	300 000	0	0	0	0	0

（4）增值税减免税申报明细表（见表4-38）

该表主要填报“业务三”相关内容，境内单位和个人向中华人民共和国境外单位提供电信业服务免税金额填入第9行“跨境服务”及第8行“出口免税”。

本表要和“附列资料（一）（本期销售情况明细表）”的第19行对应。具体见表4-38。

表4-38　　增值税减免税申报明细表

一、减税项目						
减税性质代码及名称	栏次	期初余额	本期发生额	本期应抵减税额	本期实际抵减税额	期末余额
		1	2	3＝1＋2	4≤3	4＝3－1
合计	1					
	2					
	3					
	4					
	5					
	6					
二、免税项目						
免税性质代码及名称	栏次	免征增值税项目销售额	免税销售额扣除项目本期实际扣除金额	扣除后免税销售额	免税销售额对应的进项税额	免税额
		1	2	3＝1－2	4	5
合计	7	300 000				
出口免税	8		—	—	—	—
其中：跨横服务	9	300 000	—	—	—	—
	10					
	11					
	12					
	13					
	14					
	15					
	16					

(5) 本期抵扣进项税额结构明细表

由于本案例忽略当期取得的增值税专用发票金额及税额明细，“本期抵扣进项税额结构明细表”的填写和一般企业纳税申报没有差异，故不再表述。

(6) 增值税纳税申报表主表（见表4-39）

主要的填写依赖于附表的填报。第1行“按适用税率计税销售额”申报系统根据“附列资料（一）本期销售情况明细表”自动带出，需要根据实际补填第2行至第4行具体金额。

电信企业的分支机构，其当期按预征率计算缴纳增值税的销售额也填入第5行“按简易办法计税销售额”，若有扣除项目的，本行应填写扣除之前的不含税销售额。本案例金额为1 900 000元，与“附列资料（一）本期销售情况明细表”第9列第8至13b行之和减去第9列第14、15行之和后的金额一致。

电信企业的分支机构，应将预征增值税额填入第21栏“简易计税办法计算的应纳税额”：反映纳税人本期按简易计税方法计算并应缴纳的增值税额，但不包括按简易计税方法计算的纳税检查应补缴税额。按以下公式计算填写：

$$预征增值税额=应预征增值税的销售额\times预征率$$

本案例预征增值税额为42 000元，与“附列资料（一）本期销售情况明细表”第13a行第14列金额一致。

表4-39　　增值税纳税申报表

（一般纳税人适用）

项　　目		栏　　次	一般项目	
			本月数	本年累计
销售额	（一）按适用税率计税销售额	1	100 000	
	其中：应税货物销售额	2	100 000	
	应税劳务销售额	3		
	纳税检查调整的销售额	4		
	（二）按简易办法计税销售额	5	1 900 000	
	其中：纳税检查调整的销售额	6		

续上表

项　　目		栏　　次	一般项目	
			本月数	本年累计
销售额	（三）免、抵、退办法出口销售额	7		
	（四）免税销售额	8		
	其中：免税货物销售额	9		
	免税劳务销售额	10		
税款计算	销项税额	11	13 000	
	进项税额	12	750 000	
	上期留抵税额	13	0	
	进项税额转出	14	750 000	
	免、抵、退应退税额	15		
	按适用税率计算的纳税检查应补缴税额	16		
	应抵扣税额合计	17＝12＋13－14－15＋16	0	—
	实际抵扣税额	18（如 17<11，则为 17，否则为 11）	0	
	应纳税额	19＝11－18	13 000	
	期末留抵税额	20＝17－18		
	简易计税办法计算的应纳税额	21	42 000	
	按简易计税办法计算的纳税检查应补缴税额	22		
	应纳税额减征额	23		
	应纳税额合计	24＝19＋21－23	55 000	
税款缴纳	期初未缴税额（多缴为负数）	25		
	实收出口开具专用缴款书退税额	26		
	本期已缴税额	27＝28＋29＋30＋31	0	
	①分次预缴税额	28	0	—
	②出口开具专用缴款书预缴税额	29		—

续上表

项目		栏次	一般项目	
			本月数	本年累计
税款缴纳	③本期缴纳上期应纳税额	30		
	④本期缴纳欠缴税额	31		
	期末未缴税额（多缴为负数）	32＝24＋25＋26－27	55 000	
	其中：欠缴税额（≥0）	33＝25＋26－27		—
	本期应补（退）税额	34＝24－28－29	55 000	—
	即征即退实际退税额	35	—	—
	期初未缴查补税额	36		
	本期入库查补税额	37		
	期末未缴查补税额	38＝16＋22＋36－37		

综上所述，分支机构“提供电信服务及其他应税服务”在填报纳税申报表时，主要是填报主表和附表预征销售额（含预收款）、预征率、当地认证的进项发票情况等。实务中，申报结束后，各分支机构一般会将其《增值税纳税申报表》主表和附列资料表、《报税信息清单》、《认证信息清单》、《抵扣信息清单》，连同《电信企业分支机构增值税汇总纳税信息传递单》一并报送总机构作为其计算增值税应纳税额的依据。另外，各地方政策中一般也会要求电信企业总部填报《电信企业增值税应纳税额年度清算表》进行年度清算申报。

4.8 邮政业纳税申报技巧

邮政服务，是指中国邮政集团公司及其所属邮政企业提供邮件寄递、邮政汇兑和机要通信等邮政基本服务的业务活动。包括邮政普遍服务、邮政特殊服务和其他邮政服务。邮政业增值税税率为11%。

邮政普遍服务，是指函件、包裹等邮件寄递，以及邮票发行、报刊发行和邮政汇兑等业务活动。函件，是指信函、印刷品、邮资封片卡、无名址函件和邮政小包等；包裹，是指按照封装上的地址递送给特定个人或者单位的独立封装的物品，其重量不超过50千克，任何一边的尺寸不超过150厘米，长、宽、高合计不超过300厘米。

邮政特殊服务，是指义务兵平常信函、机要通信、盲人读物和革命烈士遗物的寄递等业务活动。

其他邮政服务，是指邮册等邮品销售、邮政代理等业务活动。

根据《财政部 国家税务总局关于营业税改征增值税试点若干政策的通知》（财税〔2016〕39号），中国邮政集团公司及其所属邮政企业提供的邮政普遍服务和邮政特殊服务免征增值税。

注意：中国邮政速递物流股份有限公司及其子公司（含各级分支机构），不属于财税中国邮政集团公司所属邮政企业，其所提供的邮政普遍服务和邮政特殊服务不免增值税。

邮政业增值税征管体制与电信业非常相似。省一级邮政企业（以下称总机构）应当汇总计算总机构及其所属邮政企业（以下称分支机构）提供邮政服务的增值税应纳税额，抵减分支机构提供邮政服务已缴纳（包括预缴和查补，下同）的增值税额后，向主管税务机关申报纳税。总机构发生除邮政服务以外的增值税应税行为，按照增值税条例、试点实施办法及相关规定就地申报纳税。

县市级邮政企业分公司（即分支机构）提供邮政服务，按照销售额和预征率计算应预缴税额，按月向主管税务机关申报纳税，并将提供邮政服务的销售额、预订款、进项税额和已缴纳增值税额归集汇总，把填写并经税务机关确认过的《邮政企业分支机构增值税汇总纳税信息传递单》于次月10日前传递给总机构。

邮政业分支机构不得抵扣进项税额。

【例4-11】中国邮政集团公司某省公司（总机构）为一般纳税人，2017年7～9月发生业务如下：

业务一：提供邮政普遍服务，取得收入价税合计400万元；提供特殊服务业务，取得收入价税合计300万元。

业务二：提供收派服务，取得服务收入价税合计106万元。

业务三：为当地邮政速递公司代办速递物流类业务取得的代理收入，取得代理收入价税合计212万元。

业务四：当月共取得符合抵扣条件的增值税进项税额30万元（共计20张增值税专用发票，不含税总金额为220万元），但无法准确划分征免税进项税额。

另外，当月取得分支机构《邮政企业分支机构增值税汇总纳税信息传递单》。其中，邮政普遍服务和邮政特殊服务收入价税合计 100 万元，邮品销售等收入 444 万元，预缴增值税 4 万元，邮政业务可以抵扣进项税额 20 万元（共计 15 张增值税专用发票，不含税总金额为 116 万元），免税业务进项税额转出为 10 万元。

问题：若省公司及分支机构对外业务均开具增值税普通发票，则 2017 年 10 月应如何申报增值税？

解析：

1. 税额计算与分析

（1）免税服务税额计算

业务一取得收入均为免税收入，不计算增值税销项税额，分支机构的邮政普遍服务和邮政特殊服务收入 100 万元也属于免税服务。所以，免税收入金额共计 800 万元。

（2）应税服务税额计算

业务二、业务三收派服务属于“物流辅助服务”，按照 6%缴纳增值税，不含税销售额合计为 300 万元。

销项税税额＝106÷（1＋6%）×6%＋212÷（1＋6%）×6%＝18（万元）

分支机构邮品销售业务属于邮政业应税服务，增值税税率为 11%，则：

销项税税额＝444÷（1＋11%）×11%＝44（万元）

（3）不得抵扣增值税进项税额的计算

根据业务四分析得出，当期需要转出的进项税额（不得抵扣进项税额）：

不得抵扣进项税额＝30×（400＋300）÷（400＋300＋100＋200）＝21（万元）

（4）汇总应纳税额的计算

应纳税额合计＝当期销项税额－当期可抵扣进项税额＋进项税额转出－汇总分支机构进项税额＋分支机构销项税额＋分支机构进项税额转出－分支机构预缴增值税＝18－30＋21－20＋44＋10－4＝39（万元）。

2. 纳税申报解析

（1）附列资料（一）（本期销售情况明细表）（见表 4-40）

由于本案例为总机构纳税申报，按照一般企业填报方法填写即可（申报表单位为万元，本案例下同），具体见表 4-40。

表 4-40

增值税纳税申报表附列资料(一)

(本期销售情况明细)

项目及栏次				开具增值税专用发票		开具其他发票		未开具发票		纳税检查调整		合计			服务、不动产和无形资产扣除项目本期实际扣除金额	扣除后	
				销售额	销项(应纳)税额	销售额	销项(应纳)税额	销售额	销项(应纳)税额	销售额	销项(应纳)税额	销售额	销项(应纳)税额	价税合计		含税(免税)销售额	销项(应纳)税额
				1	2	3	4	5	6	7	8	9=1+3+5+7	10=2+4+6+8	11=9+10	12	13=11−12	14=13÷(100%+税率或征收率)×税率
一、一般计税方法计税	全部征税项目	17%税率的货物及加工修理修配劳务	1											—	—	—	—
		17%税率的服务、不动产和无形资产	2														
		13%税率	3											—	—	—	—
		11%税率	4			400	44					400	44	444	0	0	0
		6%税率	5			300	18					300	18	318	0	0	0
	其中:即征即退项目	即征即退货物及加工修理修配劳务	6	—	—	—	—	—	—	—	—			—	—	—	—

续上表

项目及栏次				开具增值税专用发票		开具其他发票		未开具发票		纳税检查调整		合计			服务、不动产和无形资产扣除项目本期实际扣除金额	扣除后	
				销售额	销项(应纳)税额	销售额	销项(应纳)税额	销售额	销项(应纳)税额	销售额	销项(应纳)税额	销售额	销项(应纳)税额	价税合计		含税(免税)销售额	销项(应纳)税额
				1	2	3	4	5	6	7	8	9=1+3+5+7	10=2+4+6+8	11=9+10	12	13=11-12	14=13÷(100%+税率或征收率)×税率
一、一般计税方法计税	其中：即征即退项目	即征即退服务、不动产和无形资产															
二、简易计税方法计税	全部征税项目	6%征收率	8							—	—			—	—	—	—
		5%征收率的货物及加工修理修配劳务	9a							—	—			—	—	—	—
		5%征收率的服务、不动产和无形资产	9b							—	—						
		4%征收率	10							—	—			—	—	—	—

续上表

项目及栏次				开具增值税专用发票		开具其他发票		未开具发票		纳税检查调整		合　计			服务、不动产和无形资产扣除项目本期实际扣除金额	扣除后	
				销售额	销项(应纳)税额	销售额	销项(应纳)税额	销售额	销项(应纳)税额	销售额	销项(应纳)税额	销售额	销项(应纳)税额	价税合计		含税(免税)销售额	销项(应纳)税额
				1	2	3	4	5	6	7	8	9=1+3+5+7	10=2+4+6+8	11=9+10	12	13=11−12	14=13÷(100%+税率或征收率)×税率
二、简易计税方法计税	全部征税项目	3%征收率的货物及加工修理修配劳务	11							—	—			—	—	—	—
		3%征收率的服务、不动产和无形资产	12							—	—						
		预征率3%	13a														
		预征率%	13b							—	—						
		预征率%	13c							—	—						
	其中：即征即退项目	即征即退货物及加工修理修配劳务	14	—	—	—	—	—	—	—	—			—	—	—	—
		即征即退服务、不动产和无形资产	15	—	—	—	—	—	—	—	—						

续上表

项目及栏次			开具增值税专用发票		开具其他发票		未开具发票		纳税检查调整		合　计			服务、不动产和无形资产扣除项目本期实际扣除金额	扣除后	
			销售额	销项(应纳)税额	销售额	销项(应纳)税额	销售额	销项(应纳)税额	销售额	销项(应纳)税额	销售额	销项(应纳)税额	价税合计		含税(免税)销售额	销项(应纳)税额
			1	2	3	4	5	6	7	8	9=1+3+5+7	10=2+4+6+8	11=9+10	12	13=11−12	14=13÷(100%+税率或征收率)×税率
三、免抵退税	货物及加工修理修配劳务	16	—	—		—		—	—	—		—	—	—	—	—
	服务、不动产和无形资产	17	—	—		—		—	—	—		—				
四、免税	货物及加工修理修配劳务	18				—		—	—	—		—	—	—	—	—
	服务、不动产和无形资产	19	—	—	800	—		—	—	—	800	—	800		800	—

(2) 附列资料（二）（本期进项税额明细）（见表 4-41）

省公司总机构把取得经认证的进项税额以及汇总分支机构的进项税额填入第 2 栏“本期认证相符且本期申报抵扣”，第 1 栏、第 12 栏及第 35 栏自动带出数据，具体见表 4-41。

表 4-41　　增值税纳税申报表附列资料（二）

（本期进项税额明细）

一、申报抵扣的进项税额				
项　　目	栏　　次	份数	金额	税额
（一）认证相符的增值税专用发票	1=2+3	35	336	50
其中：本期认证相符且本期申报抵扣	2	35	336	50
前期认证相符且本期申报抵扣	3			
（二）其他扣税凭证	4=5+6+7+8			
其中：海关进口增值税专用缴款书	5			
农产品收购发票或者销售发票	6			
代扣代缴税收缴款凭证	7		—	
其他	8			
（三）本期用于购建不动产的扣税凭证	9			
（四）本期不动产允许抵扣进项税额	10	—	—	
（五）外贸企业进项税额抵扣证明	11	—	—	
当期申报抵扣进项税额合计	12=1+4−9+10+11	35	336	50

二、进项税额转出额		
项　　目	栏　　次	税额
本期进项税额转出额	13=14 至 23 之和	31
其中：免税项目用	14	31
集体福利、个人消费	15	
非正常损失	16	
简易计税方法征税项目用	17	
免抵退税办法不得抵扣的进项税额	18	
纳税检查调减进项税额	19	
红字专用发票信息表注明的进项税额	20	

续上表

二、进项税额转出额				
项　　目	栏　　次	税额		
上期留抵税额抵减欠税	21			
上期留抵税额退税	22			
其他应作进项税额转出的情形	23			
三、待抵扣进项税额				
项　　目	栏　　次	份数	金额	税额
（一）认证相符的增值税专用发票	24	—	—	—
（二）其他扣税凭证	29＝30至33之和			
四、其他				
项　　目	栏　　次	份数	金额	税额
本期认证相符的增值税专用发票	35	35	336	50

（3）增值税减免税申报明细表（见表4-42）

根据《财政部、国家税务总局关于营业税改征增值税试点若干政策的通知》（财税〔2016〕39号），中国邮政集团公司及其所属邮政企业提供的邮政普遍服务和邮政特殊服务免征增值税，本案例的免税销售额为800万元，如果不免征增值税，对应增值税税率为11％，对应的增值税为79.28［800÷（1＋11％）×11％］万元，具体见表4-42。

表4-42　　增值税减免税申报明细表

一、减税项目						
减税性质代码及名称	栏次	期初余额	本期发生额	本期应抵减税额	本期实际抵减税额	期末余额
		1	2	3＝1＋2	4≤3	4＝3－1
合计	1					
	2					
	3					
	4					
	5					
	6					

续上表

二、免税项目						
免税性质代码及名称	栏次	免征增值税项目销售额	免税销售额扣除项目本期实际扣除金额	扣除后免税销售额	免税销售额对应的进项税额	免税额
		1	2	3＝1－2	4	5
合计	7	800	0	0	31	792 800
出口免税	8		—	—	—	—
其中：跨横服务	9		—	—	—	—
其他免税增值税服务	10	800	0	0	31	792 800
	11					
	12					
	13					
	14					
	15					
	16					

（4）附列资料（四）（税额抵减情况表）

本表第2行“分支机构预缴纳税款”由总机构填写，反映其分支机构预征缴纳税款抵减总机构应纳增值税税额的情况。

本案例中，分支机构已经预缴增值税额4万元，具体见表4-43。

表4-43　　增值税纳税申报表附列资料（四）

（税额抵减情况表）

序号	抵减项目	期初余额	本期发生额	本期应抵减税额	本期实际抵减税额	期末余额
		1	2	3＝1＋2	4≤3	5＝3－4
1	增值税税控系统专用设备费及技术维护费					
2	分支机构预征缴纳税款	0	4	4	4	0

续上表

序号	抵减项目	期初余额	本期发生额	本期应抵减税额	本期实际抵减税额	期末余额
		1	2	3=1+2	4≤3	5=3-4
3	建筑服务预征缴纳税款					
4	销售不动产预征缴纳税款					
5	出租不动产预征缴纳税款					

(5) 增值税纳税申报表主表(见表4-44)

服务、不动产和无形资产按规定汇总计算缴纳增值税的总机构，其可以从本期增值税应纳税额中抵减的分支机构已缴纳的税款，按当期实际可抵减数填入本表28行“分次预缴税额”，不足抵减部分结转下期继续抵减。

表4-44 **增值税纳税申报表**

(一般纳税人适用)

项目		栏次	一般项目	
			本月数	本年累计
销售额	(一) 按适用税率计税销售额	1	700	
	其中：应税货物销售额	2		
	应税劳务销售额	3		
	纳税检查调整的销售额	4		
	(二) 按简易办法计税销售额	5		
	其中：纳税检查调整的销售额	6		
	(三) 免、抵、退办法出口销售额	7		
	(四) 免税销售额	8		
	其中：免税货物销售额	9		
	免税劳务销售额	10		
税款计算	销项税额	11	62	
	进项税额	12	50	
	上期留抵税额	13	0	

续上表

项目		栏次	一般项目	
			本月数	本年累计
税款计算	进项税额转出	14	31	
	免、抵、退应退税额	15		
	按适用税率计算的纳税检查应补缴税额	16		
	应抵扣税额合计	17=12+13−14−15+16	19	—
	实际抵扣税额	18（如 17<11，则为 17，否则为 11）	19	
	应纳税额	19=11−18	42	
	期末留抵税额	20=17−18		
	简易计税办法计算的应纳税额	21		
	按简易计税办法计算的纳税检查应补缴税额	22		
	应纳税额减征额	23		
	应纳税额合计	24=19+21−23	42	
税款缴纳	期初未缴税额（多缴为负数）	25		
	实收出口开具专用缴款书退税额	26		
	本期已缴税额	27=28+29+30+31	4	
	①分次预缴税额	28	4	—
	②出口开具专用缴款书预缴税额	29		—
	③本期缴纳上期应纳税额	30		
	④本期缴纳欠缴税额	31		
	期末未缴税额（多缴为负数）	32=24+25+26−27	39	
	其中：欠缴税额（≥0）	33=25+26−27		—
	本期应补（退）税额	34=24−28−29	39	—
	即征即退实际退税额	35	—	—
	期初未缴查补税额	36		
	本期入库查补税额	37		
	期末未缴查补税额	38=16+22+36−37		

4.9 小规模纳税人申报技巧

1. 小微企业纳税申报

增值税小规模纳税人应分别核算销售货物，提供加工、修理修配劳务的销售额和销售服务、无形资产的销售额。

增值税小规模纳税人销售货物，提供加工、修理修配劳务月销售额不超过3万元（按季纳税9万元），销售服务、无形资产月销售额不超过3万元（按季纳税9万元）的，自2016年5月1日起至2017年12月31日，可分别享受小微企业暂免征收增值税优惠政策。

注意：

第一，小规模纳税人需要分别核算各项业务，意味着不是销售总额销售额不超过3万元（按季纳税9万元）的可以享受增值税税收优惠，而是单笔业务看是否超过。

第二，适用增值税差额征收政策的增值税小规模纳税人，以差额前的销售额确定是否可以享受小微企业暂免征收增值税优惠政策。

第三，“销售额”不超过3万元（按季纳税9万元）是指不含增值税的销售额。

第四，从2016年5月1日起，兼有的原增值税业务与“营改增”后的增值税业务的小规模纳税人，应注意将原增值税业务的销售货物，提供加工、修理修配劳务的销售额，与本次“营改增”后的销售服务、无形资产的销售额分别核算，当这两类业务的月销售额均不超过，或者其中一类超过但另一类没有超过3万元（按季纳税9万元）时，可分别就没有超过标准的销售额，享受小微企业暂免征收增值税优惠政策。

全面“营改增”过渡期内，按季纳税的试点增值税小规模纳税人，2016年7月纳税申报时，申报的2016年5月、6月增值税应税销售额中，销售货物，提供加工、修理修配劳务的销售额不超过6万元，销售服务、无形资产的销售额不超过6万元的，可分别享受小微企业暂免征收增值税优惠政策。

【例4-12】某按季申报的小规模纳税人甲企业2016年7～9月发生以下业务：

（1）销售自制的包装食品，价税合计销售额 5.15 万元。

（2）销售餐饮服务，价税合计销售额 10.3 万元以上收入均自行开具增值税普通发票。

问题：2016 年 10 月甲企业如何做纳税申报？

解析：

①销售食品税款计算与分析

不含税销售额＝5.15 ÷（1＋3％）＝5（万元），甲企业销售货物的季度销售额为 5 万元，可以享受小微企业暂免征收增值税优惠政策。不再计算缴纳增值税。

②餐饮服务税款计算与分析

不含税销售额为＝10.3÷（1＋3％）＝10（万元），甲企业提供餐饮服务的季度销售额超过 9 万元，该项业务不能享受小微企业暂免征收增值税优惠政策，

当月应纳税额为 10×3％＝3（万元）。

纳税申报填报（见表 4-45）。

表 4-45 **增值税纳税申报表**

（小规模纳税人适用）

项目		栏次	本期数		本年累计	
			货物及劳务	服务、不动产和无形资产	货物及劳务	服务、不动产和无形资产
一、计税依据	（一）应征增值税不含税销售额	1		100 000		
	税务机关代开的增值税专用发票不含税销售额	2				
	税控器具开具的普通发票不含税销售额	3		100 000		
	（二）销售、出租不动产不含税销售额	4			——	

续上表

项目		栏次	本期数		本年累计	
			货物及劳务	服务、不动产和无形资产	货物及劳务	服务、不动产和无形资产
一、计税依据	税务机关代开的增值税专用发票不含税销售额	5			——	
	税控器具开具的普通发票不含税销售额	6			——	
	（三）销售使用过的固定资产不含税销售额	7（7≥8）				——
	其中：税控器具开具的普通发票不含税销售额	8				——
	（四）免税销售额	9＝10＋11＋12	50 000			
	其中：小微企业免税销售额	10	50 000			
	未达起征点销售额	11				
	其他免税销售额	12				
	（五）出口免税销售额	13（13≥14）				
	其中：税控器具开具的普通发票销售额	14				
二、税款计算	本期应纳税额	15	30 000			
	本期应纳税额减征额	16				
	本期免税额	17				
	其中：小微企业免税额	18				
	未达起征点免税额	19				

续上表

项　　目		栏次	本期数		本年累计	
			货物及劳务	服务、不动产和无形资产	货物及劳务	服务、不动产和无形资产
二、税款计算	应纳税额合计	20＝15－16	30 000			
	本期预缴税额	21			——	——
	本期应补（退）税额	22＝20－21	30 000		——	——

2. 小规模纳税人综合业务申报

小规模纳税人纳税申报表和一般纳税人申报表有较大差异，申报思路差异较大，但是基本的步骤还是基本一致的，比如进行税款计算、确定是否适用税收优惠、附表的填列、纳税申报主表的填列等的申报顺序是相同的。

另外，在业务的发生方面，小规模纳税人和一般纳税人也是一样的，也就是小规模纳税人也同样面临多种业务类别的申报、比较复杂的复合申报等。

【例 4-13】甲企业为增值税小规模纳税人，机构所属地北京市朝阳区，2016 年三季度发生如下业务：

（1）提供设计服务，取得设计费收入 20 600 元，向税务机关申请开具增值税专用发票。

（2）将海淀区办公室出租，收取 2016 年三季度租金 12.6 万元，自行开具增值税普通发票。

（3）提供摄影服务，取得摄影费收入 5 150 元，未开具发票。

（4）提供家用电器维修劳务，取得维修费 30 900 元，开具普通发票。

（5）出售取得的房山区工厂厂房，取得含税收入 525 万元，向不动产所在地主管税务机关预缴税款并代开增值税专用发票，该不动产取得时的购置原价为 420 万元。

（6）将已使用过的旧生产设备一台出售，取得收入 10 300 元，未开具发票。

(7) 零售电子配件，取得收入 92 700 元，到税务机关代开增值税专用发票。

(8) 零售蔬菜，取得收入 10 000 元。

问题：请做甲企业 2016 年三季度纳税申报。

解析：

1. 业务分析

①提供设计服务的不含税销售额（代开专用发票）＝20 600÷（1＋3％）＝20 000（元）。

②提供房屋租赁服务的不含税销售额（开具普通发票）＝126 000÷（1＋5％）＝120 000（元）。

注意：北京市纳税人在本市范围内跨区提供不动产经营租赁服务的，向机构所在地主管国税机关申报缴纳增值税，不需要预缴。

小规模纳税人出租不动产，按照 5％的征收率计算应纳税额。

甲企业在收到预收款时，应于收到预收款的次月纳税申报期内向其机构所在地主管税务机关按照 5％征收率申报缴纳增值税。

③提供摄影服务的不含税销售额（未开票收入）＝5150÷（1＋3％）＝5 000（元）。

④提供家用电器维修劳务的不含税销售（开具普通发票）＝30 900÷（1＋3％）＝30 000（元）。

⑤不动产转让业务销售额计算

扣除后的含税销售额（全额代开专用发票）＝5 250 000－4 200 000＝1 050 000（元）。

销售不动产取得的不含税销售额＝1 050 000÷（1＋5％）＝1 000 000（元）。

⑥销售使用过的固定资产的不含税销售额（未开票收入）＝10 300÷（1＋3％）＝10 000（元）。

⑦零售电子配件的不含税销售额（代开专用发票）＝92 700÷（1＋3％）＝90 000（元）。

⑧零售蔬菜的销售额（未开票收入）＝10 000（元）。涉及免税收入的申报。

⑨不含税金额汇总。

本期“货物及劳务”列次3%征收率不含税销售额＝30 000＋90 000＝120 000（元）。

本期“货物及劳务”列次销售使用过的固定资产不含税销售额＝10 000元。

本期“货物及劳务”列次免税销售额＝10 000 元。

本期“服务、不动产和无形资产”列次 3%征收率不含税销售额＝20 000＋5 000＝25 000 元。

本期“服务、不动产和无形资产”列次 5%征收率不含税销售额＝1 000 000＋120 000＝1 120 000（元）。

2. 应纳税款计算

①货物及劳务应纳税额

本期“货物及劳务”应纳税额＝120 000×3%＋10 000×3%＝3 900（元）。

本期“货物及劳务”应纳税额减征额＝10 000×（3%－2%）＝100（元）。

本期“货物及劳务”免税额＝10 000×3%＝300（元）。

本期“货物及劳务”应纳税额合计＝3 900－100＝3 800（元）。

本期“货物及劳务”预缴税额＝90 000×3%＝2 700（元）（由于零售电子配件代开发票，代开时预缴了税款）。

本期“货物及劳务”应补（退）税额＝3 800－2 700＝1 100（元）。

注意：销售已使用过的固定资产应纳税额＝销售额×2%，但在申报表填写时需要使用应纳税额减征额栏次分步实现。

②销售服务应纳税额。

应纳税额＝25 000×3%＋1 120 000×5%＝56 750（元）。

预缴税额＝提供设计服务（代开发票预缴）＋转让厂房＝20 000×3%＋1 000 000×5%＝50 600 元

应补（退）税额＝56 750－50 600＝6 150（元）。

3. 纳税申报

(1)《增值税纳税申报表（小规模纳税人适用）附列资料》的填报

本附列资料由销售服务有扣除项目的纳税人填写，各栏次均不包含免征增值税项目的金额。

将上期《增值税纳税申报表（小规模纳税人适用）附列资料》第 12 栏“期末余额”0 元填入本期《增值税纳税申报表（小规模纳税人适用）附列资料》第 9 栏；

将本期应扣除的 4 200 000 元填入《增值税纳税申报表（小规模纳税人适用）附列资料》第 10 栏；

将本期全部含税收入 5 250 000 元填入《增值税纳税申报表（小规模纳税人适用）附列资料》第 13 栏；

将第 9 栏与第 10 栏数据相加，并与第 13 栏比较大小，将较小者填入第 11 栏、第 14 栏（0＋4 200 000＝4 200 000，4 200 000＜5 250 000）；

将第 9 栏＋第 10 栏－第 11 栏的结果填入《增值税纳税申报表（小规模纳税人适用）附列资料》第 12 栏；

将第 13 栏与第 14 栏之差填入《增值税纳税申报表（小规模纳税人适用）附列资料》第 15 栏；

将第 15 栏“含税销售额”折算为“不含税销售额”（除以 1.05）填入《增值税纳税申报表（小规模纳税人适用）附列资料》第 16 栏。

具体见表 4-46。

表 4-46　　　　增值税纳税申报表（小规模纳税人适用）**附列资料**

应税行为（3%征收率）扣除额计算			
期初余额	本期发生额	本期扣除额	期末余额
1	2	3（3≤1＋2 之和，且 3≤5）	4＝1＋2－3
应税行为（3%征收率）计税销售额计算			
全部含税收入（适用 3%征收率）	本期扣除额	含税销售额	不含税销售额
5	6＝3	7＝5－6	8＝7÷1.03
应税行为（5%征收率）扣除额计算			
期初余额	本期发生额	本期扣除额	期末余额
9	10	11（11≤9＋10 之和，且 11≤13）	12＝9＋10－11
0	4 200 000	4 200 000	0

续上表

应税行为（5%征收率）计税销售额计算			
全部含税收入（适用5%征收率）	本期扣除额	含税销售额	不含税销售额
13	14=11	15=13−14	16=15÷1.05
5 250 000	4 200 000	1 050 000	1 000 000

（2）《增值税纳税申报表（小规模纳税人适用）》的填报

①收入项目的填报。

计算的本期“货物及劳务”3%征收率不含税销售额120 000元填入本期“货物及劳务”列第1栏；

税务机关代开增值税专用发票的不含税销售额90 000元填入“货物及劳务”列第2栏；

自行开具增值税普通发票的不含税销售额30 000元填入“货物及劳务”列第3栏；

销售已经使用过的固定资产10 000元填入本期“货物及劳务”列第7栏；

本期“货物及劳务”免税销售额10 000元填入本期“货物及劳务”列第9栏、第12栏；

计算的本期“服务、不动产和无形资产”3%征收率不含税销售额25 000元填入本期“服务、不动产和无形资产”列第1栏；

税务机关代开增值税专用发票的不含税销售额20 000元填入“服务、不动产和无形资产”列第2栏；

自行开具增值税普通发票的不含税销售额120 000元填入“服务、不动产和无形资产”列第6栏；

计算的本期“服务、不动产和无形资产”5%征收率不含税销售额1 000 000元填入本期“服务、不动产和无形资产”列第4栏；

税务机关代开增值税专用发票注明的销售额5 000 000元填入“服务、不动产和无形资产”列第5栏。

②计税项目的填报。

计算的本期“货物及劳务”应纳税额3 900元填入本期“货物及劳务”列第15栏；

计算的本期“货物及劳务”应纳税额减征额100元填入本期“货物及劳

务”列第 16 栏；

计算的本期“货物及劳务”免税额 300 元填入本期“货物及劳务”列第 17 栏；

计算的本期“货物及劳务”应纳税额合计 3 800 元填入本期“货物及劳务”列第 20 栏；

计算的本期“货物及劳务”本期预缴税额 2 700 元填入本期“服务、不动产和无形资产”列第 21 栏；

计算的本期“货物及劳务”本期应补（退）税额 1 100 元填入本期“货物及劳务”列第 22 栏；

计算的本期“服务、不动产和无形资产”应纳税额 56 750 元填入本期“服务、不动产和无形资产”列第 15 栏；

计算的本期“服务、不动产和无形资产”应纳税额合计 56 750 元填入本期“服务、不动产和无形资产”列第 20 栏；

计算的本期“服务、不动产和无形资产”本期预缴税额 50 600 元填入本期“服务、不动产和无形资产”列第 21 栏；

计算的本期“服务、不动产和无形资产”本期应补（退）税额 6 150 元填入本期“服务、不动产和无形资产”列第 22 栏。

具体见表 4-47。

表 4-47　　增值税纳税申报表

（小规模纳税人适用）

<table>
<tr><th colspan="2" rowspan="2">项　　目</th><th rowspan="2">栏次</th><th colspan="2">本期数</th><th colspan="2">本年累计</th></tr>
<tr><th>货物及劳务</th><th>服务、不动产和无形资产</th><th>货物及劳务</th><th>服务、不动产和无形资产</th></tr>
<tr><td rowspan="3">一、计税依据</td><td>（一）应征增值税不含税销售额</td><td>1</td><td>120 000</td><td>25 000</td><td></td><td></td></tr>
<tr><td>税务机关代开的增值税专用发票不含税销售额</td><td>2</td><td>90 000</td><td>20 000</td><td></td><td></td></tr>
<tr><td>税控器具开具的普通发票不含税销售额</td><td>3</td><td>30 000</td><td>5 000</td><td></td><td></td></tr>
</table>

续上表

项　　目		栏次	本期数		本年累计	
			货物及劳务	服务、不动产和无形资产	货物及劳务	服务、不动产和无形资产
一、计税依据	（二）销售、出租不动产不含税销售额	4	——	1 120 000	——	
	税务机关代开的增值税专用发票不含税销售额	5	——	5 000 000	——	
	税控器具开具的普通发票不含税销售额	6	——	120 000	——	
	（三）销售使用过的固定资产不含税销售额	7（7≥8）	10 000	——		——
	其中：税控器具开具的普通发票不含税销售额	8		——		——
	（四）免税销售额	9=10+11+1	10 000			
	其中：小微企业免税销售额	10				
	未达起征点销售额	11				
	其他免税销售额	12	10 000			
	（五）出口免税销售额	13（13≥14）				
	其中：税控器具开具的普通发票销售额	14				

续上表

项　　目		栏次	本期数		本年累计	
			货物及劳务	服务、不动产和无形资产	货物及劳务	服务、不动产和无形资产
二、税款计算	本期应纳税额	15	3 900	56 750		
	本期应纳税额减征额	16	100			
	本期免税额	17	300			
	其中：小微企业免税额	18				
	未达起征点免税额	19				
	应纳税额合计	20＝15－16	3 800			
	本期预缴税额	21	2 700	50 600	——	——
	本期应补（退）税额	22＝20－21	1 100	6 150	——	——

THE
FIFTH
CHAPTER

第5章 房地产开发行业“营改增”重点实操

营业税税制下，房地产及建筑业对于营业税税源的贡献最大。由于“营改增”后房地产及建筑业的增值税率相较于营业税率有较大的变化，因此这两个行业将受到较大影响。实务中房地产开发行业业务更加复杂，财务会计的核算难度也比较大，本章着重于介绍房地产开发行业一级开发的税收管控、开发建设环节的纳税实操、预（销）售环节的税务疑难以及开发后自持项目的实务应对。

5.1 开发建设过程中“营改增”纳税实操

开发建设业务形式、模式多种多样，实务中更为复杂。本节主要以基本政策为依据，逐一破解实务中房地产企业在项目开发建设过程中的重点难点问题。

5.1.1 土地成本扣减难题

1. 土地价款扣减的合法凭据

房地产开发企业中的一般纳税人销售其开发的房地产项目（选择简易计税方法的房地产老项目除外），以取得的全部价款和价外费用，扣除受让土地时向政府部门支付的土地价款后的余额为销售额。

房地产老项目，是指《建筑工程施工许可证》注明的合同开工日期在2016年4月30日前的房地产项目。

试点纳税人按照规定从全部价款和价外费用中扣除的价款，应当取得符合法律、行政法规和国家税务总局规定的有效凭证。否则，不得扣除。

扣除的政府性基金、行政事业性收费或者向政府支付的土地价款，以省级以上（含省级）财政部门监（印）制的财政票据为合法有效凭证。

2. 销售额允许扣除土地价款的计算

房地产开发包括土地开发和房屋开发。土地开发主要是指房屋建设的前期工作，主要有两种情形：一是新区土地开发，即把农业或者其他非城市用地改造为适合工商业、居民住宅、商品房以及其他城市用途的城市用地；二是旧城区改造或二次开发，即对已经是城市土地，但因土地用途的改变、城市规划的改变以及其他原因，需要拆除原来的建筑物，并对土地进行重新改造，投入新的劳动。

房地产开发企业中的一般纳税人销售自行开发的房地产项目，适用一般计税方法计税，按照取得的全部价款和价外费用，扣除当期销售房地产项目对应的土地价款后的余额计算销售额。销售额的计算公式如下：

销售额＝（全部价款和价外费用－当期允许扣除的土地价款）÷（1＋11％）

注意：

①土地价款并非一次性从销售额中全扣，而是要随着销售额的确认，逐步扣除。简单说就是要把土地价款按照销售进度，在不同的纳税期分期扣除，是“卖一套房，扣一笔与之相应的土地出让金”。

②允许扣除的土地价款包括新项目和选择一般计税方法的老项目。

对于房地产老项目，土地是在2016年5月1日之前取得的，如果选择适用一般计税方法且有合法的财政票据，其5月1日后确认的增值税销售额，也可以扣除对应的土地出让价款。

适用简易计税方法的房地产开发项目，不允许扣除土地价款。房地产兼有新老项目分别使用一般计税方法和简易计税方法的，需对扣减的土地价款进行划分。

③逐步扣除的土地价款公式计算：

当期允许扣除的土地价款＝（当期销售房地产项目建筑面积÷房地产项目可供销售建筑面积）×支付的土地价款

当期销售房地产项目建筑面积，是指当期进行纳税申报的增值税销售额对应的建筑面积。

房地产项目可供销售建筑面积，是指房地产项目可以出售的总建筑面积，不包括销售房地产项目时未单独作价结算的配套公共设施的建筑面积。理论上，开发商将所有”可供”销售的面积卖完后，土地出让金应该全部扣除完。

支付的土地价款，是指向政府、土地管理部门或受政府委托收取土地价款的单位直接支付的土地价款。

④从政府部门取得的土地出让金返还款，可不从支付的土地价款中扣除。

3. 房地产销售额不得扣除土地成本的情形

①土地价款以外的其他土地成本项目。

②超过纳税人实际支付的土地价款。

③销售自行开发房地产老项目。

④预收款预交增值税土地价款。

⑤计算应税销售额非当期对应的土地价款。

⑥支付土地价款没有取得行事业性收据。

4. 房地产企业缴纳土地出让金的滞纳金能否扣除

缴纳的土地出让金的滞纳金，属于处罚性质的行政收费，无法取得增值税专用发票或者财政性票据，因此不可抵扣。

5. 配套设施的土地价款扣除范围

房地产开发企业中的一般纳税人，销售其开发的房地产项目（选择适用简易计税方式的除外），单独作价销售的配套设施，例如幼儿园、会所等项目，其销售额可以扣除该配套设施所对应的土地价款。

6. 项目公司扣除土地价款的条件

房地产开发企业（包括多个房地产开发企业组成的联合体）受让土地向政府部门支付土地价款后，设立项目公司对该受让土地进行开发，项目公司按规定扣除房地产开发企业向政府部门支付的土地价款，应同时符合下列条件的：

①房地产开发企业、项目公司、政府部门三方签订变更协议或补充合同，将土地受让人变更为项目公司。

②政府部门出让土地的用途、规划等条件不变的情况下，签署变更协议或补充合同时，土地价款总额不变。

③项目公司的全部股权由受让土地的房地产开发企业持有。

5.1.2 一次购地，分期开发的土地成本扣除

可供销售建筑面积如何确定问题。房地产企业分次开发的每一期都是作为单独项目进行核算的，这一操作模式与《房地产开发企业销售自行开发的

房地产项目增值税征收管理暂行办法》中的“项目”口径一致，因而，对“一次拿地、分次开发”的情形，要分为两步走，第一步，要将一次性支付土地价款，按照土地面积在不同项目中进行划分固化；第二步，对单个房地产项目中所对应的土地价款，要按照该项目中当期销售建筑面积跟与可供销售建筑面积的占比，进行计算扣除。具体如下：

1. 计算出已开发项目所对应的土地出让金

已开发项目所对应的土地出让金＝土地出让金×（已开发项目占地面积÷开发用地总面积）

2. 计算当期允许扣除的土地价款

当期允许扣除的土地价款＝（当期销售房地产项目建筑面积÷房地产项目可供销售建筑面积）×已开发项目所对应的土地出让金

当期销售房地产项目建筑面积，是指当期进行纳税申报的增值税销售额对应的建筑面积。

房地产项目可供销售建筑面积，是指房地产项目可以出售的总建筑面积，不包括销售房地产项目时未单独作价结算的配套公共设施的建筑面积。

按上述公式计算出的允许扣除的土地价款要按项目进行清算，且其总额不得超过支付的土地出让金总额。

5.1.3 土地价款中“拆迁补偿费”的处理

土地出让金通常是指各级政府土地管理部门将土地使用权出让给土地使用者，按规定向买受人收取的土地出让的全部价款。土地出让金根据批租地块的条件，可以分为“熟地价”(即提供“七通一平”的地块价，包括土地使用费和开发费)、“毛地”或“生地”价。其票据由财政部门出具。

拆迁补偿费通常是指拆建单位依照规定标准向被拆迁房屋的所有权人或使用人支付的各种补偿金，主要包括房屋补偿费、周转补偿费和奖励性补偿费三方面。其票据主要是被拆迁房屋的所有权人或使用人出具的发票或者收据。

征收补偿款通常是指政府先将土地拍卖出让，再由政府出面征收拆迁但由房地产开发企业承担、并通过政府向被拆迁房屋的所有权人或使用人支付的款项。其票据为政府财政部门出具的非税收入票据。

“财税〔2016〕140号文”规定，《营业税改征增值税试点有关事项的规定》（财税〔2016〕36号）第一条第（三）项第10点中“向政府部门支付的土地价款”，包括土地受让人向政府部门支付的征地和拆迁补偿费用、土地前期开发费用和土地出让收益等。

房地产开发企业中的一般纳税人销售其开发的房地产项目（选择简易计税方法的房地产老项目除外），在取得土地时向其他单位或个人支付的拆迁补偿费用也允许在计算销售额时扣除。纳税人按上述规定扣除拆迁补偿费用时，应提供拆迁协议、拆迁双方支付和取得拆迁补偿费用凭证等能够证明拆迁补偿费用真实性的材料。

取得土地时缴纳的市政配套费、政府规费、排污费、契税、异地人防建设费等情况和拆迁补偿费处理情况是类似的。

5.1.4 股权收购拿地方式的土地成本扣减

当前，土地公开交易市场中企业之间的竞争日渐残酷，尤其在土地资源日益稀缺的一线城市和部分重点二线城市，僧多粥少的状况更加突出。因此，在传统招、拍、挂方式拿地的难度和成本越来越高的形势下，有不少开发企业开始将目光转向二级市场，通过股权收购、协议转让的方式“曲线入市”。那么房地产企业通过股权收购拿地方式，取得的土地相关成本能否扣减或抵扣呢？

比如，甲房地产企业通过现金支付，收购乙公司100%股权，其中A地块为乙公司所属资产。

股权拿地后，分两种情况。

第一种情况，如果通过股权取得的公司不注销，以项目公司的名义经营开发相关土地。这种情况是回归了正常的房地产公司土地价款抵扣的问题。但是能否抵扣的主体是乙公司，甲企业无所谓抵扣的问题。

如果土地是通过招拍挂取得的，收购方按被收购方原来取得的国土部门出具的行政事业性收据，在确认销项税额时进行扣减；如果被收购方的土地是通过转让所得到的土地，可以抵扣取得增值税专用发票上的进项税额；如果被收购方是通过国家无偿划拨来的，则不能抵扣进项税的。

第二种情况，如果通过股权取得公司股权后，对乙公司进项吸收合并，乙公司注销。A 地块土地权属登记到甲公司，这时候甲公司取得 A 地块土地，但是能否抵扣的主体变为了甲企业。

根据全面“营改增”相关政策“在资产重组过程中，通过合并、分立、出售、置换等方式，将全部或者部分实物资产以及与其相关联的债权、负债和劳动力一并转让给其他单位和个人，其中涉及的不动产、土地使用权转让行为不征收增值税”。所以甲公司取得土地，不属于增值税应税范围，不征收增值税。但是无法取得相关票据，不能抵扣任何有关土地的增值税进项税额。

5.1.5　“拆一还一”的税务处理

1. 业务模式

拆迁人以自己建设的房屋或者外购的房屋补偿给被拆除房屋的所有人，使原所有人继续保持其对房屋的所有权，这就是我们通常所说的“拆一还一”实物补偿形式。

根据《城市房屋拆迁管理条例》的规定，房地产企业的拆迁补偿形式可归纳为两种：一种是实行货币补偿，拆迁人将被拆除房屋的价值，以货币结算方式补偿给被拆除房屋的所有人。

另一种是实行房屋产权调换。房地产开发公司以自己建设的房屋或者外购的房屋补偿给被拆除房屋的所有人，使原所有人继续保持其对房屋的所有权，房地产开发公司获得了相应的经济利益，实际上是以房屋换被拆迁人的土地使用权，即使其中涉及价差补款，属于典型的非货币交易。

2. 税务处理

根据实务中“拆一还一”的业务模式，房地产开发公司不管是通过货币补偿，还是产权调换，均应该按照全面“营改增”相关政策，缴纳增值税。但是如何缴纳增值税呢？

【例 5-1】政府出让给磊峰地产集团公司 A 地块，出让协议约定土地出让价款3 000万元，磊峰地产集团公司取得拆迁许可证，取得该土地从事开发建设还要进行拆迁及安置补偿，货币拆迁费用 2 000 万元，产权调换补偿方式下建造成本支出 4 000 万元。

问题：从文件精神分析全面“营改增”后该业务如何交税？

解析：按照该文件精神，磊峰地产集团公司在这种模式下取得的土地成本实际为 3 000＋2 000＋4 000＝9 000（万元）。

那么，对于货币补偿或产权调换收取的价差收入直接确定收入额，缴纳增值税，如果是新项目税率为 11％。

其采取“产权调换”的“对偿还面积与拆迁建筑面积相等的部分，由当地税务机关按同类住宅房屋的成本价核定计征增值税”。

但是“成本价”如何核定？根据财税〔2016〕36 号文附件 1 第四十四条规定：

纳税人发生应税行为价格明显偏低或者偏高且不具有合理商业目的的，或者发生本办法第十四条所列行为而无销售额的，主管税务机关有权按照下列顺序确定销售额：

（1）按照纳税人最近时期销售同类服务、无形资产或者不动产的平均价格确定。

（2）按照其他纳税人最近时期销售同类服务、无形资产或者不动产的平均价格确定。

（3）按照组成计税价格确定。组成计税价格的公式为：

组成计税价格＝成本×（1＋成本利润率）

成本利润率目前暂定为 10％。

但是“成本”中是否还包含地价呢？

房地产开发成本主要包含七大类成本，分别是：土地成本、前期费用、基础设施费、主体建筑工程费、主体安装工程费、配套设施费、开发间接费，一般将土地成本以外的各大项费用统称为“建安成本”或“工程成本”。我们可从下列政策中，得到一些启示：

穗地税发〔2000〕79 号：“同类住宅房屋成本价”是指该房产开发商建造用于安置被拆迁户的房屋的工程成本价。

珠地税发〔2005〕415 号：考虑到被拆迁房产原占有土地，开发商不需对该土地支付成本，因此，补偿房产的成本价不应再计算土地成本。

国家税务总局公告 2014 年第 2 号《国家税务总局关于纳税人开发回迁安置用房有关营业税问题的公告》：纳税人以自己名义立项，在该纳税人不承担土地出让价款的土地上开发回迁安置房，并向原居民无偿转让回迁安置房所有权的行为，按照《中华人民共和国营业税暂行条例实施细则》视同销售不动产征收营业税，其计税营业额按规定予以核定，但不包括回迁安置房所处地块的土地使用权价款。

综上所述，可以看出，如果房地产规划部门批复立项的文件规定该建设项目为拆迁安置或其他政策性项目，原则上就以“建安成本”为组成计税价格依据，房地产开发企业取得土地方式上就可能是无偿划拨或者有出让金返还等形式，比如以政府划拨土地建造，就无所谓扣除土地价款差额缴纳增值税的问题。

如果是商品房项目，又依法取得土地并支付土地价款，还可以抵减增值税销项税额，再用“拆一还一”的模式，在核定征收时，有被税务机关确定为包含地价的风险。

注意，以上分析都是依据营业税时代的相关政策（多数已经废止）精神做出的。如果未来国家税务总局制定相应的替代性文件，则以具体文件为准。

5.1.6 参与政府土地一级开发项目的增值税处理

1. 代理支出拆迁补偿费并进行土地一级开发

房地产开发公司受托进行建筑物拆除、平整土地并代委托方向原土地使用权人支付拆迁补偿费的过程中，其提供建筑物拆除、平整土地劳务取得的收入应按照“建筑业”税目缴纳增值税，一般计税方法下，税率为11%。

房地产开发公司代委托方向原土地使用权人支付拆迁补偿费的行为属于提供“经纪代理服务”行为，应以提供代理劳务取得的全部收入减去其代委托方支付的拆迁补偿费后的余额为营业额计算缴纳营业税，税率为6%。

2. 投资政府土地改造项目

房地产开发公司与地方政府合作，投资政府土地改造项目（包括企业搬迁、危房拆除、土地平整等土地整理工作）。

后期土地上市后，用取得收益偿还投资方的成本。那么房地产开发企业作为投资方取得收入以后如何缴纳增值税？要看具体情况区分：

第一，如果是投资方仅是一个财务投资者，不参与项目运作，并且合同等证据必须列明风险共担。

且土地拆迁、安置及补偿工作由地方政府指定其他企业进行，房地产开发公司作为投资方负责按计划支付土地整理所需资金。

同时，投资方作为建设方与规划设计单位、施工单位签订合同，协助地方政府完成土地规划设计、场地平整、地块周边绿化等工作，并直接向规划设计单位和施工单位支付设计费和工程款。当该地块符合国家土地出让条件时，地方政府将该地块进行挂牌出让，若成交价低于投资方投入的所有资金，亏损由投资方自行承担；若成交价超过投资方投入的所有资金，则所获收益归投资方。

那么这种行为按照《国家税务总局关于纳税人投资政府土地改造项目有关营业税问题的公告》（国家税务总局公告 2013 年第 15 号）文件精神，就是一种投资行为，产生投资收益的情况下，不在《销售服务、无形资产、不动产注释》中，不是增值税的应税范围。

注意：这种情况的认定存在几个关键点。一是投资人负责筹集整个土地一级开发整理所需的全部资金；二是投资人作为土地一级开发整理的主体，与规划设计单位、施工单位签订相关合同并直接支付设计费用和工程款项；三是投资人承担土地一级开发整理的投资风险，即盈亏自负，风险自担。

第二，如果该投资方在投资政府土地改造项目过程中，只承担了项目全部资金的投入，不参与土地开发整理的具体管理事项，且投资收益采取计算投资资金利息和按一定比例计算投资资金回报的固定方式，不承担项目投资风险。

这种情况下，不管该投资公司在财务上如何核算，全面“营改增”后，应当认定为资金借贷行为，即资金贷与他人使用的行为，对所取得的投资资金利息和按一定比例计算的投资资金回报，应根据取得的固定资金回报金额按照“金融服务”缴纳增值税，税率为 6%。

第三，如果该投资方在投资政府土地改造项目过程中，承担了项目全部资金的投入，同时具体实施了土地一级开发（包括企业搬迁、危房拆除、土地平整等土地工作）事项，并且要求政府给予固定比例的利润。

这种情况下，要进行业务分拆和支出项目单独核算。如果在土地以及开发过程中提供了“建筑业”服务，则土地上市后补足建筑服务成本的收入应该按照 11%缴纳增值税；取得固定比例的利润收入，应该按照“金融服务”缴纳增值税，税率为 6%。

5.1.7 “甲供材”与“甲控材”

1. 建筑业“甲供材”销售额的确定

（1）一般纳税人为甲供工程提供的建筑服务，可以选择适用简易计税方法计税。

甲供工程，是指全部或部分设备、材料、动力由工程发包方自行采购的建筑工程。

根据《中华人民共和国建筑法》第二十五条和《中华人民共和国建设工程质量管理条例》第十四条的相关规定可以看出，甲供材在法律层面是合法的，也是允许的。“甲供材料”，对于乙方而言，可以减少材料资金占用；对于甲方而言，材料质量能保证。

另外，针对“甲供材”工程，建筑施工企业在增值税计税方法上，具有一定的选择性，既可以选择增值税一般计税方法，也可以选择增值税简易计税方法。

（2）试点纳税人提供建筑服务适用简易计税方法的，以取得的全部价款和价外费用扣除支付的分包款后的余额为销售额。

注意：营业税时代，提供建筑业劳务无论与对方如何结算，其计税营业额均应包含工程所用的原材料和其他物资和动力的价款在内，但不包括下列两种情况的甲供设备或材料：

① 甲供的设备；

② 清包工方式的装饰劳务。

而全面“营改增”后，无论是采用一般计税还是简易计税方法，建筑服务提供方的营业收入，是不包括甲供部分的，“甲供”工程销售额认定的具体范围发生了变化。

“甲供材”是否作为建筑企业销售额的税基？

根据《全面推开营业税改征增值税试点政策培训参考材料》（总局货物和劳务税司编写）460～461页中解释，甲供材不作为建筑企业的税基。具体内容如下：

在建筑工程中，出于质量控制的考虑，甲方一般会自行采购主要建筑材料，也就是俗称的甲供材。目前，甲供材主要有两种模式：

第一，甲供材作为工程款的一部分，甲方采购后交给建筑企业使用，并抵减部分工程款（比如，工程款 1 000 万元，甲方实际支付 600 万元，剩余 400 万元用甲供材抵顶工程款）；

第二，甲供材与工程款无关，甲方采购后交给建筑企业使用，并另行支付工程款（比如，工程款 600 万元，甲供材 400 万元）。

按照营业税政策规定，不论哪一种模式，建筑企业都要按照 1 000 万元计算缴纳营业税。

从增值税的角度看，其实甲供材并没有特殊性。第一种模式，甲方用甲供材抵顶工程款，属于有偿转让货物的所有权，应缴纳增值税；甲方征税后，建筑企业可以获得进项税额正常抵扣。

对第二种模式，甲供材与建筑企业无关，建筑企业仅需就实际取得的工程款 600 万元计提销项税额即可。第二种模式下建筑企业的计税依据中不包括甲供材。

2. 甲供材简易计税的选择条件

现行政策规定，一般纳税人为甲供工程提供的建筑服务，可以选择简易方法计税。这里的甲供工程，指的是全部或者部分的设备、材料、动力由甲方自行采购。

那么一个工程中，甲方采购了多少东西，才算是甲方“全部或者部分”采购，才可以适用简易计税呢？

按照总局的解释，只要工程发包方自行采购了“全部或部分”的设备、材料和动力，无论其所占比例的大小，建筑企业都可以选择简易计税方法计税。

【例 5-2】假设甲房地产公司发包一项工程，乙建筑公司承包。工程结算成本中，原材料 5 994 万元，人工成本、其他费用共计 3 396 万元，假设包工包料情况下全年营业收入为 11 100 万元；原材料甲供情况下营业税收入为 4 995万元。

以上金额全为含税金额，原材料能够取得 17%的增值税专用发票，其他成本费用不能取得增值税专用发票。

问题：在“包工包料”与“材料甲供”情况下，对甲乙公司税负有何影响？

解析：

（1）对施工乙企业的影响

①“营改增”前对施工企业影响。《中华人民共和国营业税暂行条例实施细则》（财政部国家税务总局第52号令）第七条、第十六条规定：

纳税人的下列混合销售行为，应当分别核算应税劳务的营业额和货物的销售额，其应税劳务的营业额缴纳营业税，货物销售额不缴纳营业税；未分别核算的，由主管税务机关核定其应税劳务的营业额：①提供建筑业劳务的同时销售自产货物的行为；②财政部、国家税务总局规定的其他情形。

“除本细则第七条规定外，纳税人提供建筑业劳务（不含装饰劳务）的，其营业额应当包括工程所用原材料、设备及其他物资和动力价款在内，但不包括建设方提供的设备的价款。”

由以上政策看出，“甲供材料”不计入营业税税基，所以在“包工包料”及“原材料甲供”情况下，结果是一样的：

应缴纳营业税＝11 100×3％＝333（万元）

②“营改增”后对施工企业的影响。

首先，包工包料情况下属于乙建筑企业增值税的混合销售，根据“财税〔2016〕36号文”附件1第四十条规定，一项销售行为如果既涉及服务又涉及货物，为混合销售。从事货物的生产、批发或者零售的单位和个体工商户的混合销售行为，按照销售货物缴纳增值税；其他单位和个体工商户的混合销售行为，按照销售服务缴纳增值税。

其次，乙建筑企业不是货物生产企业，应该按照建筑服务业缴纳增值税。所以，包工包料情况下：

销项税额＝ 11 100÷（1＋11％）×11％＝1 100（万元）

进项税额＝5994÷（1＋17％）×17％ ＝870（万元）

应缴纳增值税＝1 100－870＝230（万元）

230万元小于333万元，也就是全面“营改增”后，包工包料情况下，建筑施工企业的税负是下降的，当然这很大程度上取决于进项税额的多少。

最后，如果原材料甲供情况下：

若一般计税方法：

销项税额＝ 4995÷（1＋11％）×11％＝495（万元）

项税额＝0（万元）

应缴纳增值税＝495 万元，495 万元大于 333（万元）。

若选择简易计税方法：

则应纳增税额＝4 995÷（1＋3％）×3％＝145.48（万元），145.48 万元小于 333 万元。

可以看出，甲供情况下，一般计税方法，建筑企业可抵扣项目减少，税负有所上升；选择简易计税方法税负能够有效降低。

（2）对房地产企业影响

① 包工包料。

进项税额＝ 11 000÷（1＋11％）×11％ ＝1 100（万元）

② 材料甲供。

若建筑公司按一般计税方法计税，

甲房地产公司能够取得乙建筑公司开具的建筑服务增值税专用发票，也能获得材料公司开具的增值税专用发票。即：

进项税额＝495＋870＝1 365（万元）

若建筑公司选择简易征收，即：

进项税额＝ 145.48＋ 870＝1 015.48（万元）

③ 结论。

显然，甲房地产公司如果采用“甲供”模式，一般计税方法下取得的进项税额要大于“包工包料”情况下的进项税额。而如果建筑公司采用简易计税方法，则结论有很大的不确定性。

3.“甲供材”操作建议

（1）税负影响

“营改增”后，甲方如果是一般纳税人，会倾向于扩大甲供材的采购，以增加自身可抵扣的进项税。相应的，建筑企业可抵扣的进项税必然减少，税负增加的概率较大。另外，对没有甲供材、材料全部由建筑企业采购的工程，建筑企业抵扣的进项税大多是 17％的税率，而销项税按照 11％计算，低征高扣，税负基本也不会增加。

但在建筑市场中甲方居于主导地位，这种强势的地位，或可导致甲方将易于取得增值税专用发票的材料、设备、构配件等自己来采购，如螺纹钢、管材以及水泥等，而将难于取得发票的砂、土、石料等交由乙方采购。所以，甲方为降低自身税负，势必提高“甲供材”的供应比例，建筑企业的去材料化将更为显著，甲乙双方的税负将产生较大变化。

（2）开票模式

乙方在“营改增”之后有两种开票选择，一种是简易计税方法开出3%的进项专票，一种是根据甲乙双方谈判开出11%的进项专票。

“营改增”之后建筑企业如果选择11%的税率开票，自身税负上涨压力很大（如上例），如果甲方选择甲供材的模式，那么乙方极有可能只会开出3%的进项专票，而甲方利益是一般计税方法获得更大的抵扣，因此建筑公司和房地产公司两者之间的博弈会加剧。

（3）计税方法的选择。

甲供材模式下，建筑企业选择按一般计税方式计税，还是选择按简易办法计税还需要进一步进行测算，对原材料及其他成本的进项税额进行估算，对整个项目的收入进行预算，综合得出项目的税负成本以及税负临界点，在合同签订前做好税务风险的控制。

4.“甲控材”操作建议

“甲控材”，主要形式是甲方组织监理协助进行招投标，选择供应商，由乙方签订供货合同。零星材料由甲方、监理、乙方三方共同商定。

例如，甲房地产企业与乙建筑公司协议，甲企业的A项目，由乙企业施工，采用包工包料方式，但甲企业负责组织招投标活动，选定建筑材料的供应商后，由甲企业与供应商签订购销合同，发票开具给乙企业。

所以，乙企业缴纳增值税时，应当就其全部销售额向甲企业开具发票。同时这种行为属于增值税的混合销售，乙企业应当就其取得的包工包料价款申报缴纳增值税，税率为11%。

另外，在“甲控材”模式下，甲方“甲控材”只能抵扣11%（建筑公司开具的建筑服务发票），低于甲供材模式下的17%（材料商开具的发票）。

而乙方购销合同由甲方签订，材料部分发票却开具给乙方，税务机关可能认定为交易不真实，有三流不一致的风险。甚至，如果甲方将材料款直接支付给供货方，从工程款抵减，乙企业取得的材料款的进项税额发票是不可能抵扣的。

5.1.8 园林绿化工程“营改增”后操作建议

1. 园林绿化工程“营改增”后现状

建筑行业可以分为4大类：房建、基建、装饰、园林。相关数据显示，建筑业整体的产值利润率约为3.5%，其4大细分行业中，房建约为3.2%，基建约为3.7%，建筑装饰和建筑安装业为4.5%～5%，园林业的产值利润率则远高于5%。整体而言，建筑细分行业中，产值利润率越低的行业，“营改增”后受到的影响越小；而行业产值利润率越高的行业，“营改增”后受到的影响就越大。

根据“财税〔2016〕36号文”附件1“税目注释”第一条第四款第五项规定：其他建筑服务，是指上列工程作业之外的各种工程作业服务，如钻井（打井）、拆除建筑物或者构筑物、平整土地、园林绿化、疏浚（不包括航道疏浚）、建筑物平移、搭脚手架、爆破、矿山穿孔、表面附着物（包括岩层、土层、沙层等）剥离和清理等工程作业。由此可见，园林绿化工程按照建筑也缴税，税率为11%。

对园林绿化企业施工部分的一般纳税人而言，一方面“营改增”前的税率为3%，而“营改增”后的名义税率为11%，实际税率为9.91%，单以税率而言，增加税负230%；另一方面“营改增”后的增值税需要增值税发票进行抵扣，而以苗木为主要成本的增值税专用发票则很难取得，或者大多为3%的抵扣金额，进一步增加施工部分成本。总之，从税率及成本角度看待“营改增”，增加了园林绿化企业的税负。

2. 房地产企业园林绿化工程的操作建议

如上所述，园林绿化业划分在建筑服务－其他建筑服务类，费率为11%。对房地产企业而言，应该要求最大化地取得进项税额，尽可能地取得增值税专用发票。由于园林绿化企业有多种经营模式，如果以一般纳税人为例，具体情况见表5-1。

通过表5-1看出：

①如果房地产企业存在苗木、花圃等租摆的情况。

对于园林施工企业而言，属于经营不同税率的服务，是增值税兼营应为，应该分别签订合同，分别按照“有形动产租赁”的17%以及“其他建筑工程”的11%核算，为分开核算的，要从高适用税率，即按照17%统一核算。

表 5-1　　园林绿化工程服务供销方税率差异

经营模式				供应商（销项税率）	房地产企业（进项税率）	备　　注
1	苗木种植	出售	建筑绿化为辅	免征增值税	11%	《增值税暂行条例》第十五条规定，农业生产者销售的自产农产品免征增值税。《增值税暂行条例实施细则》第三十五条明确，条例第十五条所称农业是指种植业、养殖业、林业、牧业、水产业。农业生产者包括从事农业生产的单位和个人。农产品是指初级农产品，具体范围由财政部、国家税务总局确定
2		租摆	建筑绿化为辅	11%、17%；兼营分开核算	17%和11%	混合销售是既涉及货物，又涉及服务。本题属于“财税〔2016〕36号文”附件1第三十九条“纳税人兼营销售货物、劳务、服务、无形资产或者不动产，适用不同税率或者征收率的，应当分别核算适用不同税率或者征收率的销售额；未分别核算的，从高适用税率”中规定的兼营行为
3	苗木种植	出售	建筑绿化为主	11%	11%	混合销售行为，参考企业的主营业务确定
4		租摆	建筑绿化为主	11%、17%；兼营分开核算	17%和11%	兼营业务，适用不同税率或者征收率的，应当分别核算适用不同税率或者征收率的销售额；未分别核算的，从高适用税率
5	苗木收购	出售	建筑绿化为辅	11%	11%	混合销售业务，主业为苗木销售，且为外购，因此税率为11%
6		租摆	建筑绿化为辅	11%、17%；兼营分开核算	17%和11%	兼营业务，适用不同税率或者征收率的，应当分别核算适用不同税率或者征收率的销售额；未分别核算的，从高适用税率
7	苗木收购	出售	建筑绿化为主	11%	11%	混合销售行为，参考企业的主营业务确定
8		租摆	建筑绿化为主	11%、17%；兼营分开核算	17%和11%	兼营业务，适用不同税率或者征收率的，应当分别核算适用不同税率或者征收率的销售额；未分别核算的，从高适用税率

对于房地产企业而言，如果分开签订合同，可以分别得到11%、17%的进项；如果统一核算签订合同，可以得到17%的进项。具体如何需要合同双方进一步协商。

②如果房地产企业只存在苗木和花圃购入并进行园林绿化工程的情况。

对房地产企业而言，要尽量选择以苗木种植零售为主业的企业，签订统一的合同，取得11%的进项税额。

5.1.9 红线外配建工程涉税处理

房地产企业在拿地时与当地政府约定，由房地产企业在红线外为政府配建一处小学、一座社区医院，配建完成无偿移交当地政府。全面“营改增”后，具体涉税情况如下：

1. 增值税处理

根据“财税〔2016〕36号文”附件1第十四条规定：下列情形视同销售服务、无形资产或者不动产：

(1) 单位或者个体工商户向其他单位或者个人无偿提供服务，但用于公益事业或者以社会公众为对象的除外。

(2) 单位或者个人向其他单位或者个人无偿转让无形资产或者不动产，但用于公益事业或者以社会公众为对象的除外。

(3) 财政部和国家税务总局规定的其他情形。

因此，房地产公司配建红线外工程，之后移交政府的，属于“用于公益事业或者以社会公众为对象的”，不需要视同销售缴纳增值税。

同时注意，与红线外设施有关的增值税进项税额要做转出处理。

可以借鉴海南国税的做法，海南省国家税务局发布了《全面推开“营改增”政策指引—四大行业座谈会问题系列解答之房地产业》政策指引，其中：

房地产企业将建设的医院、幼儿园、学校、供水设施、变电站、市政道路等配套设施无偿赠送（移交）给政府的，如果上述设施在可售面积之外，作为无偿赠送的服务用于公益事业，不视同销售；如果上述配套设施在可售面积之内，则应视同销售，征收增值税。

2. 企业所得税

(1) 公益性捐赠的扣除比例

根据《中华人民共和国企业所得税法》第九条规定，企业发生的公益性捐赠支出，在年度利润总额12%以内的部分，准予在计算应纳税所得额时扣除。

(2) 成本费用的处理

根据《国家税务总局关于印发“房地产开发经营业务企业所得税处理办法”的通知》(国税发〔2009〕31号) 第十七条规定，企业在开发区内建造的会所、物业管理场所、电站、热力站、水厂、文体场馆、幼儿园等配套设施，按以下规定进行处理：

①属于非营利性且产权属于全体业主的，或无偿赠予地方政府、公用事业单位的，可将其视为公共配套设施，其建造费用按公共配套设施费的有关规定进行处理。

②属于营利性的，或产权归企业所有的，或未明确产权归属的，或无偿赠予地方政府、公用事业单位以外其他单位的，应当单独核算其成本。除企业自用应按建造固定资产进行处理外，其他一律按建造开发产品进行处理。

注意，如果有偿移交的，“所得税”上可以按照国税发〔2009〕31号第十八条处理，企业在开发区内建造的邮电通讯、学校、医疗设施应单独核算成本，其中，由企业与国家有关业务管理部门、单位合资建设，完工后有偿移交的，国家有关业务管理部门、单位给予的经济补偿可直接抵扣该项目的建造成本，抵扣后的差额应调整当期应纳税所得额。“增值税”上当然按照正常业务处理。

(3) 用于慈善的捐赠所得税结转扣除

根据《中华人民共和国慈善法》(中华人民共和国主席令第43号) 第八十条规定：

“自然人、法人和其他组织捐赠财产用于慈善活动的，依法享受税收优惠。企业慈善捐赠支出超过法律规定的准予在计算企业所得税应纳税所得额时当年扣除的部分，允许结转以后三年内在计算应纳税所得额时扣除。

当年发生的公益性捐赠超过税法规定标准，当年不得扣除，结转到下年度继续抵扣；在第三年仍旧无法扣除的，在第三年一次性扣除。”

3. 土地增值税

根据《财政部 国家税务总局关于土地增值税一些具体问题规定的通知》（财税字〔1995〕48号）规定，房产所有人、土地使用权所有人通过中国境内非营利的社会团体、国家机关将房屋产权、土地使用权赠予教育、民政和其他社会福利、公益事业的行为，不属于土地增值税征税范围，无须缴纳土地增值税。上述社会团体是指中国青少年发展基金会、希望工程基金会、宋庆龄基金会、减灾委员会、中国红十字会、中国残疾人联合会、全国老年基金会、老区促进会以及经民政部门批准成立的其他非营利的公益性组织。

房地产开发企业配套建设的中小学校和社区公共用房无偿移交政府有关部门管理使用的行为，如果是通过中国境内非营利的社会团体、国家机关，无偿赠予教育、民政和其他社会福利、公益事业的，不属于土地增值税征税范围，无须缴纳土地增值税。

4. 印花税

根据《中华人民共和国印花税暂行条例》第四条规定，财产所有人将财产赠予政府、社会福利单位、学校所立的书据，免征印花税。

房地产开发企业配套建设的中小学校和社区公共用房无偿移交政府有关部门管理使用的行为，符合上述规定，免征印花税。

5.1.10 合作建房拿地方式增值税处理

合作建房，是指由一方（以下简称甲方）提供土地使用权，另一方（以下简称乙方）提供资金，合作建房。全面“营改增”后，合作建房增值税的计税原理主要是视同销售即核定征收原则。主要政策依据是“财税〔2016〕36号文”附件1第十四条、第四十四条的规定。

合作建房增值税的缴纳要根据合作模式分类决定：

1. “以物易物”式合作建房

纯粹的“以物易物”，即双方以各自拥有的土地使用权和房屋所有权相互交换。具体的交换方式也有以下两种。

(1) 土地使用权和房屋所有权相互交换，双方都取得了拥有部分房屋的所有权

例如：

① 甲方以转让部分土地使用权为代价，换取部分房屋的所有权，发生了转让土地使用权的行为；对甲方应按“销售无形资产”税目中“转让土地使用权”缴纳增值税，税率为11%，如果是老项目还可以是5%，具体可见《销售服务、无形资产、不动产注释》。

② 乙方则以转让部分房屋的所有权为代价，换取部分土地的使用权，发生了销售不动产的行为。对甲方应按“销售不动产”税目缴纳增值税，税率为11%，如果是老项目还可以是5%。

由于双方没有进行货币结算，按照视同销售的原则，销售额应该依据“财税〔2016〕36号文”附件1第四十四条计算。具体如下：

纳税人发生应税行为价格明显偏低或者偏高且不具有合理商业目的的，或者发生本办法第十四条所列行为而无销售额的，主管税务机关有权按照下列顺序确定销售额：

①按照纳税人最近时期销售同类服务、无形资产或者不动产的平均价格确定。

②按照其他纳税人最近时期销售同类服务、无形资产或者不动产的平均价格确定。

③按照组成计税价格确定。组成计税价格的公式为：

组成计税价格＝成本×（1＋成本利润率），成本利润率一般为10%。

不具有合理商业目的，是指以谋取税收利益为主要目的，通过人为安排，减少、免除、推迟缴纳增值税税款，或者增加退还增值税税款。

如果合作建房的双方（或任何一方）将分得的房屋销售出去，则又发生了销售不动产行为，应对其销售收入再按“销售不动产”税目缴纳增值税。

(2) 以出租土地使用权为代价换取房屋所有权

例如，甲方将土地使用权出租给乙方若干年，乙方投资在该土地上建造建筑物并使用，租赁期满后，乙方将土地使用权连同所建的建筑物归还甲方。在这一经营过程中，乙方是以建筑物为代价换得若干年的土地使用权，甲方是以出租土地使用权为代价换取建筑物。

① 甲方发生了出租土地使用权的行为，对其按“销售服务—现代服务业

一租赁服务”缴纳增值税，税率为11%，如果为老项目税率可以为5%。

② 乙方发生了销售不动产的行为，对其按“销售不动产”税目缴纳增值税，税率为11%，如果是老项目，税率是5%。

③ 同样，甲乙双方的增值税需要核定计算。

2. 成立合营企业，合作建房

甲方以土地使用权、乙方以货币资金合股，成立合营企业，合作建房。对此种形式的合作建房，则要视具体情况确定如何征税。

(1) 房屋建成后如果双方采取风险共担，利润共享的分配方式运营

① 对甲方向合营企业提供的土地使用权，视为投资入股，按照取得合营公司的股权价值确定缴纳增值税，对其按“销售不动产”税目缴纳增值税，税率为11%，如果是老项目，税率是5%，同时甲方可以向合营企业开具专用发票用于抵扣。

注意：这一点是与营业税时代变化较大的地方，非货币资产投资、共担风险，共享利润的营业税时代是不交营业税的。而全面“营改增”后，非货币资产投资以其取得的股权价值为销售额，缴纳增值税。

② 对乙方而言，以货币资金出资，不存在缴纳增值税的问题。

③ 合营企业后期销售房屋取得的收入按“销售不动产”的规定缴纳增值税、城建税、教育费附加、土地增值税、企业所得税、印花税等税费。

(2) 房屋建成后双方按一定比例分配房屋或收取固定利润

房屋建成后双方（或其中乙方）如果采取按销售收入的一定比例提成的方式参与分配或提取固定利润，则：

甲方将土地使用权用于合营企业，相当于转让，按“转让无形资产一转让自然资源使用权一转让土地使用权”缴纳增值税，税率为11%，如果是老项目，税率是5%，可以向合营企业开具专用发票用于抵扣。

乙方是以货币出资，乙方收取固定利润，相当于收取利息，按“贷款业务”缴纳增值税，税率为6%。利息不能抵扣，只能向合营企业开具普通发票，合营企业不允许抵扣进项税额。

(3) 房屋建成后双方按一定比例分配房屋

这种情况下，对甲方向合营企业提供的土地使用权，相当于转让，按“转让无形资产一转让自然资源使用权一转让土地使用权”缴纳增值税，税率为11%，如果是老项目，税率是5%，可以向合营企业开具专用发票用于抵扣。

对乙方而言，以货币资金出资，不存在缴纳增值税的问题。

对合营企业的房屋，在分配给甲乙方后，如果各自销售，则再按“销售不动产”征税，税率为11%，如果是老项目，税率是5%。

5.2 预（销）售环节“营改增”税务疑难

本节主要介绍房地产项目预（销）售环节涉及的增值税处理疑难问题。主要涉及“毛坯房与精装修房的选择”“预收款开票”“视同销售”“售后返租”等具体问题的处理。

5.2.1 “营改增”后毛坯房与精装修房的选择

首先一个问题是，房地产企业在全面“营改增”后如何进行房屋定价？

第一应该考虑开发模式，开发模式决定后期销售方案。比如是开发精装修还是毛坯房。

第二应该考虑税费成本。比如增值税，根据《财政部 国家税务总局关于“营改增”后契税 房产税 土地增值税 个人所得税计税依据问题的通知》（财税〔2016〕43号）文件规定，房产税、土地增值税、契税等计税依据中均不包含增值税，因此房地产企业在定价的时候应综合考虑增值税、企业所得税、土地增值税等问题。

然后，我们再来谈精装修与毛坯房的选择问题。

精装房对于部分买房者来说，可以说既省时又省力，而对于开发商来说，在即将到来的“营改增”等情况的影响下，推出精装房的红利或远远多于毛坯房。

房地产企业销售毛坯房和销售精装修房对企业来讲，哪一种方式更节税？

对开发商来说，精装修房屋所花费的人工、物料都可以抵扣增值税，抵扣的进项税额税率为17%，可以节省大量的税费。而后期进行销售的时候按照“销售不动产”缴纳的销项税额税率为11%。显然精装修房取得的倒抵税效益更大。

数据显示，目前在一二线城市，精装修住房比例已经达到新房成交总量的 30%，但由于不动产转让之前征收营业税，精装房售价较高，营业税税负相对较重。在“营改增”之后，房企开发精装房的所有进项全部可以抵扣，因此企业肯定会倾向于开发进项税额较多的楼盘类型。

当然，最终还是要考虑房地产开发产品的模式、定价等综合决策。

5.2.2 不动产对外投资的增值税处理

根据《财政部国家税务总局关于股权转让有关营业税问题的通知》（财税〔2002〕191 号）第一条规定：“以无形资产、不动产投资入股，与接受投资方利润分配，共同承担投资风险的行为，不征收营业税。”这曾经是营业税时代非常好的一个税收筹划点：不动产投资入股不征收营业税。但是全面“营改增”后，情况发生了变化，现有的“营改增”政策中没有明确提到是否应该缴纳增值税，但是从总局的各方面解释以及文件原理中可以判断出基本结论。

纳税人以无形资产或不动产作为投资，应按规定缴纳增值税。《营业税改征增值税试点实施办法》第十条规定：“销售服务、无形资产或者不动产，是指有偿提供服务、有偿转让无形资产或者不动产。”《营业税改征增值税试点实施办法》第十一条规定：“有偿，是指取得货币、货物或者其他经济利益。”以不动产投资，是以不动产为对价换取了被投资企业的股权，取得了“其他经济利益”，应当缴纳增值税。

另一个角度，《国家税务总局关于发布〈不动产进项税额分期抵扣暂行办法〉的公告》（国家税务总局公告 2016 年第 15 号）规定：“增值税一般纳税人（以下称纳税人）2016 年 5 月 1 日后取得并在会计制度上按固定资产核算的不动产，以及 2016 年 5 月 1 日后发生的不动产在建工程，其进项税额应按照本办法有关规定分 2 年从销项税额中抵扣，第一年抵扣比例为 60%，第二年抵扣比例为 40%。取得的不动产，包括以直接购买、接受捐赠、接受投资入股以及抵债等各种形式取得的不动产。”依据文件规定，投资入股取得的不动产可以抵扣进项税额，意味着投资方以不动产投资时需要开具发票和负担销项税额，从而间接说明以不动产投资属于“营改增”后“销售不动产”税目的征税范围。

但是，“不动产投资入股”的增值税税率以及税目如何确定？这是由“不动产投资入股”操作方式决定的。

第一种情况，如果投资方以“不动产投资入股”，并且与被投资企业共担风险，共享收益的，不动产投资行为应该按照“销售不动产”来征税，新项目税率为11%。应税销售额应该是“取得被投资企业的股权价值”与“不动产原始价值”的差额。

考虑到投资方在以“不动产对外进行股权投资”时难以及时取得现金收益，投资当期全额缴纳增值税比较困难，而投资方如果不按照销售不动产缴纳增值税，被投资方也无法抵扣进项税额。所以，未来税务机关或许会综合考量上述问题，给出合理的延迟纳税政策。但是在新政策没有出台前，暂按照开票、交税操作。

第二种情况，如果投资方以“不动产投资入股”，名义上是股权投资，但实际上该投资者并不承担目标公司（被投资者）的营业风险，而是获取固定的收益。根据《国家税务总局关于以不动产或无形资产投资入股收取固定利润征收营业税问题的批复》（国税函〔1997〕490号）文件精神：以不动产、土地使用权投资入股，收取固定利润的，属于将场地、房屋等转让他人使用的业务，应按“现代服务业”税目中“不动产经营租赁”项目缴纳增值税，新项目税率为11%。

注意：实务中操作“不动产投资入股”可以和增值税的一项优惠政策积极结合，合理筹划。即“在资产重组过程中，通过合并、分立、出售、置换等方式，将全部或者部分实物资产以及与其相关联的债权、负债和劳动力一并转让给其他单位和个人，其中涉及的不动产、土地使用权转让行为不征收增值税。”

5.2.3 售后返租“营改增”前后差异处理

1. “营改增”前的售后返租

所谓“售后返租”，就是房地产开发商在销售商品房给购房者时，同时与购房者签订该房的租赁合同。租赁合同中开发商承诺在购房后几年内，给予购房者固定租金，所购房屋由开发商统一经营。开发商一般会将已售出的房屋整体再租赁给另外的公司，进行商业经营。开发商收取租金后，再按合同约定的租金支付给购房者。

售后返租，这一模式是地产商巧妙融资的手段，可以快速回笼资金，多用于商业地产。

但是，购房者收到开发商返还的租金需要缴纳营业税及附加；开发商通过招商等方式收到的租赁单位的租金也应该缴纳营业税及附加，即对以上两个环节的租金都要缴纳营业税，存在着重复纳税的情况。

2. “营改增”后的售后返租

按照上述方式，房地产公司通过销售、返租、招商租赁的方式，在全面“营改增”后，分析整个过程发现在一般计税方法下，房地产公司销售环节要缴纳增值税，“销售不动产”税率为11%；返租情形下，如果购买方是个人，可以获得3%的进项税税额；再通过招商租赁给其他单位时，又要缴纳增值税，“不动产租赁”税率为11%。整个过程房地产公司两项收入比营业税时代税负升高，而取得的进项税额明显较低，进项销售不匹配，而且税率较高。

但是，如果通过房地产下属物业公司或资产管理公司来代替业主进行出租。各购房者在购房时，由物业公司与购房者另外签订委托代理租房协议，而不是以开发商的名义与购房者签订租房合同。物业公司或资产管理公司收取代理费，把收到的租金再转付给另外招商租赁的其他单位，物业公司代收费用向付款方开具委托方的发票。这样物业公司或资产管理公司需要按照“现代服务业一经纪代理业”进项差额缴纳增值税，税率为6%。

5.3 开发后自持项目的“营改增”实务应对

本节主要涉及房地产开发后自持项目的增值税处理。主要涉及“自持项目”的进项税额抵扣以及再出售项目简易计税的适用等具体问题。

5.3.1 开发后自持项目的增值税处理

“财税〔2016〕36号文”附件1第一条规定：在中华人民共和国境内（以下称境内）销售服务、无形资产或者不动产（以下称应税行为）的单位和个人，为增值税纳税人，应当按照本办法缴纳增值税。

我们在增值税应税范围章节中讲过，一般应同时具备以下四个条件：①应税行为是发生在中华人民共和国境内；②应税行为是属于《销售服务、无形资产、不动产注释》范围内的业务活动；③应税服务是为他人提供的；④应税行为是有偿的。

房地产开发企业将自建房屋转为固定资产，不属于销售不动产，不属于为他人提供的应税服务，不属于需要缴纳增值税的经济行为，没有取得经济利益，不需要缴纳增值税。

那是不是视同销售行为呢？

“财税〔2016〕36号文”附件1第十四条规定，下列情形视同销售服务、无形资产或者不动产：

（1）单位或者个体工商户向其他单位或者个人无偿提供服务，但用于公益事业或者以社会公众为对象的除外。

（2）单位或者个人向其他单位或者个人无偿转让无形资产或者不动产，但用于公益事业或者以社会公众为对象的除外。

（3）财政部和国家税务总局规定的其他情形。

房地产公司自行建造的房屋，自己在会计上作为固定资产核算，不是用于公益事业或者以社会公众为对象，也不是为其他单位或者个人提供服务或无偿转让不动产的行为，也不能做增值税视同销售处理。

综上所述，房地产开发企业自建房产转固定资产环节，更加接近不动产“自建”行为，自建行为本身不缴纳增值税，不做增值税视同销售处理。

5.3.2 开发后自持项目再出租能否简易计税

财税〔2016〕36号文和国税总局公告2016年第16号公告均规定：“一般纳税人出租其2016年4月30日前取得的不动产，可以选择适用简易计税方法，按照5%的征收率计算应纳税额。”但是，如果纳税人出租4月30日前开工在建、但在5月1日后办理竣工决算、取得房屋所有权证的不动产，是否可以适用简易计税方法？

问题的核心是，2016年4月30前开工建设的房地产开发项目本身在房地产销售的时候是作为老项目来处理的，但是房地产开发企业自持以后，就变成了纳税人出租不动产如何确定老项目的问题了？

此问题的实质是对不动产租赁中“取得”概念进行解释。国家税务总局公告2016年第16号文件允许选择简易计税方法的基本出发点，是基于取得“老项目不动产”缺少进项税额这一事实，“营改增”前开工，“营改增”后完工的在建工程，无法取得全部进项税额。本着同类问题同样处理的原则，可以比照提供建筑服务、房地产开发划分新老项目的标准，确定是否可以选用简易计税方法。

根据《财政部 国家税务总局关于进一步明确全面推开“营改增”试点有关再保险、不动产租赁和非学历教育等政策的通知》（财税〔2016〕68号）规定：

房地产开发企业中的一般纳税人，出租自行开发的房地产老项目，可以选择适用简易计税方法，按照5%的征收率计算应纳税额。纳税人出租自行开发的房地产老项目与其机构所在地不在同一县（市）的，应按照上述计税方法在不动产所在地预缴税款后，向机构所在地主管税务机关进行纳税申报。

房地产开发企业中的一般纳税人，出租其2016年5月1日后自行开发的与机构所在地不在同一县（市）的房地产项目，应按照3%预征率在不动产所在地预缴税款后，向机构所在地主管税务机关进行纳税申报。

房地产开发企业中的小规模纳税人，出租自行开发的房地产项目，按照5%的征收率计算应纳税额。纳税人出租自行开发的房地产项目与其机构所在地不在同一县（市）的，应按照上述计税方法在不动产所在地预缴税款后，向机构所在地主管税务机关进行纳税申报。

THE
SIXTH
CHAPTER

第6章 建筑服务业“营改增”重点操作实务

建筑服务业“营改增”由于税率大幅度上升也更加的引人注目。本章重点介绍实务操作中的具体疑难、工程造价体系变化、承包模式的疑难以及经营模式与自资质共享之间的冲突等问题。

6.1 “营改增”对造价管理的影响分析

根据《建筑安装工程费用项目组成》（建标〔2013〕44号）规定，建筑安装工程费（简称“建安造价”）按照费用构成要素划分包括人工费、材料费、施工机具使用费、企业管理费、规费（以上五项费用简称“利税前费用”）、利润与税金七项费用要素，即：

建安造价＝人工费＋材料费＋施工机具使用费＋企业管理费＋规费＋利润＋税金＝利税前费用＋利润＋税金。

1. 营业税时代

由于工程开工前的投标阶段税金必须按政府文件中规定计取（如3.41％、3.513％等），而实际缴纳的金额超出投标的金额部分一般由施工方自行承担。因此在投标时，施工方在报价及决策时需要充分考虑到实际的税金缴纳金额，尤其是大型项目。

注意：有人可能疑惑“3.41％”的由来。建筑安装工程税金指国家税法所规定的应计入建筑安装工程费用的营业税、城乡维护建设税及教育费附加三项应缴税，税率分别为3％、7％、3％。合计为3.3％（3％＋3％×7％＋3％×3％）。

所以，不含工程造价税率＝3.3％÷（1－3.3％）＝3.41％。

“营改增”之前，工程投标之前需要进行工程造价的测算。有人举过这样的例子：一个土方项工程，工作量有100方，人、材、机的成本分别是50、20、10。那么，成本就是8 000元。加上30％的管理费和20％的利润，不考虑风险因素，合计就是12 000元。

营业税金及附加＝12 000×3.41％＝409.5（元）

所以，最终得出的工程造价就是12 409.5元。

2. “营改增”之后

建筑业“营改增”后采用“价税分离”的计价规则。人工、材料、机械费、信息价及市场价采集与发布都要“价税分离”，根据建标办〔2016〕4号文《住房城乡建设部办公厅关于做好建筑业“营改增”建设工程计价依据调整准备工作的通知》，工程造价可按以下公式计算：

工程造价＝税前工程造价×（1＋11%）。

其中，11%为建筑业拟征增值税税率，税前工程造价为人工费、材料费、施工机具使用费、企业管理费、利润和规费之和，各费用项目均以不包含增值税可抵扣进项税额的价格计算，相应计价依据按上述方法调整。比如：

① 如人工费含税价格为10 000元，那么造价中人工费价格是多少？

如果是按一般纳税人计税，造价中人工费价格＝10 000÷（1＋11%）＝9 009.01（元）；

如果是按简易计税，造价中人工费价格＝10 000÷（1＋3%）＝9 708.74（元）。

② 如钢筋含税价格为10 000元，那么造价中钢筋价格是多少？

如果是按一般纳税人计税，造价中钢筋价格＝10 000÷（1＋17%）＝8 547（元）；

如果是按简易计税，造价中钢筋价格＝10 000÷（1＋3%）＝9 708.74（元）。

增值税税制要求进项税额不进成本，不是销售额（税前造价）的组成，销项税额计算基础是不含进项税额的“税前造价”。所以“营改增”后建筑业工程造价的核算要同时注意“不含税价”和“进项税额”的核算。工程造价的计算公式如下：

工程造价＝（人工费＋材料费＋施工机具使用费＋管理费＋规费）＋利润＋税金
＝利润前费用＋利润＋（应纳税额＋附加税费）
＝（利税前除税价款＋进项税额）＋利润＋应纳税额＋附加税费
＝利税前除税价款＋利润＋（进项税额＋应纳税额）＋附加税费
＝利税前除税价款＋利润＋销项税额＋附加税费

我们可以假设在简易条件下的，看看“营改增”前后不同情况下工程造价的计算对比，具体见表6-1。

表 6-1　　　　　　　　　**“营改增”前后造价工程计价差异**

序号	项目	“营改增”前	“营改增”后	备　注
1	直接费	366	326	＝序号 2＋3＋4＋5＋6
2	人工成本	30（30＋0）	30	无法取得“进项”
3	钢筋钢柱	234（200＋34）	200	增值税税率为 17％
4	混凝土	65（62＋3）	62	小规模处购买，税率为 3％
5	机械费	34（29＋5）	29	有形动产租赁增值税税率为 17％，税额约为 5
6	工程用水	5（5＋0）	5	假如无法取得发票
7	企业管理费	18.3	17.34	假设营业税下以直接费为基数乘以 5％计算，企业管理费总额 18.3 中有 40％可以取得“进项”、综合增值税税率为 15％。因此 17.34 ＝（18.3 － 18.3×40％÷1.15×15％）
8	利润	16.4	16.4	营业税下以直接费为基数乘以 4.5％计算
9	施工措施费	18.3	17.34	同序号 7
10	规费	5	5	规费：营业税下以人工费为基数乘以 16.7％计算
11	税前造价	424	382.08	＝序号 1＋7＋8＋9＋10
12	税金	14.46	42.03	营业税＝序号 11×3.41％ 增值税＝序号 11×11％
13	工程造价	438.46	424.11	＝序号 11＋12
14	变化幅度	3.27％＝（438.46－424.11）÷ 438.26		

通过上表计算可以看出：

第一，全面“营改增”后，增值税的计税和营业税税制之下存在较大差异。主要体现在以“增值税进项税额”为中心的“价税分离”上。

第二，可以看出“营改增”后，工程造价略有下降，下降幅度大概在 3％左右，而这个幅度的大小，取决于增值税专用发票取得的多少。

6.2 “营改增”后工程计价调整规范

为适应建筑业“营改增”的需要，住房城乡建设部组织开展了建筑业“营改增”对工程造价及计价依据影响的专题研究，形成了工程造价构成各项费用调整和税金计算方法。并于 2016 年 2 月 19 日颁布《关于做好建筑业“营改增”建设工程计价依据调整准备工作的通知》（以下简称《通知》）（建办标〔2016〕4 号）。《通知》要求：

（1）为保证“营改增”后工程计价依据的顺利调整，各地区、各部门应重新确定税金的计算方法，做好工程计价定额、价格信息等计价依据调整的准备工作。

（2）按照前期研究和测试的成果，工程造价可按以下公式计算：工程造价＝税前工程造价×（1＋11％）。其中，11％为建筑业拟征增值税税率，税前工程造价为人工费、材料费、施工机具使用费、企业管理费、利润和规费之和，各费用项目均以不包含增值税可抵扣进项税额的价格计算，相应计价依据按上述方法调整。

（3）有关地区和部门可根据计价依据管理的实际情况，采取满足增值税下工程计价要求的其他调整方法。

《通知》还强调，各地区、各部门要高度重视此项工作，加强领导，采取措施，于 2016 年 4 月底前完成计价依据的调整准备。

1. 工程计价调整的原则和内容

根据增值税税制要求，采用“价税分离”的原则，调整现行建设工程计价规则。即将营业税下建筑安装工程税前造价各项费用包含可抵扣增值税进项税额的“含增值税税金”计算的计价规则，调整为税前造价各项费用不包含可抵扣增值税进项税额的“不含增值税税金”的计算规则。调整的内容包括：《建筑安装工程费用项目组成》、要素价格、费用定额等。

2. “营改增”后工程计价调整规范

（1）人工单价

人工单价的组成内容是工资，一般没有进项税额，不需要调整。如果建筑工程劳务外包的，可能会有一定的增值税进项税额。

（2）材料价格

材料价格组成内容包括材料原价、运杂费、运输损耗费、采购及保管费等材料单价各项组成调整方法见表6-2。

表6-2　　材料计价税率

序号	材料单价组成内容	调整方法及适用税率
1	材料原价	以购进货物适用的税率（17%、11%）或征收率（6%、3%）扣减
2	运杂费	以接受交通运输业服务适用税率11%扣减
3	运输损耗费	运输过程所发生损耗增加费，以运输损耗率计算，随材料原价和运杂费扣减而扣减
4	采购及保管费	主要包括材料的采购、供应和保管部门工作人员工资、办公费、差旅交通费、固定资产使用费、工具用具使用费及材料仓库存储损耗费等。以费用水平（发生额）“营改增”前后无变化为前提，调整后费率一般适当调增

（3）施工机具台班单价

施工机具包括施工机械和仪器仪表。施工机具台班单价的具体调整方法见表6-3。

表6-3　　施工机具计价税率

序号	施工机具台班单价	调整方法及适用税率
1	台班折旧费	以购进货物适用的税率17%扣减
2	台班大修费	以接受修理修配劳务适用的税率17%扣减
3	台班经常修理费	考虑部分外修和购买零配件费用，以接受修理修配劳务和购进货物适用的税率17%扣减
4	台班安拆费	按自行安拆考虑，一般不予扣减
5	台班场外运输费	以接受交通运输业服务适用税率11%扣减
6	台班人工费	组成内容为工资总额，不予扣减
7	台班燃料动力费	以购进货物适用的相应税率或征收率扣减，其中自来水税率11%或征收率6%，县级及县级以下小型水力发电单位生产的电力征收率6%，其他燃料动力的适用税率一般为17%

（4）企业管理费

企业管理费包括14项。其中办公费、固定资产使用费、工具用具使用费、检验试验费等4项内容所包含的进项税额应予扣除，其他项内容不做调整。管理费中可扣减费用内容见表6-4。

表6-4　企业管理费计价税率

序号	可扣减费用内容	调整方法及适用税率
1	办公费：是指企业管理办公用的文具、纸张、账表、印刷、邮电、书报、办公软件、现场监控、会议、水电、烧水和集体取暖降温（包括现场临时宿舍取暖降温）等费用	以购进货物适用的相应税率扣减，其中购进图书、报纸、杂志适用的税率为11%，接受邮政和基础电信服务适用税率为11%，接受增值电信服务适用的税率为6%，其他一般为17%
2	固定资产使用费：是指管理和试验部门及附属生产单位使用的属于固定资产的房屋、设备、仪器等的折旧、大修、维修或租赁费	除房屋的折旧、大修、维修或租赁费不予扣减外，设备、仪器的折旧、大修、维修或租赁费以购进货物或接受修理修配劳务和租赁有形动产服务适用的税率扣减，均为17%
3	工具用具使用费：是指企业施工生产和管理使用的不属于固定资产的工具、器具、家具、交通工具和检验、试验、测绘、消防用具等的购置、维修和摊销费	以购进货物或接受修理修配劳务适用的税率扣减，均为17%
4	检验试验费	以现代服务业适用的税率6%扣减

（5）利润及规费

规费和利润均不包含进项税额。

（6）措施费

安全文明施工费、夜间施工增加费、二次搬运费、冬雨季施工增加费、已完工程及设备保护费等措施费，应在分析各措施费的组成内容的基础上，参照现行企业管理费费率的调整方法调整。

6.3　经营模式与资质共享的冲突

1. 工程项目经营管理模式

集团内资质共享是指建筑业的集团母公司凭借高资质优势中标工程项目、

签订工程承包合同，委托低资质的下属单位履约合同，这种情况在大型央企、大型地方国有企业、大型民营企业内普遍存在，具体表现为自管模式和代管模式及平级共享模式。

（1）自管模式

以集团母公司名义中标大型工程项目或技术含量高、施工难度大、具有战略性地位的工程项目，母公司设立项目指挥部作为项目管理机构，各子公司为参与单位，成立施工项目部，完成工程任务。

母公司中标工程项目并与业主签订工程承包合同，业主将工程款支付给母公司，母公司开具工程项目的增值税发票给业主，但工程任务却是由子公司组织完成的，合同主体与施工主体不一致，“四流”不统一。

但是，母公司与分包单位和材料供应商签订合同，并向分包单位和材料供应商支付合同款，并收取分包单位及材料供应商开具的增值税发票，分包单位及材料供应商提供合同规定的货物或服务，“四流”统一。

（2）代管模式

指以集团母公司名义中标并签订合同，母公司不设置项目指挥部，授权子公司成立项目部代表母公司直接管理该项目，履行母公司与业主签订合同中的责任和义务，承担相应的法律责任。

（3）平级共享模式

即平级单位之间的资质共享，如二级单位之间、三级单位之间，中标单位不设立指挥部，直接由实际施工单位以中标单位的名义成立项目部管理项目的模式。

2. 各经营模式存在的冲突与风险

（1）存在冲突

实务中各种经营模式存在的冲突与风险主要有：

① 合同签订主体与实际施工主体不一致，销项侧与进项侧管理失衡，无法形成法定闭环，无法匹配，进项税抵扣存在风险。

② 中标单位与实际施工单位之间无合同关系，内部总分包之间不开具发票，无法建立增值税抵扣链条，影响进项税抵扣。

③ 除自管模式下，中标单位与实际施工单位均未按总分包进行核算，无法建立增值税抵扣链条，实现分包成本进项税抵扣。

（2）存在的风险

① 涉嫌虚开增值税发票，各种管理模式存在合同流、物流、资金流和发票流等“四流”不一致的情形。

② 增值税抵扣链没有形成闭环，基本上表现为集团公司的销项税较大，子公司的进项税额归集较大，二者又没有有效的抵扣，导致集团母公司和子公司的整体税负增加。

3. 经营模式与资质共享冲突的解决

（1）减少集团内资质共享，集中管理

集团母公司作为中标单位对工程项目进行集中管理，集中归集工程项目的收入及成本费用，支付给业务的销项与工程成本的进项都发生在集团母公司，实现增值税进销项相匹配。子公司可以参建，各实施施工单位不再确认收入、成本，同时要完善对参建单位的考核机制。

这种方案可以实现“四流一致”，但是集团母公司也集中了所有因工程可能引致的风险，子公司收入减少，不利于实际施工单位的业绩考核及资质认定和维持。

（2）合理内部分包，完善抵扣链条

根据《中华人民共和国建筑法》规定：

第二十八条　禁止承包单位将其承包的全部建筑工程转包给他人，禁止承包单位将其承包的全部建筑工程肢解以后以分包的名义分别转包给他人。

第二十九条　建筑工程总承包单位可以将承包工程中的部分工程发包给具有相应资质条件的分包单位；但是，除总承包合同中约定的分包外，必须经建设单位认可。施工总承包的，建筑工程主体结构的施工必须由总承包单位自行完成。

公司作为中标单位与业主签订工程总包合同，自行（或通过分公司项目部）完成主体工程，其他工程由集团母公司向下属子公司分包，子公司向集团母公司开具分包增值税专用发票，建立增值税的抵扣链条，完善整体抵扣链条。

这种方案也可以实现“四流一致”，但是要注意如果层层分包，链条过长，管理层级复杂，可能增加其他税费，比如印花税。

(3)“一甲多乙”，联合承包

集团母公司和下属子公司一起作为联合体去投标承包建设单位（业务）的工程项目。这种方式目前建筑业普遍存在，在总承包合同、投标函、中标通知书等文件中明确联合体各单位具体成本项目、金额等。同时，施工工程中涉及联合体各方的工程项目和金额发生变动时，及时补签联合体协议，保证各施工单位的金额、收款即合同一致。

这是一种分散的解决方式，要求也比较高。在资金流方面，甲方要分别向联合体各方支付工程款；发票流方面，联合体各方要分别开具发票给甲方。“一甲多乙”的各环节要防止“四流不一致”的情况，避免虚开增值税专用发票的风险。

6.4 工程承包与分包的疑难处理

1. 对工程承包公司承包的建筑安装工程的增值税处理

实务中，有些工程承包公司承包了某些小的工程，比如建筑安装工程，但是并没有实际参与施工，该按照什么税目交税？

主要根据承包合同的签订来判断：

如果工程承包公司承包建筑安装工程业务，即工程承包公司与建设单位签订承包合同的建筑安装工程业务，无论其是否参与施工，均应按“建筑业”税目征收增值税，其税率为11%。

如果工程承包公司不与建设单位签订承包建筑安装工程合同，只是负责工程的组织协调业务，对工程承包公司的此项业务则按“服务业”税目征收增值税，其税率为6%。

2. 总承包合同是老项目，分包合同适用简易计税的筹划

实务中，总承包合同在2016年5月1日前签订的，但是分包合同在5月1日之后签订的。总承包项目单位肯定可以按老项目简易计税，但是分包单位如何处理？

针对该问题，总局层面的“营改增”政策并未明确。由于总包合同老项目简易征收，适用3%征收率，不得抵扣进项。即便是为分包单位开具了增值税专用发票，抵扣税率也较低，不符合“税负不增加”的改革精神。实务中，各地的税务机关对此解释不一。

比如湖北国税认为，分包合同可以跟随总包合同一起选择简易计税。但是深圳国税却要求，分别根据总、分包注明的开工日期，独立确定。

实务中，由于“清包工”“甲供工程”形式存在，因此遇到这种情况可以进行筹划，做成“甲供工程”项目，让分包企业也可以选择简易计税方法。

3. 自然人分包合作，如何获取发票

根据《中华人民共和国建筑法》第二十六条规定：承包建筑工程的单位应当持有依法取得的资质证书，并在其资质等级许可的业务范围内承揽工程。禁止建筑施工企业超越本企业资质等级许可的业务范围或者以任何形式用其他建筑施工企业的名义承揽工程。禁止建筑施工企业以任何形式允许其他单位或者个人使用本企业的资质证书、营业执照，以本企业的名义承揽工程。

因此，作为自然人，不能成为建设工程的承包人承揽工程。这意味着自然人无法开具工程分包的增值税专用发票，发包单位如果采用一般计税方法就无法抵扣进项税额。

但是换一个角度讲，自然人可以为建筑安装等工程提供建筑劳务服务。可以通过税务机关代开发票，发包单位如果采用简易计税方法，则可以入账。当然个人代开发票时，主管税务机关可根据其工程规模、工程承包合同（协议）价款和工程完工进度等情况，核定其应纳税所得额或应纳税额，征收个人所得税等。

4. 集团公司承包，集团内第三方企业施工情况下发票如何开具

根据《国家税务总局关于进一步明确营改增有关征管问题的公告》（国家税务总局 2017 年第 11 号公告）规定，建筑企业与发包方签订建筑合同后，以内部授权或者三方协议等方式，授权集团内其他纳税人（以下称“第三方”）为发包方提供建筑服务，并由第三方直接与发包方结算工程款的，由第三方缴纳增值税并向发包方开具增值税发票，与发包方签订建筑合同的建筑企业不缴纳增值税。

发包方可凭实际提供建筑服务的纳税人开具的增值税专用发票抵扣进项税额。

首先，上述政策的适用范围仅限于同一集团内。集团内企业有子公司、分公司、控股公司，分公司或分支机构肯定适用，其他情形则需要进一步明确。

其次，该政策主要取决合同主体与实施主体不一致情况下的开票问题。集团公司作为承包方，这种情况下不用自行开票，规避了发票流、业务流及资金流不一致的风险。

最后，作为发包方，可以抵扣实际实施方开具发票的增值税，也在政策层面减少了“三流不一致”的风险，但是在实务中的资料管理中，要获取承包方内部授权书或三方协议等，以备税务机关检查。

6.5 “营改增”后建筑资产的管理

“营改增”之前，企业购置的建筑机械、设备等，由于用于非增值税应税项目，无法抵扣增值税进项税额。“营改增”后，设备购置增值税进项税额可以抵扣，重点要注意以下两个方面：能否最大化地抵扣增值税进项税额？总分机构能否进行有效的设备资产管理？

如何才能最大化地抵扣增值税进项税额？要注意两点。第一就是对采购供应商的选择，要选择一般纳税人，因为一般纳税人才能开具增值税税率为17%的专用发票。第二是要注意对特殊采购业务的把握。比如，企业采购150万元的设备，其中配件10万元、运费5万元、安装费20万元，此种情况下，如何要求销售方开具发票比较有利？对供应商而言，如果条件符合，最希望适用兼营模式，针对主设备、配件、运费安装费等分别按照不同的税率来分别核算以降低自身企业的增值税税率，运费、安装费税率为11%；反过来，针对购买方而言，由于部分价款适用了低税率，自己得到的增值税进项税额减少了，当然也可以借机要求在购置价款上给予一定的让步。如果价款不能折让，则以运输费和安装费与设备及配件价款的合计金额要求销售方按照货物销售开具增值税发票，这样就可以整体按照17%的税率进行抵扣，另外，还要注意开票方、供应商、资金流保持一致，避免采购过程中虚开的情形。

建筑企业总分机构之间如何实现设备资产的有效管理？根据《中华人民共和国增值税实施细则》（以下简称《增值税实施细则》）第四条第三款规定，

单位或个人工商户的下列行为，属于视同销售：设有两个以上机构并实行统一核算的纳税人，将货物从一个机构移送至施行统一核算的纳税人，但相关机构设在同一县（市）的除外。针对该种情况下的视同销售行为，《国家税务总局关于企业所属机构间移送货物征收增值税问题的通知》（国税发〔1998〕137号）文件规定，《增值税实施细则》第四条第三款所称的用于销售，是指受货机构发生以下情形之一的经营行为：

①向购货方开具发票。

②向购货方收取货款。

根据以上规定，在一个纳税人内的不同分支机构间，发生货物移动情况的，如果开具发票或者收取货款的，均应视同销售，分支机构依法缴纳增值税；如果没有开票也没有收款，则应由总机构统一缴纳增值税。

6.6 以房抵顶工程款的增值税处理

实务中，有些房地产企业与建筑企业开始签订建筑安装合同时，就约定了将来以商品房抵顶工程款，有些房地产企业是在预先没有约定，到建设后期资金流转出现问题时被迫以商品房抵顶工程款，实质是以房抵债。那么以房屋抵顶工程款涉及的税务问题有哪些？

1. 是否征税问题

以房抵顶工程款涉及的双方，一方无偿让渡房屋，减少了债务；一方无偿取得房屋，减少了债权。单位或个人以房屋抵顶有关债务，不论是经双方（或多方）协商决定的，还是由法院裁定的，其房屋所有权已发生转移，且原房主也取得了经济利益（减少了债务），双方均应视同销售。

因此，单位或个人以房屋或其他不动产抵顶有关债务的行为，房地产企业应按“销售不动产”税目缴纳增值税，税率为11%。

房地产企业施工的建筑企业应该按照“建筑服务”缴纳增值税，税率为11%。

2. 如何开具发票问题

房地产企业和建筑安装企业分别给对方开具发票。

房地产企业取得增值税专用发票，可以作为成本抵扣增值税进项税额。

建筑企业取得房地产公司开具的销售不动产增值税专用发票，取得不动产所有权，应该视该不动产用途决定，如果是用于办公或者生产经营则适用分期抵扣政策，如果是专用于集体福利则需要进项税额转出。

3. 纳税义务发生时间

实务中，有企业针对如何产生纳税义务发生时间产生疑惑，认为双方应该在房产办理过户之后依法纳税？

“营改增”之前，《国家税务总局关于未办理土地使用权证转让土地有关税收问题的批复》（国税函〔2007〕645 号）规定：“土地使用者转让、抵押或置换土地，无论其是否取得了该土地的使用权属证书，无论其在转让、抵押或置换土地过程中是否与对方当事人办理了土地使用权属证书变更登记手续，只要土地使用者享有占有、使用、收益或处分该土地的权利，且有合同等证据表明其实质转让、抵押或置换了土地并取得了相应的经济利益，土地使用者及其对方当事人应当依照税法规定缴纳营业税、土地增值税和契税等相关税收。”

所以根据以上政策精神，决定房地产企业和建筑企业纳税义务发生时间的不在于“是否已经过户”，而是要按照全面“营改增”政策中有关不同类型纳税义务发生的具体情况继进行判断。

THE
SEVENTH
CHAPTER

第7章 金融服务业“营改增”操作疑难

作为全球首批对金融服务业征收增值税的国家之一，我国在金融业内征收增值税也无太多经验可借鉴。金融业由于其子行业业务种类众多，核算也比较复杂，被认为是最后一批营改增行业中的一大难点。本章主要从金融行业“营改增”基本税收政策入手，重点阐述银行、保险公司、典当等行业中疑难问题的增值税处理。

7.1 金融行业“营改增”政策指南

1. 金融服务的增值税纳税人

（1）单位和个人

在中华人民共和国境内提供金融服务的单位和个人，为增值税纳税人。

“单位”是指企业、行政单位、事业单位、军事单位、社会团体及其他单位。“个人”是指个体工商户和其他个人。

“在境内销售提供金融服务”是指金融服务的销售方或者购买方在境内。

注意：企业之间以及企业与个人之间的借贷业务，是按照金融服务业缴纳增值税，企业或个人也是提供金融服务的纳税人。另外，各种资管产品运营过程中发生的增值税应税行为，以资管产品管理人为增值税纳税人。

（2）金融机构

①银行：包括人民银行、商业银行、政策性银行。

②信用合作社。

③证券公司。

④金融租赁公司、证券基金管理公司、财务公司、信托投资公司、证券投资基金。

⑤保险公司。

⑥其他经人民银行、银监会、证监会、保监会批准成立且经营金融保险业务的机构等。

（3）金融企业

金融企业是指银行（包括国有、集体、股份制、合资、外资银行以及其他所有制形式的银行）、城市信用社、农村信用社、信托投资公司、财务公司。

2. 金融服务的增值税征税范围

金融服务是指经营金融保险的业务活动。包括贷款服务、直接收费金融服务、保险服务和金融商品转让。

（1）贷款服务

贷款，是指将资金贷与他人使用而取得利息收入的业务活动。

各种占用、拆借资金取得的收入，包括金融商品持有期间（含到期）利息（保本收益、报酬、资金占用费、补偿金等）收入、信用卡透支利息收入、买入返售金融商品利息收入、融资融券收取的利息收入，以及融资性售后回租、押汇、罚息、票据贴现、转贷等业务取得的利息及利息性质的收入，按照贷款服务缴纳增值税。

注意：“保本收益、报酬、资金占用费、补偿金”，是指合同中明确承诺到期本金可全部收回的投资收益。金融商品持有期间（含到期）取得的非保本的上述收益，不属于利息或利息性质的收入，不征收增值税。

融资性售后回租，是指承租方以融资为目的，将资产出售给从事融资性售后回租业务的企业后，从事融资性售后回租业务的企业将该资产出租给承租方的业务活动。融资性售后回租服务是融资租赁范围中的特殊情况，属于贷款服务，应按照金融服务缴纳增值税。

注意：根据《国家税务总局关于融资性售后回租业务中承租方出售资产行为有关税收问题的公告》（国家税务总局公告2010年第13号）文件规定，售后回租业务中承租人出售资产的行为，不属于增值税征收范围，不征增值税。

以货币资金投资收取的固定利润或者保底利润，按照贷款服务缴纳增值税。

（2）直接收费金融服务

直接收费金融服务，是指为货币资金融通及其他金融业务提供相关服务并且收取费用的业务活动。包括提供货币兑换、账户管理、电子银行、信用卡、信用证、财务担保、资产管理、信托管理、基金管理、金融交易场所（平台）管理、资金结算、资金清算、金融支付等服务。

注意：实务中，企业收到证券公司、商业银行等其他承销机构开具的承销费、发行手续费等增值税专用发票，属于提供的直接收费金融服务。开具发票方应缴纳增值税，并可以开具增值税专用发票，支付方可以从销项税额中抵扣相应的进项税额。

另外，还要把握涉及“贷款服务”与“直接收费金融服务”的综合业务，合理的确定进项税额的抵扣范围。

（3）保险服务

保险服务，是指投保人根据合同约定，向保险人支付保险费，保险人对于合同约定的可能发生的事故因其发生所造成的财产损失承担赔偿保险金责任，或者当被保险人死亡、伤残、疾病或者达到合同约定的年龄、期限等条件时承担给付保险金责任的商业保险行为。包括人身保险服务和财产保险服务。

人身保险服务，是指以人的寿命和身体为保险标的的保险业务活动。

财产保险服务，是指以财产及其有关利益为保险标的的保险业务活动。

（4）金融商品转让

金融商品转让，是指转让外汇、有价证券、非货物期货和其他金融商品所有权的业务活动。

其他金融商品转让包括基金、信托、理财产品等各类资产管理产品和各种金融衍生品的转让。

注意：“股权转让”不属于“金融商品转让”的范畴。纳税人购入基金、信托、理财产品等各类资产管理产品持有至到期的行为，也不属于“金融商品转让”的范畴。

3. 金融业“营改增”的税率和征收率

纳税人分为一般纳税人和小规模纳税人。纳税人提供金融服务的年应征增值税销售额超过500万元（含本数）的为一般纳税人，未超过规定标准的纳税人为小规模纳税人。

一般纳税人适用税率为6%；小规模纳税人提供金融服务，以及特定金融机构中的一般纳税人提供的可选择简易计税方法的金融服务，征收率为3%。

境内的购买方为境外单位和个人扣缴增值税的，按照适用税率扣缴增值税。

4. 金融业增值税销售额的确定

（1）贷款服务

以提供贷款服务取得的全部利息及利息性质的收入为销售额。

（2）直接收费金融服务

以提供直接收费金融服务收取的手续费、佣金、酬金、管理费、服务费、经手费、开户费、过户费、结算费、转托管费等各类费用为销售额。

（3）金融商品转让

按照卖出价扣除买入价后的余额为销售额。

转让金融商品出现的正负差，按盈亏相抵后的余额为销售额。若相抵后出现负差，可结转下一纳税期与下期转让金融商品销售额相抵，但年末时仍出现负差的，不得转入下一个会计年度。

金融商品的买入价，可以选择按照加权平均法或者移动加权平均法进行核算，选择后36个月内不得变更。

注意：金融商品转让适用差额征收的计税方法，并且不得开具增值税专用发票。另外，由于同一年度内，每月可以进行销售额正负差互抵，所以一定程度上金融企业可以通过金融转让业务操作，调节每月增值税纳税额。

（4）经纪代理服务

以取得的全部价款和价外费用，扣除向委托方收取并代为支付的政府性基金或者行政事业性收费后的余额为销售额。向委托方收取的政府性基金或者行政事业性收费，不得开具增值税专用发票。

（5）融资性售后回租服务

经人民银行、银监会或者商务部批准从事融资租赁业务的试点纳税人，提供融资性售后回租服务，以取得的全部价款和价外费用（不含本金），扣除对外支付的借款利息（包括外汇借款和人民币借款利息）、发行债券利息后的余额作为销售额。

注意：第一，向“人民银行、银监会或者商务部”、“商务部授权的省级商务主管部门和国家经济技术开发区”进行备案后从事融资性售后回租服务的企业，也按照金融服务业缴纳增值税；第二，融资性售后回租服务业务的销售额不包括“本金”，“本金”为书面合同约定的当期应当收取的本金，无书面合同或者书面合同没有约定的，为当期实际收取的本金；

第三，试点纳税人提供有形动产融资性售后回租服务，出租人向承租方收取的有形动产价款本金，不得开具增值税专用发票，可以开具普通发票；第四，融资性售后回租服务的增值税税率为6%，对其增值税实际税负超过3%的部分实行增值税即征即退政策。

5. 金融业增值税纳税地点的选择

属于固定业户的纳税人提供金融服务应当向其机构所在地或者居住地的主管税务机关申报纳税。

总机构和分支机构不在同一县（市）的，应当分别向各自所在地的主管税务机关申报纳税；经财政部和国家税务总局或者其授权的财政和税务机关批准，可以由总机构汇总向总机构所在地的主管税务机关申报纳税。

注意：总机构申报后，分支机构一般按照总部下发的《汇总纳税企业增值税分配表》到分支机构所在地主管国税机关自行缴纳税款，不用再次申报。

属于固定业户的试点纳税人，总分支机构不在同一县（市），但在同一省（自治区、直辖市、计划单列市）范围内的，经省（自治区、直辖市、计划单列市）财政厅（局）和国家税务局批准，可以由总机构汇总向总机构所在地的主管税务机关申报缴纳增值税。

扣缴义务人应当向其机构所在地或者居住地主管税务机关申报缴纳扣缴的税款。

注意：采取汇总纳税的金融机构，省、自治区所辖地市以下分支机构可以使用地市级机构统一领取的增值税专用发票；直辖市、计划单列市所辖区县及以下分支机构可以使用直辖市、计划单列市机构统一领取的增值税发票。

6. 纳税义务发生时间

（1）基本规定

纳税人提供金融服务（不含金融商品转让）并收讫销售款项或者取得索取销售款项凭据的当天；先开具发票的，为开具发票的当天。

收讫销售款项，是指纳税人提供金融服务过程中或者完成后收到款项。

取得索取销售款项凭据的当天，是指书面合同确定的付款日期；未签订书面合同或者书面合同未确定付款日期的，为金融服务完成的当天。

（2）特殊规定

① 纳税人从事金融商品转让，为金融商品所有权转移的当天。

② 单位或者个体工商户向其他单位或者个人无偿提供金融服务的（用于公益事业或者以社会公众为对象的除外），其纳税义务发生时间为金融服务完成的当天。

③ 增值税扣缴义务发生时间为纳税人增值税纳税义务发生的当天。

④ 银行、财务公司、信托投资公司、信用社的纳税期限为 1 个季度。

7.2 金融企业应收未收利息增值税处理

1. “营改增”对应收未收利息政策要求

金融企业发放贷款后，自结息日起 90 天内发生的应收未收利息按现行规定缴纳增值税，自结息日起 90 天后发生的应收未收利息暂不缴纳增值税，待实际收到利息时按规定缴纳增值税。

上述所称“金融企业”，是指银行（包括国有、集体、股份制、合资、外资银行以及其他所有制形式的银行）、城市信用社、农村信用社、信托投资公司、财务公司。

注意：

（1）“发放贷款”业务，是指纳税人提供的贷款服务，是指《销售服务、无形资产、不动产注释》（财税〔2016〕36号文件印发）中“贷款服务”税目注释的范围。一般纳税人“发放贷款”业务税率为6%。

（2）“金融企业”的范围。2016年12月25日，财政部、国家税务总局联合印发了《关于明确金融 房地产开发 教育辅助服务等增值税政策的通知》（财税〔2016〕140号），财税〔2016〕140号扩大了“金融企业”的范围，规定“证券公司、保险公司、金融租赁公司、证券基金管理公司、证券投资基金以及其他经人民银行、银监会、证监会、保监会批准成立且经营金融保险业务的机构”发放贷款后的自结息日起90天内发生的应收未收利息也按照上述要求处理。

2. 实务处理的关键点。

（1）注意金融企业应收未收贷款利息的增值税纳税义务发生时间。

贷款预期后，90天内按照增值税纳税义务发生时间（合同约定付息日）计提利息、计提销项税额，纳税。

90天后仍未收回，先在90天的当月冲减原来的收入、做销项税额的红字冲销，等到实际收到逾期利息款时，再计算90天后发生的利息和相关税金，计收入、计提销项税额。原90天内发生的利息不再计缴税款。

（2）增值税对逾期超过90天的应收未收利息实际上是按照“收付实现制”原则确定纳税义务发生时间的，不同于一般增值税“权责发生制”的特点，不能按照一般增值税上下关联，一环套一环的思路去计算。

（3）逾期90天后的利息注意还包括原本金延续计算的加息、罚息。

7.3 保险公司销售保险赠送促销品增值税问题

实务中有关视同销售，有区分为价内赠送和价外赠送的。如果是价内赠送，不影响主货物主服务的价格，提前已经支付了价款；如果是价外赠送，在主货物价格之外，赠送的价值大小影响主货物的价格。因此实务中如果是

"价内赠送"不视同销售，和保险服务一起缴纳增值税，税率为6%。"价外赠送"，则需要视同销售，保险服务按照6%缴纳增值税，而促销品要按照商品的属性来定，如果是一般有形商品，税率为17%，如果是涉及服务业的增值服务产品，则一般按照11%或6%的税率来缴纳增值税。

河北国税、山东国税在回答"关于保险公司销售保险时赠送促销品征收增值税问题"时，基本意思都是不视同销售，实际也是参考"价内销售"的原理。他们认为保险公司销售保险时，附带赠送客户的促销品，如行车记录仪等，作为保险公司的一种营销模式，购买者已统一支付对价，不列为视同销售范围，按保险公司实际收取的价款，依适用税率计算缴纳增值税。

另外，保险公司开展的联保、共保、再保业务，按保险产品的转卖、转销处理，分别计算收入与支出。

7.4 典当行业如何缴纳增值税

目前，有人认为典当行是金融机构，有人认为典当行是特殊的工商企业，有人认为典当行是金融企业，还有的人认为典当行是服务业。行业属性确定不了，纳税情况就无法确定，税目税率更无从谈起。

典当是指当户将其动产、财产权利作为当物质押或者将其房地产作为当物抵押给典当行，交付一定比例费用，取得当金，并在约定期限内支付当金利息、偿还当金、赎回当物的行为。典当行提供的典当服务属于"金融服务"中的"贷款服务"，其收回的赎金超过发放当金的部分属于利息，应就利息部分的收入缴纳增值税。

7.5 再保险业务的增值税处理

2016年6月22日，财政部 国家税务总局发布了《关于进一步明确全面推开"营改增"试点有关再保险、不动产租赁和非学历教育等政策的通知》（财税〔2016〕68号），文件规定：

境内保险公司向境外保险公司提供的完全在境外消费的再保险服务，免征增值税。

试点纳税人提供再保险服务（境内保险公司向境外保险公司提供的再保

险服务除外)，实行与原保险服务一致的增值税政策。

再保险合同对应多个原保险合同的，所有原保险合同均适用免征增值税政策时，该再保险合同适用免征增值税政策。否则，该再保险合同应按规定缴纳增值税。

原保险服务，是指保险分出方与投保人之间直接签订保险合同而建立保险关系的业务活动。

从以上政策看出：

第一，“营改增”文件财税〔2016〕36号文并未涉及再保险服务的相关增值税处理，这一政策是有关“再保险”的纯补丁政策。

第二，文件中涉及境内保险公司向境外保险公司提供的完全在境外消费的再保险服务（免征增值税），但是没有涉及接受境外单位提供再保险服务如何处理。参照财税〔2016〕36号文规定，即境内保险公司对于境外再保险公司就其应税保险服务提供的再保险服务，应代扣代缴相应的增值税。

第三，试点纳税人提供再保险服务实行与原保险服务一致的增值税政策。也就是说如果初始保险业务（或原保险合同）如果是正常计税的业务，则再保险也需要正常计缴增值税，税率为6%；反之，如果初始保险是免税范围的报销，则再保险也是免税的。比如，一年期以上人身（养老、健康、人寿）保险、农牧保险、出口信用保险等的再保险业务也是免税的。

第四，对应多个初始保险合同的再保险，要求是所有的初始合同都是免税的时候，再保险合同才能适用免征增值税的政策。税收筹划上，要考虑分拆“一对多”的再保险合同，尤其是免税的初始保险合同，再保险时尽量单独签订再保险合同，避免与其他非免税合同一起进行再保险。

第五，该文件对“摊回分保费用”仍然没有进一步明确。

摊回分保费用，是办理初保业务的保险公司向其他保险公司分保保险业务，在向对方支付分保费的同时，向对方收取的一定费用，用以弥补初保人的费用支出，也是体现了根据收入与成本相配比原则。

“营改增”之前，保险业的计税营业额为办理初保业务向保户收取的全部保险费，对保险公司取得的摊回分保费用不征收营业税（依据国税发〔2009〕9号文附件第十条）。

“营改增”后，如果仍然从收入与成本匹配的原则看，保险公司A在取得初始保险的时候向投保方B收取了一定的保费收入，但同时肯定也有一定成本的支出。当A觉得要承担的风险过高而需要到再保险公司进行投保的时候，必然要分出一定比例保费给再保险公司C，即A要向C支付一定的保费；但是肯定也需要C承担原来A对B的一部分成本，再保险后A要弥补这一部分成本，就需要向C收取的所谓的“摊回分保费用”。而“保险公司的摊回分保费用”根据原来的营业税时代政策精神是不征收营业税的，或者说不是营业税的征收范围。

因此全面“营改增”后，这一问题没有具体明确，实务中，是否仍然沿用营业税文件精神，需要税务机关进一步确认。

7.6 股权转让的增值税处理

实务中，股权转让是否需要像金融商品转让一样差额计交增值税呢？

首先，我们界定“股权转让”是非上市公司的股权转让，区别于上市公司的股票转让。

根据《财政部 国家税务总局关于全面推开营业税改征增值税试点的通知》（财税〔2016〕36号）规定，金融商品转让，是指转让外汇、有价证券、非货物期货和其他金融商品所有权的业务活动。其中，

“有价证券”是指具有一定价格和代表某种所有权或债权的凭证，包括股票和债券。股票转让按照买入卖出差价（含红利）征收增值税。

“非货物期货”包括股指期货、外汇期货，另外说一下，“货物期货”是在实物交割环节、实物交割的部分缴纳增值税。

“其他金融商品转让”包括基金、信托、理财产品等各类资产管理产品和各种金融衍生品的转让。

通过对上述规定的分析，我们发现“金融商品转让”不包括“股权转让”，转让非上市公司的股权，股权区别于有价证券的股票，不属于增值税的征收范围，不征收增值税。有关这一问题，虽然总局层面文件里面没有具体明确，但是在各地方税务机关的“营改增”政策指引中能够得到答案，比如江西国税。

注意：原始股解禁后转让是按照“金融商品转让”缴纳增值税，还是按照“股权转让”不征收增值税？实务中有争议。

一方面有人认为，原始股是公司在上市之前发行的股票，实质上不应该作为金融商品对待，解禁后转让应该按照“股权转让”不征收增值税。

另一方面有人认为，解禁后的股票属于有价证券，当然属于金融商品的组成部分，解禁股票转让应按照卖出价扣除买入价后的余额为销售额计算缴纳增值税。

THE
EIGHTH
CHAPTER

第8章 现代服务业"营改增"操作实务

现代服务业作为带动我国经济增长的关键力量，"营改增"政策的落实对现代服务业能否实现更快更好的发展起着至关重要的作用。全面"营改增"打通了连接二、三产的增值税抵扣链条，增值税纳税人购买服务、货物都可以抵扣进项，消除了重复征税。实务中，由于现代服务业分子行业、业务种类较多，某些服务业的增值税处理也较为复杂。本章着重于对全面"营改增"后的部分重难点问题进行讲解。

8.1 物业公司转售水电费的增值税操作

根据《财政部国家税务总局关于简并增值税征收率政策的通知》（财税〔2014〕57 号）和《财政部国家税务总局关于部分货物适用增值税低税率和简易办法征收增值税政策的通知》（财税〔2009〕9 号）文件规定：

一般纳税人的自来水公司销售自来水按简易办法依照 3%征收率征收增值税，不得抵扣其购进自来水取得增值税扣税凭证上注明的增值税税款。

上述政策按照实务执行“自来水公司”才能适用“3%征收率征收增值税”。

对物业公司而言，自来水公司、电力公司向物业管理公司开具发票的，物业管理公司以自己名义向住户开具发票的，属于转售水、电的行为，应分别按照税率或征收率缴纳增值税，即：

一般纳税人，销售水费税率为 11%，销售电费税率为 17%；小规模纳税人，销售水、电费征收率均为 3%。

也就意味着，物业公司一般纳税人销售水费税率为 11%，可以抵扣从自来水公司获取的征收率 3%的专票，因此也出现进项和销售的倒挂。另外，代收水电费并向业主开具发票的物业公司，“营改增”后，税负也明显增加。

根据《国家税务总局关于物业管理服务中收取的自来水水费增值税问题的公告》（国家税务总局公告 2016 年第 54 号）文件规定，提供物业管理服务的纳税人，向服务接受方收取的自来水水费，以扣除其对外支付的自来水水费后的余额为销售额，按照简易计税方法依 3%的征收率计算缴纳增值税。

比如，甲物业公司向所管理住宅小区转售水费，9 月份向小区居民收取水费 20 万元，同时支付给所在区自来水供水公司 17 万元水费。若甲公司按照选择简易计税差额纳税则其 9 月份该笔业务的应纳税额计算如下：

应纳税额＝（20－17）÷（1＋3％）×3％＝0.09（万元）。

最后需要注意的是，有些企业不是物业公司，水电销售不属于营业范围，担心能否因为转售水电开具增值税发票的问题？“国家税务总局公告 2016 年第 54 号”文件也是强调“提供物业管理服务的纳税人”，并不是转指物业公司；也有人根据“物业管理”的定义得出其他企业不属于物业管理公司，不能适用简易征收的解释，但是实务中即便是超范围经营了，也可以通过去税务机关进行备案，进行税种登记来开具自行开具发票或代开发票的。

8.2 非学历教育服务简易征收的魅力

按照全面“营改增”政策“财税〔2016〕36 号”文规定，现代服务业中生活服务业包括教育医疗服务，其中，教育服务，是指提供学历教育服务、非学历教育服务、教育辅助服务的业务活动。

学历教育服务，是指根据教育行政管理部门确定或者认可的招生和教学计划组织教学，并颁发相应学历证书的业务活动。包括初等教育、初级中等教育、高级中等教育、高等教育等。

非学历教育服务，包括学前教育、各类培训、演讲、讲座、报告会等。

教育辅助服务，包括教育测评、考试、招生等服务。

现代服务业按照政策规定增值税税率一般为 6％，因此按照政策非学历教育服务也应该是 6％。在原有的营业税口径中，培训、演讲、讲座、报告会、考试、招生等归属于文化体育业的税率为 3％；测试、咨询等服务性业务的税率为 5％。如果“营改增”后统一按照 6％的税率纳税，则意味着教育服务行业税率的上升。

也许是行业诉求，也许是行业协会的“院外压力”，促使行业利好政策的出台。

2016 年 6 月 22 日，财政部、国家税务总局发布了《关于进一步明确全面推开“营改增”试点有关再保险、不动产租赁和非学历教育等政策的通知》（财税〔2016〕68 号），文件规定：

一般纳税人提供非学历教育服务，可以选择适用简易计税方法按照 3％征收率计算应纳税额。

显然，这给一般纳税人提供“非学历教育服务”明显的税收优惠政策，可按简易计税方法按3%计算缴纳增值税。

“非学历教育”包括学前教育、各类培训、演讲、讲座、报告会等，显得魅力十足；而“学历教育”“测试、咨询”等服务的增值税税率仍然是6%，略有失落。

“非学历教育”“营改增”后有了简易计税的光环，也为未来相关行业税收筹划提供了广阔的空间。比如，一些事务所（会计、税务、法律、评估等）的培训业务迅速扩展；一些专门教育培训机构同样“受益匪浅”，比如辅导班、驾校，技工学校，等等，它们的业务会逐步向非学历教育靠拢。

8.3 劳务派遣业务的增值税处理

1. 计税政策

全面“营改增”政策发布伊始，劳务派遣业务没有给出差额征收的计税政策，而在原营业税时代，劳务派遣业务基本上是按照差额征收计交营业税。因此，劳务派遣业务的安保公司、劳务外包公司等税负明显上升。

2016年4月30日，财政部、国家税务总局发布了《关于进一步明确全面推开“营改增”试点有关劳务派遣服务、收费公路通行费抵扣等政策的通知》（财税〔2016〕47号），给出了劳务派遣行业一个大红包。具体政策内容如下：

劳务派遣服务，是指劳务派遣公司为了满足用工单位对于各类灵活用工的需求，将员工派遣至用工单位，接受用工单位管理并为其工作的服务。

（1）一般纳税人

一般纳税人提供劳务派遣服务，可以按照《财政部国家税务总局关于全面推开营业税改征增值税试点的通知》（财税〔2016〕36号）的有关规定，以取得的全部价款和价外费用为销售额，按照一般计税方法计算缴纳增值税，税率为6%。

一般纳税人提供劳务派遣服务，也可以选择差额纳税，以取得的全部价款和价外费用，扣除代用工单位支付给劳务派遣员工的工资、福利和为其办理社会保险及住房公积金后的余额为销售额，按照简易计税方法计算缴纳增值税，征收率为5%。

（2）小规模纳税人

小规模纳税人提供劳务派遣服务，可以按照《财政部国家税务总局关于全面推开营业税改征增值税试点的通知》（财税〔2016〕36 号）的有关规定，以取得的全部价款和价外费用为销售额，按照简易计税方法计算缴纳增值税，征收率为 3%。

小规模纳税人提供劳务派遣服务，也可以选择差额纳税，以取得的全部价款和价外费用，扣除代用工单位支付给劳务派遣员工的工资、福利和为其办理社会保险及住房公积金后的余额为销售额，按照简易计税方法计算缴纳增值税，征收率为 5%。

2. 发票如何开具

按照现行政策规定适用差额征税办法缴纳增值税，纳税人自行开具或者税务机关代开增值税发票时，通过新系统中差额征税开票功能开具。

（1）一般纳税人提供劳务派遣服务

①一般计税方法。全额开具增值税专用发票，接受服务方按取得的增值税专用发票上注明的增值税额，按照相关规定抵扣进项税额。

②简易计税方法。按照差额办法开具发票，接受方按取得的增值税专用发票上注明的增值税额，按照相关规定抵扣进项税额。

注意： 选择差额纳税的纳税人，向用工单位收取用于支付给劳务派遣员工工资、福利和为其办理社会保险及住房公积金的费用，不得开具增值税专用发票，可以开具普通发票。

（2）小规模纳税人提供劳务派遣服务

①正常简易计税方法

去税务机关全额代开增值税专用发票，接受服务方按取得代开的增值税专用发票上注明的增值税额，按照相关规定抵扣进项税额。

②特殊简易计税方法依

即按照 5%差额纳税的，按照差额办法去税务机关代开发票。

8.4 无承运工具业务与货运代理业务

1. “营改增”政策辨析

《财政部、国家税务总局关于全面推开营业税改征增值税试点的通知》（财税〔2016〕36 号）对“无承运工具业务”和“货运代理业务”进行了具体规定。

无承运工具业务是指经营者以自己的名义，以承运人的身份与托运人签订运输服务合同，收取运费并承担承运人的责任，然后委托实际承运人完成运输服务的经营活动。无承运工具业务按照“销售服务——交通运输服务”，增值税税率为11%。

货运代理业务是指接受货物收货人、发货人、船舶所有人、船舶承租人或船舶经营人的委托，以委托人的名义，为委托人办理货物运输、装卸、仓储和船舶进出口、引航、靠泊等相关手续的业务活动。在中国境内的所属各级货运代理公司或船务代理公司，属物流辅助行业，适用增值税税率为6%。另外，根据《国家税务总局关于国际货物运输代理服务有关增值税问题的公告》（国家税务总局公告2014年第42号）及《财政部国家税务总局关于全面推开营业税改征增值税试点的通知》（财税〔2016〕36号）文件规定，国际货物运输代理服务享受免征增值税政策。

2. 业务辨析

（1）无承运工具业务

实务中“无船承运人”从事的业务就是无承运工具业务。所谓“无船承运人”，是指不直接经营运输船舶的承运人，在接下货主的货运生意后，需委托船务公司完成海上货运，其身份类似于代理或中介。无船承运业务在国际上具有法律地位。上海作为我国内陆集装箱吞吐量最大的港口城市，也是无船承运业务最活跃的地区，其比例已超过50%。

无承运工具业务服务提供方是货物承运方，托运人只与无承运工具业务服务提供方建立合同关系。无承运工具业务服务提供方需要开具11%的增值税专用发票。

无承运工具业务涉及“实际承运人”“托运人”和“中间方（即无承运工具业务提供方）”。“中间方（即无承运工具业务提供方）”以自己的名义与“托运人”签订运输合同并承担承运责任，再委托“实际承运人”负责运输。

“中间方（即无承运工具业务提供方）”给“托运人”开具运费增值税发票（11%），“实际承运人”给“中间方（即无承运工具业务提供方）”开具运费增值税发票（11%）。

（2）货运代理业务

货运代理人主要是接受委托方的委托，办理有关货物运输、转运、仓储、装卸等事宜。一方面它与货物托运人订立运输合同，同时他又与运输部门签订合同，对货物托运人来说，他又是货物的承运人。目前，我国相当部分的货物代理人掌握各种运输工具和储存货物的库场，在经营其业务时办理包括海陆空在内的货物运输。

货运代理业务涉及“实际承运人”“托运人”和“货运代理业务提供方”。“托运人”与“货运代理业务提供方”签订货物运输代理合同并支付代理手续费，“托运人”与“实际运输人”签订运输合同并支付运费。

“货运代理业务提供方”给“托运人”开具货运代理业务发票（6%），“实际承运人”给“托运人”开具运费增值税发票（11%）。

8.5 电信业积分兑换电信服务的增值税处理

1. 电信业积分兑换其他实物商品

根据《中华人民共和国增值税暂行条例实施细则》第四条：“单位或者个体工商户的下列行为，视同销售货物：将自产、委托加工或者购进的货物无偿赠送其他单位或者个人”。

因此，应按照赠送商品的适用税率缴纳增值税，增值税税率一般为17%或者11%。

2. 电信业积分兑换除电信业服务以外的其他应税服务

根据“财税〔2016〕36号文”附件1第十四条规定：“下列情形视同销售服务、无形资产或者不动产：①单位或者个体工商户向其他单位或者个人无偿提供服务，但用于公益事业或者以社会公众为对象的除外。②单位或者个人向其他单位或者个人无偿转让无形资产或者不动产，但用于公益事业或者以社会公众为对象的除外。③财政部和国家税务总局规定的其他情形。”

因此，应该按照服务的适用税率缴纳增值税，增值税税率一般为11%、6%或者5%等。

3. 电信业积分兑换电信服务

该问题和“航空运输积分兑换航空运输服务”是否征收增值税的问题一样。

根据《财政部国家税务总局关于将电信业纳入营业税改征增值税试点的通知》（财税〔2014〕43号）第七条规定，以积分兑换形式赠送的电信业服务，不征收增值税。由于文件规定积分兑换形式赠送的电信服务不征收增值税，当然不需要开具发票。

但是，2016 年 5 月 1 日营改增全面实施，“财税〔2016〕36 号文”出台后规定，“财税〔2013〕106 号”“财税〔2014〕43 号”除另有规定的条款外，相应废止。因此原来文件中“电信积分兑换电信服务、航空运输积分兑换航空运输服务不征收增值税”的规定，在“财税〔2016〕36 号文”中没有给出新的特别规定，意味着相应废止，应该按照“财税〔2016〕36 号文”附件 1 第十四条的规定缴纳增值税。

这一问题目前各地方税务机关执行不一，尚待国家税务总局进一步明确。另外，实务中北京国税和四川国税对“航空积分换里程”的行为都要求按规定缴纳增值税。我认为没有新的政策明确情形下，积分兑换电信服务的行为需要按照“财税〔2016〕36 号文”附件 1 第十四条的规定缴纳增值税。

THE
NINTH
CHAPTER

第9章 全面“营改增”后企业税务管理与筹划

全面“营改增”推开以来，对企业的业务流程及财税管理都产生了深远影响，尤其是对于企业的纳税筹划工作的影响更直接。本章主要根据自身工作经验，阐述全面增值税时代税收管理工作的要点及关键点，同时通过案例展示“营改增”后的税收筹划技巧。对于企业而言，需要准确深入的分析“营改增”政策带来的新变化以及具体影响，并结合这些新的特点与要求，完善企业的纳税筹划管理，实现企业税负的合理降低，提高企业效益。

9.1 全面“营改增”后的税务管理

1. 税务团队的组建

全面“营改增”后，企业要专门设置税务岗。由于增值税税制特点的独特性，要求对以增值税为代表的流转税实现精细化管理，涉税事项甚至要细化到每一笔业务金额、税率、开票时间等，因此在企业税务团队的组建上要突出专业性和能力相结合的特点。

一方面，要求涉税管理人员具有税务处理过程中体现专业性，不但要求相关人员具有财务管理、会计以及税收等相关履历背景，而且更要突出其在解决税务实际问题、运用税收相关法律过程中体现的专业性、权威性、精确性。

另一方面，就是要求涉税管理人员在工作能力上，兼具细节核查和宏观管理的双重能力。比如在税收核算、纳税申报等具体细节上，马虎一点，可能会出现无法通过申报系统、适用政策错误、延迟认证抵扣等风险；宏观管理上要更多体现到税负分析、税务筹划与风险防控上，在经济业务发生前后为企业发展提供税务决策。

另外，涉及集团税务管理上，企业决策者要有一定的前瞻性和魄力，对集团税务管理引起足够的重视。实务中，大多数集团化企业设置“税务管理部”的已经屡见不鲜，设置“税务总监”或“税务高级经理”岗位的企业数不胜数，主要集中在大型央企、跨国公司、房地产企业、金融投资企业等。只是有的放在了财务管理部的下面，有的和财务管理部并驾齐驱，比如京东集团、华润集团、华为、西门子（中国）有限公司、万科地产、中石化等大型企业集团。

税务工作是一项“见微知著”的工作，企业应该梳理各子、分公司及项目机构的经营定位及管理职能，推进组织结构扁平化改革。

2. 税务制度建设

无规矩，不方圆。税务制度建设应该是开展税务工作的前提，是税务工作评估与考核的抓手。全面“营改增”后，企业税务工作面临更多新的挑战和要求，企业在围绕财务战略、业务架构来制定税务管理制度的同时，更要细化各方面涉税工作制度、规程，形成体系，制定手册，使税务工作规范化。

企业涉及的税务管理制度包括且不限于：企业增值税发票管理规定、发票入库与分发流程、企业增值税会计处理办法、企业增值税进项侧管理规定、企业集团税务管理办法、企业税务培训管理办法、涉税台账管理办法等。

3. 纳税核算与申报入库

企业纳税核算与申报入库是税务管理的核心，是税务管理中最重要的一环。不能够保证税款及时合理入库，很多诸如税务制度建设、筹划、检查与培训的工作都失去了意义。对税务管理人员而言，也是真正体现专业能力的环节。税款入库一分不多，一分不少，从来都是最理想的结果。

企业的纳税核算，重点是掌握具体经济业务发生的特征，确定业务性质。比如建筑公司如果取得“工程监理”业务收入，如何开票？如何核算？是按建筑工程服务的11%，还是按照服务业的鉴证咨询服务6%计算销售税额？比如取得的按照“其他建筑服务”税目开具的、税率为11%的“航道疏浚”增值税专用发票能否抵扣？这一类的问题，只有通过专业的学习和判断才能正确进行纳税核算（“工程监理”和“航道疏浚”都属于现代服务业）。

其中，进项侧方面，主要关注业务性质和取得抵扣凭据的合规性，业务性质决定能否抵扣，比如购买产品，用于计提福利的，要把进项税额转出；取得抵扣凭据的对方是否有资格开具、开具的票面内容是否合规等。销项侧方面，主要关注不开票的收入，具体界定不开票收入的业务性质，正确适用增值税税率进行核算。

企业纳税申报入库方面，要重点关注申报数据的准确性和完整性。

第一，纳税申报的数据要和企业账务处理系统的数据保持一致，当月的申报数据和下月的申报数据互相关联，要准确反映企业账务核算与报表数据，避免虚假申报。

第二，纳税申报肯定要在征期以内，有些纳税筹划方案，考虑资金的时间价值，让企业尽量拖到征期的最后才进行纳税申报与缴纳。这一点我不提倡，比如对总分机构管理的企业而言，实务中不进行纳税申报，总机构系统不能向分支机构分配发票，分支机构不能及时取得或开具发票，势必会影响其生产经营。另外对于一般企业而言，纳税申报过晚，如果出现申报差错，无法进行征期内补充申报的，只能进行征期后的更正申报，当然有滞纳金的风险。

4. 税务咨询服务

对于企业内部，税务管理工作服务于生产、经营、管理的各个流程。税务管理工作可以为合同签订提供咨询；为企业组织形式、成本架构提前做出节税筹划；为重大重组、收购、合并等项目提出税务决策方案咨询、税务优化方案的研究与推广、涉税流程设计和纳税风险检测等。

对于企业控股或参股单位，可通过业务部门和下属业务单元提出的税务问题解答、税务政策转发与咨询服务、重大税务稽查协调处理、企业税收实务案例的编辑与宣导、税收法律法规与政策信息库的建立等方式进行税收服务。

企业税收管理实务中，往往也存在着“外来的和尚会念经”的现状。即很多企业的税务咨询与服务业务板块，都是外包给“税务师事务所”来做，或者是在碰到重大项目运作时请相关中介机构出具税务筹划意见。这样，企业领导比较偏好，涉税处理有问题后，事务所的“报告”往往就是对付税务机关的重要砝码。比如，大的央企和上市公司偏好于聘请“四大会计师事务所”作为他们的税务顾问，很多企业基本上都会请税务师事务所来做企业所得税的汇算清缴与税务审计等工作。

一方面反映目前企业自身税务管控能力偏弱、决策模式不规范；另一方面也凸显税务在整个企业管理体系中越来越重要。所以，企业应该建立拥有独立决策能力的税务咨询与服务团队或小组，只有企业自己的税务管理者才知道企业的真实状况，才能给出最优的决策方案，给出最符合实际的咨询与服务内容。笔者建议，企业要施行以自主决策为主，外部协助、税局监督为辅助的税务咨询与决策模式。

5. 税务培训与检查

一般而言，实务中税务培训涉及不同种类的培训。

从培训组织看，有企业自身组织，也有税务机关或税务协会组织或其他培训机构组织的培训。从培训内容看，可以是针对税务会计处理及纳税申报方面的培训，也可以是针对某一涉税问题专项培训，比如“营改增”的税务培训、转移定价税务处理培训、房地产企业税收培训、企业重组培训等。

企业组织的培训，要注重实效，能够解决问题，有所区分。一般办税人员的培训和税务管理岗的培训应分别举办，一般办税人员注重细节，重点是税务控制过程梳理与实施；而后者着重于对税务决策与管控、视觉拓展与开拓等，比如税收筹划、重大资本运作涉税实务、税企关系的处理技巧等方面的培训。另外，税务机关组织的一般是公益性质的“大波轰”，以税法宣贯为导向，人数较多，实际效果一般不明显。其他培训机构的培训活动，企业可以选择性参加，有节制参与。

实务工作中，税务检查主要分为三类业务。第一种是企业内审自查，可以通过部门交叉审计，审计内控部门审查财务部门，或者分子公司财务部门互相自查，或者针对某一涉税事项的专项检查，比如发票检查等；第二种是外聘税务师事务所，分年度或季度对企业或下属企业税务检查，包括揭示各种税种的潜在风险、进行纳税评估等；第三种就是税务稽查，各级次税务稽查局进驻稽查，主要是做好材料提供、情况说明、纳税事项报告及稽查人员往来接待等，要把握沟通技巧，最大化节约税务稽查成本。

6. 税企关系的协调

现实中，税务机关往往处于主动地位，出现征纳双方信息不对称、税务机关自由裁量权过大、纳税强制较多而服务偏少、纳税遵从成本与收益配比失衡等状况，税收征纳关系不和谐在客观上给企业在税收操作上带来的潜在的风险。

由于我国目前税务行政执法主体多元，主要包括海关、财政、国税、地税等多个税务执法主体，各部门之间在税务行政执法上常常重叠，且不同的执法主体对同一涉税行为的理解和处理可能有所不同。对于公司的涉税行为，不同的法律对行为的处理会有所不同，比如关于公司收入确认的问题，税收法规、财务会计法规和合同法的规定可能会不一致。复杂的税法体系及税务机关的自由裁量权使维护与税务机关的良好关系变得更加重要。

所以，税企关系的协调与维护是企业税政管理工作的重中之重。一方面，要以企业主管税务所为突破多与税务机关进行沟通、汇报，保持一定的“存在感”，借助各种研讨会、座谈会等场合与税务机关相关人员进行交谈，或汇报问题，或征询意见；与税务机关一起举办联谊活动，或者请税务人员到企业实地考察调研等形式，最大化压缩非法“寻租空间”。另一方面，也有正确看待与税务机关的关系，不是一味地逢迎怕事。明显是税务机关过错的，遇到事情要通过合法的程序、渠道去申诉、复议或争议起诉等。比如，2015 年华润置地（上海）有限公司与上海市国家税务局第五稽查局、上海市国家税务局税务［详见“上海市黄浦区人民法院一审（2015）黄浦行初字第 256 号”］的争议诉讼案，实务中争议较大。无论结果如何，我们应该为华润置地合理维权的法制精神“点赞”。

7. 企业税务风险防控

中小企业的税务风险管理基本依靠于财务风险管理，在具体操作上主要依靠财务会计账目的核算来控制税务风险，还没有形成独立的税务风险防控体系。

2009 年国家税务总局发布了《大企业税务风险管理指引》，主要从制度规范上针对企业税务风险管理做了指导。主要内容包括税务分析的六点要求、税务风险防控的五大目标、企业需要建立的五项制度等。该指引从税务相关的更多方面对税务风险点加以阐述，包括税务信息系统、税务人员培训等具体事项。

综上可以看出，企业税务风险的防控经历了一个过程：即从账目基础的税务风险防控，到以制度建设为核心的税务风险防控，再到以风险因子为导向的税务风险防控。

全面“营改增”后，建议企业在增值税的风险管控方面也以风险因子为抓手，去分别管控税务风险。风险因子企业根据实际情况自行梳理，大致包括，虚开增值税发票风险、不合规增值税发票报销入账或进项税抵扣风险、纳税义务发生时间适用错误风险、政策适用错误风险、增值税简易征收及税收优惠备案管理风险、纳税申报技术性错误风险等。

建议企业建立税收风险因子信息系统，结合先进的信息互联技术，把实务中发现的、解决的、隐藏的税收风险点都纳入到信息系统，从企业生产运营、财务会计、税务管理等多维度分析和管控税务风险，分析评价税收风险管理效用效果。

9.2 全面“营改增”后的税收筹划

1. 税收筹划的原则

企业税收筹划有原则性的要求，就是所谓的“道”，即一般规律、道理。而具体税收筹划的方法、策略千变万化，不可尽书，就是所谓的“术”。有“道”无“术”尚可求，有术无“道”止于“术”，就是说做税收筹划方案要遵循一定的规律，把握一般原则，否则方案最终也是不成功的。

企业税收筹划应遵循四个原则：

首先，是合法性原则，这是纳税筹划最本质特点，其底线是不能与国家现行的税收法律与法规相抵触，明确区别于偷税、漏税及骗税行为。

其次，是事前性原则，在真实的业务发生前就应该考虑税源因素，等到申报纳税时筹划必然导致非法的税收筹划。

再次，是全局性原则，纳税筹划与企业的每个部门每个人都有密切关系，纳税筹划要做到的是整体税负最小化，不单是局部的最小化。

最后，是成本效益原则，税收筹划也有诸如业务调整、外聘专家费用等成本，与业务收益之间要符合一般的投入产出比原则。

2. 税收筹划的目标和思路

节税不应成为税收筹划的目标。企业税收筹划是企业财务管理的一项内容，它应当服从和服务于企业财务管理目标，企业价值最大化是采用最优的财务政策，充分考虑资金的时间价值和风险与报酬的关系，企业总价值的最大化。另外全面“营改增”后，作为价外税，收入成本随之变化，增值税的筹划也必须考虑对其他税种的影响，也要服从整体税收利益最大化。

因此企业集团税收筹划的目标必然是财务管理最优化以及企业价值最大化。甚至有些情况下，节税、避税要让位于企业价值最大化目标的实现，问题是辩证的，不是一成不变的。

对企业的税收筹划，理论上存在几种思路（见表 9-1）。

表 9-1　　企业集团税收筹划基本思路

序号＼项目	基本思路	具体阐释
1	缩小税基	法定限额内，实现各项成本费用扣除和摊销的最大化等，减少应纳所得额
2	降低税率	在税法中税种多样化、税率多样化，比如增值税目前拥有 0～17%共 7 种税率或征收率，其他税种也存在多种优惠税率，筹划空间较大
3	筹划纳税义务发生时间	合理增减或分摊收入、成本、损失、费用等的发生，规划纳税义务发生时间，重点在于税务规划与风险管控
4	延缓纳税期限	资金的时间价值决定延迟纳税的利益。一般而言，应纳税款延期越长，所获得利益越大。当经济处于通货膨胀期间，延缓纳税的理财效益更为明显。比如“特殊性重组”的实质也是延迟纳税
5	税负转嫁	集团内部企业合理的转让定价。常见于流转税以及并购重组的弥补问题
6	平衡集团税负	通过集团的整体调控和投资延伸，主营业务的分割和转移实现。重点在税务的平衡和协调

3. 企业设立的税收筹划

在现代企业管理制度下，通过企业组织形式的变化筹划税收问题，可以说是税收筹划的真正起点。企业的出资方式、注册登记地点、组织形式、投资方向、投资期限的不同都可能影响税负的高低。企业架构下的母公司、子公司、分公司以及直属单位等组织类型，均可以根据组织不同结构特征，结合税收政策进行筹划，并且企业设立阶段，筹划得越早，节约税负的空间就越大。

（1）小微企业的选择

该种策略的思路是利用充分利用小微企业税收优惠政策。小型微利企业的概念源自于《企业所得税法实施条例》第九十二条，“企业所得税法第二十八条第一款所称符合条件的小型微利企业，是指从事国家非限制和禁止行业，并符合下列条件的企业：工业企业，年度应纳税所得额不超过 30 万元，从业人数不超过 100 人，资产总额不超过 3 000 万元；其他企业，年度应纳税所得额不超过 30 万元，从业人数不超过 80 人，资产总额不超过 1 000 万元。”

小型微利企业在税收上得到了“超居民”待遇，广泛存在于企业所得税、营业税、增值税、印花税等税种。比如近几年来，财税〔2014〕34号、国家税务总局2014年第23号公告、财税〔2015〕99号以及国家税务总局2015年第17号公告等多项优惠政策相继出台，优惠力度进一步加大，在此背景之下多元化发展的企业集团，可以采用“化整为零”的方式，把集团法人公司直属的营业机构注册成为独立的单店或者销售公司，把多种经营业态分别设立为小型分公司、子公司，创造条件满足小型微利企业的条件，最大化享受其税收优惠政策。

（2）业务拆分的选择

增值税是毛利税，可以避免重复征税，当然也具有流转税的共同特征——易于转嫁。针对那些生产销售型企业，增值税是其主要税种。企业拆分式的税收筹划策略可以实现把税务部分转嫁。

业务拆分方面，企业集团可以通过将部分服务进行外包，在最大化增大销项税额转嫁税负的同时，获得进项税额。比如，“营改增”后，非独立核算的自营运输队车辆运输耗用的油料、配件及正常修理费用支出等项目，按照17％的增值税税率抵扣，而委托运输企业发生的运费可以按照按照11％的税率进行抵扣，企业集团可以通过测算二者的税负差异，来决定选择委托运输还是自营车辆运输，从而对企业分公司、子公司组织类型进行优化调整。另外，房地产业“营改增”之后，房企集团为了降低税负，应更多地考虑增加进项税额来进行抵扣，在既定的战略框架内进行税收筹划。比如，可以大幅提高精装修房比例取得更多的固定资产和物料的增值税进项税额；也可以把集团范围内的地产开发、分包转包、建筑以及装修装饰等具体业务进行分拆剥离，注册成独立核算的不同企业组织，增大抵扣项。

税率拆分方面，企业集团应该适应“营改增”以来的税率变化，针对不同的经营业务情况，可以在不同税率之间进行筹划。全面“营改增”后，增值税税率体系包括17％、11％、6％以及3％、5％的征收率。比如根据相关税法政策，混业经营中不同税率项目需要分开核算，否则会统一适用高税率，因此，企业在“营改增”后，应对涉及的混业经营项目分开核算，以适用较低税率，增大转嫁范围，降低税负成本。

（3）计税方法的选择

①筹划模型的构建。一般纳税人选择简易计税方法，要进行业务预算与

数据测算，有时候建简易征税未必合适，并且一经选定，36 个月不能变化，擅自改变肯定就是税务风险了。简易计税方法对应的进项税额是要转出的，如果当期进项税较大的话，不要急于选择简易计税方法，实务中这是一个筹划点。

我们可以思考，假设仅考虑增值税不考虑其他税种的情况下，选择一般计税方法和简易计税方法，理论上存在一个税负临界点，而这个临界点又必定存在于增值税税负相等时。

假设某企业为一般纳税人，以房屋租赁为主营业务。年度收入为 S，收入增值率为 R，则进项归集率（可抵扣率）为 $1-R$，同时要求取得的进项税额均符合抵扣条件、均能认证抵扣。

如果选择一般计税方法，税率为 11%，税负率为 A。

如果选择简易征收，其征收率为 3%，税负率为 B。

两种计税方法假设收入不变时，可以等式如下：

$$A=\frac{\left(\frac{S}{(1+11\%)}-\frac{S\times(1-R)}{(1+11\%)}\right)\times 11\%}{S}$$

$$B=\frac{\left(\frac{S}{(1+3\%)}\right)\times 3\%}{S}$$

②计算与结论。

假定税负率相等，$A=B$，则：

$$\frac{\left(\frac{S}{(1+11\%)}-\frac{S\times(1-R)}{(1+11\%)}\right)\times 11\%}{S}=\frac{\left(\frac{S}{(1+3\%)}\right)\times 3\%}{S}$$

$$\frac{R\times 11\%}{1+11\%}=\frac{3\%}{1+3\%}$$

$$R=29.39\%$$

由此我们得出结论：

当 $R=29.39\%$ 时，$A=B$，一般计税方法（11%）税负与简易计税方法（3%）税负相等。

当 $R>29.39\%$ 时，$A>B$，一般计税方法（11%）税负大于简易计税方法（3%）税负。

当 $R<29.39\%$ 时，$A<B$，一般计税方法（11%）税负小于简易计税方

法（3%）税负。

③应用与延伸。

首先，以上方法不仅适用于一般纳税人企业简易计税方法与一般计税方法的筹划，而且适用于企业针对于一般纳税人和小规模纳税人选择的筹划。

其次，如果把模型中的增值税税率11%改变后，在保持小规模纳税人或者建议计税税率为3%的情况下，会得出不同的结果：

增值税税率	17%	13%	11%	6
税负临界点的增值率 R	20.05%	25.32%	29.39%	51.46%

根据以上结果，企业可以根据主营业务收入适用税率情况来考虑如何选择纳税人资格，是小规模还是一般纳税人。

最后，要注意该模型本身的特点。比如，该模型优先适用于单一主营业务的情形，对多元化经营的企业税负优化效果不明显；再有，该模型更多地依赖于增值税进项归集率，实务中并不好做到全部归集，或者应抵尽抵。另外，在具体选择时，还要综合考虑企业上下游企业的状况以及其他因素。

（4）企业设立方式的筹划

企业资产运营必须在某一平台之上，但是平台公司如何设立、设立之后怎么装入核心资产是大多数企业，尤其是企业集团面临的共性问题，不同的设立方式会面临截然不同的税负效果，这也是我们税收筹划的意义所在。设立方式上存在母公司“现先以金出资设立子公司，子公司再购买资产”、“直接以核心资产作价出资设立公司”和“先以现金出资设立，再无偿划转核心资产”的方式。下面举例分析：

假定甲集团公司2012年取得某地块土地使用权，拟设立全资控股公司乙，以延伸产业链。该地块账面价值5 000万元，公允价值为8 000万元，以上均为含税金额。

方案一：以现金出资方式。

①增值税及附加。

全面“营改增”后，按照老项目计算增值税，以转让土地使用权所得差额计算缴纳增值税：

应缴纳增值税＝（8 000－5 000）÷（1＋5%）×5%＝142.86（万元）

以北京为例，附加税＝142.86×（7％＋3％＋2％）＝17.14（万元）

合计＝142.86＋17.14＝160（万元）

②土地增值税。

按照土地增值税的暂行条例的规定计算缴纳土地增值税：

增值额 2 840 万元［（8 000－5 000）÷（1＋5％）－17.14］；扣除项目 5 160万元［5 000÷（1＋5％）＋17.14］；

增值额占扣除项目的比例：2 840/5 160＝55.04％；

所以适用税率 40％，应交土地增值税＝2 840×40％－5 160×5％＝878（万元）；

③企业所得税。

按企业所得税法规定应纳企业所得税 490.5［3 000÷（1＋5％）－17.14－878）×25％］万元；

因此，公司应纳税金合计：160＋878＋490.5＝1 528.5（万元）。

方案二：以不动产（土地使用权）出资。

根据现行《中华人民共和国公司法》规定，作价出资额不动产要以评估价，即公允价值进行入账，甲公司核销无形资产——土地使用权，增加长期股权投资；乙公司以公允价值增加无形资产——土地使用权，对应增加实收资本或资本公积。

①增值税。

根据“财税〔2016〕36 号”文及总局“营改增”解释，以无形资产、不动产投资入股，应该以取得股权价值作为收入，计算缴纳增值税。

甲集团公司以 2012 年取得价值 5 000 万元的不动产按公允价值 8 000 万元（经评估）投资入股新公司，可以选择简易计税缴纳增值税：

应缴纳增值税＝（8 000－5 000）÷（1＋5％）×5％＝142.86（万元）

以北京为例，附加税＝142.86×（7％＋3％＋2％）＝17.14（万元）

合计＝142.86＋17.14＝160（万元）

②土地增值税。

根据《财政部　国家税务总局关于企业改制重组有关土地增值税政策的通告》（财税〔2015〕5 号）规定，单位、个人在改制重组时以固有土地、房屋进行投资，对其将固有土地，房屋权属转移、变更到被投资企业，暂不征土地增值税。

财税〔2015〕5号文件同时规定，上述改制重组的土地增值税政策不适用于房地产开发企业。

所以，投资企业与被投资企业如果有一家属于房地产开发企业，都不适用免征土地增值税的条款。当然本案例假定双方都不属于房地产开发企业。所以，该投资暂免征收土地增值税。如果是房地产企业，则另行讨论。

③企业所得税。

根据《财政部国家税务总局关于非货币性资产投资企业所得税政策问题的通知》（财税〔2014〕116号）以及《国家税务总局关于非货币性资产投资企业所得税有关征管问题的公告》（国家税务总局公告2015年第33号）规定，居民企业（以下简称企业）以非货币性资产对外投资确认的非货币性资产转让所得，可在不超过5年期限内，分期均匀计入相应年度的应纳税所得额，按规定计算缴纳企业所得税。

因此，甲集团公司在符合文件规定的要件的情况下，不必一次性把土地增值所得2 857.14万元［（8 000－5 000）÷（1＋5%）］计入当期应纳所得税额，可以分五年均匀计入，即投资当期可以计入571.43万元，应纳所得税额为142.86万元。其余税款可以延迟纳税，享受资金时间价值收益。

方案三：先以现金注册成立公司，再无偿划转。

本方案中，首先甲公司要以少量现金注册成立全资子公司乙，然后甲公司通过无偿划转的方式，投入到乙公司，作为乙公司生产经营用地。

①增值税。

在营业税时代现实中存在争议，并且有关无偿划转营业税的规定主要是针对个案逐案进行审批，没有统一政策。比如财税〔2005〕160号文件规定原中国建设银行无偿划转给建银投资的不动产，不征收营业税。

全面“营改增”后，无偿划转，在本书前篇分析时我们已经谈到很多，要视同销售。划出方可以开票交税，增值税及附加金额为160万元。当然，划入方可以凭增值税专用发票，进项税额分年抵扣。

②土地增值税。

土地增值税方面，针对无偿划转是否应纳土地增值税也有不同观点，目前主要是针对国有企业集团内部无偿划转的个案逐案审批，没有统一政策，比如“京地税地〔2009〕187号”文件规定：根据《中华人民共和国土地增值税暂行条例》的规定，北京汽车工业控股有限责任公司等八家企业将非经营性房产无偿划转北京房地集团有限公司，不属于土地增值税征收范围，不征收土地增值税。

另外，根据重庆市地方税务局公告2014年第9号《重庆市地方税务局关于土地增值税若干政策执行问题的公告》，无偿划转房地产，不征收土地增值税有了具体文件的明确，具体参见如下：

同一投资主体内部所属企业之间无偿划转（调拨）房地产，不征收土地增值税。“同一投资主体内部所属企业之间”是指母公司与其全资子公司之间；同一公司所属全资子公司之间；自然人与其设立的个人独资企业、一人有限公司之间。

经县级以上人民政府或国有资产管理部门批准，按照国有产权无偿划转的相关规定，国有企业、事业单位、国家机关之间无偿划转房地产不征收土地增值税。

本案例中无偿划转只是同一投资主体之间的划转行为，不论经济性质是否属于国有，转让方未取得收入，就都不适用《土地增值税暂行条例》第二条的规定。

当然，如果是国有资产，同一投资主体内部所属企业之间无偿划转（调拨）房地产，笔者建议最好还是经过“县级以上人民政府或国有资产管理部门”批准，按照国有产权无偿划转管理的相关规定办理。

本题中，按照不征收土地增值税处理。

③企业所得税。

企业所得税方面，根据《财政部国家税务总局关于促进企业重组有关企业所得税处理问题的通知》（财税〔2014〕109号）以及《国家税务总局关于资产（股权）划转企业所得税征管问题的公告》（国家税务总局公告2015年第40号）规定，对100%直接控制的居民企业之间，以及受同一或相同多家居民企业100%直接控制的居民企业之间按账面净值划转股权或资产，划出方企业和划入方企业均不确认所得，且划入方企业取得被划转股权或资产的计税基础，以被划转股权或资产的原账面净值确定，应按其原账面净值计算折旧扣除。因此甲企业可以适用特殊性重组政策，分期确认企业所得税。

综上所述，在企业设立环节，不同的方式也产生不同的税负负担（见表 9-2)，企业可以根据实际情况，进行事前筹划并选择不同的方式，使集团整体税收负担最优化。

表 9-2　　企业设立方式纳税比较

	设立方式	应纳税金（万元）	说　　明
1	以现金出资，再购买	1 528.5	没考虑印花税及契税，下同
2	以资产作价出资	302.86（160＋142.86）	如果涉及房地产企业，要加上土地增值税约 878 万元的
3	先现金出资，再无偿划转	160	如果当地税务机关认定要土地增值税，则应加土地增值税 878 万元

综上所述，第三种方式下，税收方案最优，节税额明显，实务中企业可以借鉴操作。

另外，根据财税（2014）109 号文进行思维发散：假设 P 公司 100％控股 S 公司，P 公司有两个业务单元 P1 和 P2，均盈利，S 公司有两个业务单元 S1 和 S2 均亏损，现 P1 划至 S 公司，S1 划至 P 公司，从而实现盈亏互抵，因此这种相互划转做法，在税收上对企业集团而言是更加有利的。

4. 企业股权运作的税收筹划

（1）股权转让的魅力

在实务中，以房屋、土地为代表的不动产以及有形动产的交易、投资、捐赠过程中会面临大量税收负担，尤其是在企业集团范围进行资产调转、调拨时，在没有创造利益的情况下却产生大量增值税、土地增值税等税金负担，因此税收筹划的意义重大。该种情况下，比如 A 公司可以把标的资产以实物资产的形式注册成立一家新公司 B，然后通过转让公司股权的形式，转让到有需要的 C 公司，C 公司在对 B 公司进行吸收合并，达到实际拥有该标的资产的目的。具体税费分析（如表 9-3)：

表 9-3　股权转让与资产转让方式纳税情况比较

税种＼转让方式	股权转让		资产转让	
	转让方	受让方	转让方	受让方
增值税及附加	×	×	√	×
契税	×	×	×	√
土地增值税	×	×	√	×
企业所得税	√	×	√	×
印花税	√	√	√	√

上表显示，“√”表示须应纳税种，“×”代表不缴纳该税种。资产转让的形式下，转让方面临的税种达 7 种之多。可见，企业在资产运作时，通过变资产转让为股权转让，成立“过桥股权”，最后到吸收合并“过桥股权”，这一过程中节省税金。

(2) 巧妙的投资收回

企业集团在运营过程中，由于产业结构、产品结构、经营策略以及管控模式的变化，会出现集团内部子公司、孙公司之间股权的划转或转让的情形，直接股权转让，转让方主要面临企业所得税成本。可以采用“一进一出”的方式进行税收筹划，保持原有公司股权结构又降低所得税成本。

根据《国家税务总局关于企业所得税若干问题的公告》（国家税务总局公告 2011 年第 34 号）规定，投资企业从被投资企业撤回或减少投资，其取得的资产中，相当于初始出资的部分，应确认为投资收回；相当于被投资企业累计未分配利润和累计盈余公积按减少实收资本比例计算的部分，应确认为股息所得；其余部分确认为投资资产转让所得。如投资某企业成本是 500 万元，该企业累计应得到分配利润 100 万元，如果投资收回取得 800 万元，则 800 万元中的 500 万元视为投资收回不征税，100 万元视为股息所得作为免税收入，200（800－500－100）万元作为投资资产转让所得作为应税收入。

假定，企业集团内 A、B、S 三家公司，A 公司与 B 公司共同持有 S 公司股权，分别占有 30%、70%的股权。S 公司注册资本 2 000 万元，留存收益 6 000万元，企业集团由于股权整合，把 B 公司持有的 S 公司的股权转让给 C 公司（不一定是集团内企业），交易对价为 3 000 万元。税收筹划方案分析如下：

方案一：直接股权转让。

直接股权转让，则B公司应纳所得税＝（3 000－2 000×30％）×25％＝600万元

方案二：利用投资收回。

B公司先进行投资收回，投资收回的补偿假定为3 000万元，先把B公司从S公司中撤资出去，再让C公司以3 000万元的对价投资到S公司。此时S公司注册资本先减为1 400万元，C公司投入后再增加到原来的2 000万元，以保持S公司权益结构。

B公司撤回投资，相当于初始出资的部分600（2 000×30％）万，不作为应纳税所得额；相当于被投资企业累计未分配利润和累计盈余公积按减少实收资本比例计算的部分1 800（6 000×30％）万元，也不作为应纳税所得额；则B公司应纳所得税＝（3 000－600－1 800）×25％＝150万元

综上可以看出，经过测算涉及，利用投资收回、“一进一出”的方式进行税收筹划，既能保持原有股权结构，退出者又能节约大量税负成本。

方案三：“暗度陈仓”。

本方案仍然是针对股权转让的避税措施，尤其是面临较大所得税成本的盈利企业。直接转让则税收负担重，由于企业所得税法规定股息分红为免税收入，就可以采用把未分配利润先行分配，之后降低转让对价进行交易，在退出企业总体利益不变的情况下，可以达到减少应纳税所得额的目的。如果再进行思路发散，还可以把“分红”与“资本公积或未分配利润转增股本”并用，大幅度减少应纳税所得额，通过“暗度陈仓”之手段，减少集团企业内股权转让的税收成本，达到企业集团整体税负最优化。

5. 企业集团退出的税收筹划

集团企业由于产业周期或者经营管理原因，会对下属亏损或者不盈利企业进行退出处理，以优化资产结构，这是大多数企业集团，尤其是国有企业面临的普遍问题。实务中企业工商登记注销往往以税务清算、税控机注销为前提，因此企业退出时，如果合理计算清算所得，适时进行税收筹划，可以最大化保留注销子公司的亏损弥补额度，增加母公司的投资损失确认额度。

纳税人依法清算时，以其清算终了后的清算所得为应纳税所得额，按规定缴纳企业所得税。清算所得是指纳税人清算时的全部资产或者财产扣除各项清算费用、损失、负债、企业未分配利润、公益金和公积金后的余额，超

过实缴资本的部分。以下就举例说明企业不同退出方式下的税收筹划：

假定：甲是集团母公司，A 公司是甲公司的全资子公司，注册资本 500 万元，A 公司因经营管理不善多年亏损，净资产为负。母公司甲公司决定注销 A 公司，实施企业退出整合。A 公司截至本期期末财务数据为：银行存款 100 万元、应收账款 100 万元、存货 50 万元、应付工资 100 万元、其他应付款 1 300 万元（欠母公司甲公司）、实收资本 1 000 万元、未分配利润－2 150 万元（包括近五年亏损 500 万元）。

方案一：直接清算注销。

根据《财政部、国家税务总局关于清算业务企业所得税若干问题通知》（财税〔2009〕60 号）规定，企业的全部资产可变现价值或交易价格，减除资产的计税基础、清算费用、相关税费，加上债务清偿损益等后的余额，为清算所得。

A 公司资不抵债，往来款 1 300 万元，因 A 公司无力偿还，转作债务清偿收益。A 公司账面存款有 100 万元，支付应付工资 100 万元，清算所得 150（1 300－100－50－1 000）万元，需缴纳税款 37.5（150×25%）万元左右。由于累计亏损，不缴纳所得税。

但根据《国家税务总局关于企业资产损失所得税税前扣除管理办法的公告》（国家税务总局公告 2011 年第 25 号）第四十六条第五项规定，企业发生非经营活动的债权，不得作为损失在税前扣除。甲公司借给 A 公司的往来款 1 300 万元，属于非经活动的借款，因 A 公司注销时无力偿还，甲公司只能确认为坏账损失，税前无法扣除，母公司甲税收上也只能确认 1 000 万元长期股权损失。

方案二：先增资后注销。

母公司甲通过正常程序，对 A 公司增资 1 300 万元，这时，A 公司实收资本从 1 000 万元变成 2 300 万元，净资产从负到正，同时甲公司对 A 公司长期股权投资账面价值也从 1 000 万元增加到 2 300 万元。A 公司因 1 300 万元增资，偿还欠母公司甲公司的 1 300 万元往来款，这时母子公司无往来借款。

此时进行企业清算，A 公司清算债权债务后，清算亏损 150（0－100－50）万元，因此 A 公司不缴纳所得税。

而母公司甲的情况却发生了较大变化。由于 A 公司当年度清算亏损 150 万元，加上累计亏损 2 150 万元，资产负债表未分配利润数为－2 300 万元，实收资本也是2 300万元，净资产为0。因此母公司与子公司A之间没有了坏账损失，依法可以确认长期股权投资损失2 300万元，作为专项申报的事项，经中介机构鉴证，报经税务机关审核后，可以税前扣除。

A公司因长期经营不善，造成了巨额亏损，给母公司甲公司带来投资损失及坏账损失共计2 300万元，母公司甲公司从税收角度出发，希望能最大限度得到税收弥补，减少未来母公司的税收支出。第二方案下，甲公司全部损失得到弥补，对整个企业集团显然最有利。思路进一步发散，母公司可以增加投资，把退出公司的净资产做为0，增加的投资最终还是被收回，而母公司同时也获得了一定额度的投资损失，把退出子公司的所得税亏损额度，进一步转移到母公司，降低母公司所得税税负。

参 考 文 献

[1] 魏相存. 对企业税务风险管理框架的构想. 商业会计. 2011 年 9 月第 27 期.

[2] 朱光娅. 浅滩大企业税务风险的评估和控制——以 W 企业为例. 内蒙古科技与经济. 2011 (4).

[3] 刘桂华、朱志红. 建筑业“营改增”对企业税负影响及对应策略. 中国总会计师 2016 年 7 月号总第 156 期.

[4] 周万森. 强化企业税收筹划的策略研究. 企业导报，2012，11.

[5] 辛连珠. “营改增”设定“余额为销售额”的原则与应用探讨. 中国税务. 2016 年 06 期总第 381 期.

[6] 郑怀远等. 营业税改征增值税分行业政策导读材料. 北京市国家税务局，2016 年 4 月.

[7] 朱蓓芸. 浅议“营改增”对上市公司财务管理的影响. 中国总会计师. 2016 年 4 月总第 153 期.

[8] 欧阳巍. “营改增”背景下市政园林公司税收筹划的策略分析〔J〕. 财会学习，2015 (17).

[9] 孟凡芹. 建筑施工企业“营改增”面临问题及应对措施〔J〕. 当代经济，2015 (05).

[10] 国家税务总局全面推开“营改增”督促落实领导小组办公室. 全面推开“营改增”业务操作指引. 中国税务出版社. 2016 年 4 月版.

[11] 李旭红、赵丽. 建筑业“营改增”操作实务解析. 中国财政经济出版社.

[12] 全国税务师职业资格考试教材编写组. 2016 年涉税服务实务. 中国税务出版社. 2016.

[13] http：//www. canet. com. cn/shenji/zfsj/2013/0925/322628. html

[14] http：//www. bjsat. gov. cn/bjsat/qt/ygzzl/ygzygtz/201605/

[15] http：//www. shui5. cn/article/bc/87551. html

[16] http：//www. chinaacc. com/shuishou/sskj/ckts/

[17] http：//www. dongao. com/news/qyxw/201501/213919. shtml

[18] http：//www. chinaacc. com/shuishou/nsfd/zh1605303041. shtml